LA DEFENSA MANÍACA

Colección Psicoanálisis
Editorial Biblioteca Nueva
y
Asociación Psicoanalítica de Madrid

Directora: Doctora Enriqueta Moreno Orue

Títulos publicados:

Cléopâtre Athanassiou-Popesco

LA DEFENSA MANÍACA

Traducción de Sofía Vidaurrazaga Zimmermann

Prefacio por Rosine Debray

Asociación Psicoanalítica de Madrid
BIBLIOTECA NUEVA

Título original: *La défense maniaque*

Cubierta: A. Imbert

© Presses Universitaires de France, 1996
© Editorial Biblioteca Nueva, S. L., Madrid, 1999
   Almagro, 38
   28010 Madrid

ISBN: 84-7030-636-7
Depósito Legal: M-1.882-1999

Impreso en Rógar, S. A.
Impreso en España - *Printed in Spain*

ÍNDICE

Primera parte
ESTUDIO TEÓRICO DE LA DEFENSA MANÍACA

Parte II
PRESENTACIÓN CLÍNICA DEL CASO DE UN NIÑO

Prefacio

He aquí un libro valioso y raro que reanuda con una tradición psicoanalítica antigua, la de la exposición de un caso único. Con valor y lucidez, Cléopâtre Athanassiou nos confía, sesión por sesión, la evolución de su pequeño paciente Didier, a través de los dos primeros años de su tratamiento psicoanalítico que de hecho serán cuatro. Este tratamiento se realizará a razón de dos sesiones por semana durante el primer año, después, a razón de una sesión por semana los tres años siguientes. Se trata de un trabajo ejemplar, porque está centrado, casi exclusivamente, en el desarrollo de cada sesión de las cuales primero se exponen los movimientos significativos, después se analizan y discuten. La aventura psicoanalítica, siempre singular y a menudo tan misteriosa, que se anuda entre el psicoanalista y su paciente, cualquiera que sea en definitiva la edad de éste último, se ve pues aquí publicada con sus incertidumbres: los saltos hacia adelante pero también las inevitables pero no obstante siempre descorazonadoras regresiones en las que, tanto la paciencia como la capacidad de «contener» o simplemente mantenerse del análista, se encuentran expuestas a una dura prueba.

Didier tiene tres años y medio cuando su tratamiento empieza y cinco años y medio pues cuando se acaba esta presentación. El lector puede asistir día a día, con las pruebas en la mano, a la notable evolución psíquica que acompaña este período crucial del desarrollo. Las pruebas residen en lo que se hace vivir y también decir durante las sesiones, pero igualmente reposan, con un carácter que encuentro irrebatible, en la evolución de los dibujos. Estos confirman, puntúan, objetivan y de hecho acompañan al mismo proceso psicoanalítico.

La cuestión de la prueba en psicoanálisis permanece, lo sabemos, como un tema controvertido. Efectivamente, no es factible satisfacer los criterios científicos necesarios la posibilidad de reproducir lo que ha sucedido y la fiabilidad de la experiencia, es decir, la estabilidad del resultado *(reproductibility* et *reliability* en inglés).

Por definición, la experiencia psicoanalítica es única y por ello no reproducible ya que nace del encuentro de dos organizaciones psíquicas particulares en un momento preciso de sus evoluciones recíprocas. Experiencia no reproducible pues y cuya fiabilidad no podría ser más demostrable teniendo en cuenta la complejidad de los parámetros que en ella intervienen. De hecho, no se puede jamás predecir con anterioridad cuáles serán los efectos de la cura. Dicho esto, no es menos importante la sucesión de dibujos de Didier que se insertan en el desarrollo de las sesiones y que adquieren un valor probatorio en relación con las modificaciones psíquicas innegables de las que son testigos. Partiendo de los garabatos aparentemente herméticos pero en realidad, de entrada, plenos de sentido para su psicoanalista, se ve surgir progresivamente y de una manera discontinua, el rostro humano, después la persona humana, primero flotando en el espacio del papel, pero que inmediatamente va a «aterrizar» sobre la línea del suelo de la realidad terrestre. Haciéndolo así, Didier recorre, a su modo, las etapas de la organización del dibujo en el niño tal y como las ha podido describir fundamentalmente G. Haag[1]. Es una evolución conmovedora por más de una razón porque se puede leer a través de la forma o el «estilo grafo-motor» (R. Debray)[2] lo que permanece intangible e intratable, a la vez, vinculado con la misma organización estructural de este niñito, desde mi punto de vista no negociable, lo que a pesar de todo se modifica, se forma, se complejifica, por lo que se trabaja en el curso del tratamiento.

[1] G. Haag (1995), «La constitution du fond dans l'expression plastique en psychanalyse de l'enfant», en *Le dessin dans le travail psychanalytique avec l'enfant,* Erès.
[2] R. Debray (1983), *L'équilibre psychosomatique: organisation mentale des diabétiques,* París, Dunod.

La tesis muy convincente de Cléopâtre Athanassiou está centrada en la importancia de la defensa maníaca que Didier no llega a abandonar ya que es la que le protege del sufrimiento depresivo insoportable que así evita y evacúa activamente.

La autora hace de la defensa maníaca una entidad original y nueva de aparición ultraprecoz ya que sigue inmediatamente a las defensas autísticas primarias. Juega pues una función mayor «en cuanto vía de salida de un enclaustramiento en el narcisismo primario». Porque, con la aparición de la defensa maníaca surge el reino del Yo-narcisista en el que la omnipotencia omnipotente debe verse poco a poco reducida primero por la emergencia, después por la afirmación progresiva del Yo-realidad. Este lento y duro trabajo de liberación del Yo-realidad es el que el trabajo psicoanalítico de Didier nos revela de forma apasionante. Se trata de una lucha, a menudo encarnizada, que se pone en funcionamiento desde la primera sesión. Efectivamente, de entrada Didier realiza una escisión sorprendente: en su vida cotidiana va bien y guarda pues para su psicoanalista, que es la única que puede comprender y contener lo que aparece como la locura maníaca. Esta se lee a través de los contenidos de las sesiones como se muestra a nivel de los dibujos, pero son las características singulares de la contratransferencia del analista las que revelan verdaderamente sus particularidades. Probablemente uno de los aspectos más interesantes del trabajo de Cléopâtre Athanassiou es el de precisar los elementos. Así, frente a un niño maníaco, el psicoanalista se siente, frecuentemente, como un ser sin valor, pero lejos de reaccionar en un modo depresivo a esta prueba no obstante penosa, se siente impulsado a actuar, es decir, a multiplicar las interpretaciones como si él mismo se convirtiera en maníaco por contagio. Con prudencia, Cléopâtre Athanassiou recomienda la abstinencia en semejante situación, hay que callarse para no ser arrastrada en la excitación maníaca en la que todo se escapa. Callarse, ciertamente, pero al mismo tiempo seguir atentamente el proceso asociativo tal y como se desarrolla en el joven paciente porque de la calidad de esta escucha es de la que va a depender la salida de la lucha a menudo agotadora que se lleva contra la imposición de la defensa maníaca.

Todos los que se han comprometido en tratamientos psicoanalíticos precoces con niños o que se han visto enfrentados con episodios maníacos en pacientes adultos se encontrarán, sin ninguna duda, en las sutiles puntualizaciones contratransferenciales que nos proporciona el autor. Existe una verdad de la clínica que cada uno dejará de experimentar incluso si las formulaciones elegidas para dar cuenta de ellas no son exactamente las que utiliza habitualmente el lector. Así sucede, por ejemplo, con la distinción Yo-narcisista/Yo-realidad. No obstante, ésta me parece muy pertinente fundamentalmente cuando se articula con la incertidumbre de la relación, porque son estas incertidumbres las que liberan al Yo-narcisista escapándose en la excitación maníaca en la que el objeto desaparece. Y son siempre estas mismas incertidumbres las que el Yo-realidad va, poco a poco, de una manera discontinua, a aprender a soportar. Como escribió Winnicott: «Es un éxito estar deprimido»; Didier y su psicoanalista nos lo demuestran con brillantez. ¡Cuántos trabajos y esfuerzos antes de poder enfocar, después tolerar, incluso un corto instante, que el objeto existe independientemente de sí mismo, y lo peor, que pueda faltarnos e incluso traicionarnos! Vista desde este ángulo, la defensa maníaca aparece muy bien como lo que es: un potente y radical tratamiento contra todo sentimiento depresivo. Al mismo tiempo, se comprende que cuando está bien constituida sea difícil pasar de ella y Cléopâtre Athanassiou nos demuestra muy bien este aspecto del problema. Desde el principio de su tratamiento, Didier encontró el lenguaje de la defensa maníaca para protegerse de su psicoanalista y después para comunicarse con él. ¿Cómo se puede renunciar a ella desde ese momento cuando, por añadidura, se está tan fina y constantemente incluido? Esta imposición defensiva da cuenta de la notable continuidad que existe entre una sesión y otra a lo largo de todo este tratamiento realizado a un ritmo más que razonable. El autor se une en este punto a mi propia experiencia en relación con los tratamientos de la tríada padre-madre-hijo: una sesión por semana de tres o cuatro horas habitualmente permite una excelente continuidad. Ésta es testimonio tanto del proceso en el tratamiento psicoanalítico como de su evolución. No obstante, en Didier, a pesar de los innegables progresos realizados, se da uno muy bien cuenta, y su psicoanalista insiste en ello, hasta qué punto le es difícil liberarse duraderamente en su presencia de la solución maníaca, cuya eficacia en la lucha antidepresiva está aquí más que demostrada. De hecho, huir de las frustraciones, de las angustias de separación y de pérdida en la elación maníaca parece a menudo una salida más que envidiable. De aquí esta pregunta: ¿todos los niños, pero quizás más todavía los chicos, no se encuentran enfrentados necesariamente a ese duro trabajo de renuncia, en general solamente transitoria y parcial, con la huida maníaca? Y su corolario: de la calidad de ese trabajo de desprendimiento dependerá después la calidad de los investimientos cognitivos en el mundo del conocimiento. Si este es el caso, posición que comparto evidentemente con el autor, se ven cuántas ganancias considerables en un tratamiento psicoanalítico precoz, llevado competentemente, se constituyen para el desarrollo psíquico y cognitivo del niño, cualquiera que sea en definitiva su organización psicosomática inicial.

No obstante, no se trata de minimizar la dificultad de semejante empresa porque el psicoanálisis del niño permanece, sin ninguna duda, la forma de tratamiento más arriesgada por el hecho mismo de la importancia de las condensaciones en el funcionamiento psíquico naciente y después en evolución. El analista se encuentra pues necesariamente coaccionado a tomar opciones. Es esto lo que nos muestra con brío Cléopâtre Athanassiou levantando el velo del secreto del desarrollo de la sesión y revelando así su forma de seguir, comprender y acompañar a su joven paciente en su conquista progresiva de una libertad psíquica que no esté constantemente amenazada por la defensa maníaca.

Bravo pues Cléopâtre Athannasiuo por este libro tan rico que navega lo más cerca de la clínica, favoreciendo reflexiones y discusiones en todos los que se interesan tanto en el desarrollo del aparato psíquico como en los tratamientos psicoanalíticos precoces.

ROSINE DEBRAY

Introducción

La primera parte de esta obra, claramente más corta que la siguiente, estará dedicada a la reunión de los elementos teóricos que permitan comprender mejor cómo el fenómeno de la manía y de la defensa maniaca ha sido abordado después de Freud por el pensamiento analítico.

Empezaré por estudiar (cap. primero) el pensamiento de Freud, intentando separar su línea de evolución y los temas que han permanecido en suspenso para él y que, como es costumbre, han constituido para nosotros un punto de partida fértil para nuestras propias reflexiones. Para disipar parcialmente el enigma —como Freud lo llama—, esas cuestiones exigen que susciten en nuestro espíritu una remodelación teórica demasiado masiva para intentarlo en ese momento. Pienso —y mis hipótesis teóricas intentarán hacerle frente— que llevan consigo una profundización del tema del narcisismo primario, y que este tema permanece aún en la hora actual, como un bosquejo o punto de partida teórico.

Propongo estudiar después (cap. II) el pensamiento de los continuadores de Freud que, en este caso y sobre este punto, se han detenido en comprender la manía en función de sus propias orientaciones teóricas: K. Abraham, M. Klein, K. Lewin, D. Winnicott...

Estos autores, y aquellos cuyo pensamiento se aproxima a los suyos, han intentado comprender el misterio maniaco apoyándose en la profundización de la comprensión del narcisismo secundario, por una parte, y de los estadios pregenitales, por otra.

Pero un conjunto de fenómenos que forman parte integrante de la descripción de la manía solamente pueden incluirse en el abordaje teórico precedente. Nos queda pues, una constelación de problemas aportados por la manía y que diferentes autores —P.-Cl. Racamier, J. Gilibert, A. Green— han tratado con mucha delicadeza pero sin incluirlos en una teoría constituida de la defensa maniaca. Intentaré (cap. III) seguir toda la fertilidad de su pensamiento y nutrir con ella la mía.

Finalmente, en el capítulo III avanzaré mis hipótesis, apoyándome no solamente en el corpus teórico precedente, sino también en la reflexión clínica de la que se ocupará toda la segunda y mayor parte de esta obra.

Primera parte

ESTUDIO TEÓRICO
DE LA DEFENSA MANÍACA

Estudio de la manía en Freud

Los estudios de Freud sobre la manía no empiezan verdaderamente hasta 1917 con «Duelo y melancolía». No obstante, en 1898 menciona, en «La sexualidad en la etiología de las neurosis», la impotencia del análisis en los casos de confusión histérica, en la manía y en la melancolía. En 1908 también, en «Teorías sexuales infantiles», habla del caso de una mujer maníaca que lleva a su médico un montón de excrementos anunciándole que es el bebé que ella tiene ahora.

Posteriormente encontramos, en esas cortas apariciones del problema maníaco, por una parte el sentimiento de impotencia que jamás abandonará a Freud en cuanto a la posibilidad, no solamente de curar, sino incluso de comprender «los enigmas» de la manía. Por otra parte, la omnipotencia anal en el corazón de esta enfermedad, punto que retomará K. Abraham en el lugar que dará al objeto fecalizado en la problemática maníaca.

En 1917, Freud presenta la manía como la otra cara de esta imagen de Janus que sería la pareja manía-melancolía. No obstante, precisa posteriormente, que la melancolía no regresa obligatoriamente pasando por la manía. Puede evolucionar favorablemente sin transformarse en manía.

¿Cómo comprende Freud en 1917 la emergencia de la manía a partir del episodio melancólico?

Primero podemos poner de relieve que, de hecho, como muchos autores después de él, una reacción defensiva que aleja al paciente del dominio melancólico. M. Klein hablará de defensa maníaca y yo he conservado ese término para designar con él, el aspecto dinámico de este fenómeno: se inscribe en cuanto defensa en un movimiento que implica un peligro depresivo, sino melancólico.

Freud comprende en 1917 la melancolía como un fracaso del duelo. El Yo no puede aceptar separarse del objeto perdido y retirar sus investimientos libidinales del mundo externo sobre el mismo Yo. Freud no habla en términos de objeto interno opuesto al objeto externo, sino más bien en términos de Yo y de objeto. El objeto que se ha perdido debe además ser desinvestido en provecho de una reconversión del investimiento sobre el Yo.

En la patología del duelo se encuentran, según Freud, dos elementos. Por una parte, el objeto antes de haberlo perdido estaba narcisistamente investido, de tal forma que su pérdida se asimiló a una pérdida del mismo Yo. Por otra parte, el objeto fue atacado, de tal forma que en el momento de su interiorización en el Yo, este último se encuentra atacado a su vez desde el interior, porque se ha convertido en una parte de él mismo. Todas las agresiones que anteriormente se dirigían contra el objeto ahora lo son contra el Yo. «La sombra del objeto», dirá Freud en 1923, cae así sobre el Yo.

¿Cómo tener en cuenta conjuntamente esas dos causas que avanza Freud para permitir comprender la emergencia de la melancolía, y consecuentemente de la manía?

Pienso que partiendo del investimiento narcisista del objeto es como se puede comprender la aparición de una agresividad en relación con él. Cuando el Yo se da cuenta de que el objeto ya no es una prolongación de él mismo, es cuando puede empezar a agredir. Éste es todo el problema de la aparición del narcisismo primario que está asociado con el de la constitución del objeto. Pero éste es también el problema de la diferencia existente entre las introyecciones y las identificaciones introyectivas, para emplear un vocabulario que no fue el de Freud en ese momento. La identificación introyectiva supone una asimilación del objeto perdido en el Yo, un duelo realizado y una pérdida aceptada de este objeto en la realidad externa e interna. El objeto simplemente introyectado puede sentirse como un equivalente del externo y un refugio narcisista cuando el objeto externo falta.

Me parece que Freud hace referencia a este último punto cuando habla de identificación del Yo con el objeto perdido, en 1917, no habiendo sido todavía definido el Yo como la instancia que ocupa su lugar en la tercera Tópica en 1923 —«El Yo y el Ello». El Yo que se vuelve contra sí mismo en la melancolía, tal como se describe en 1917, va a corresponder en 1921 —«Psicología de las masas y análisis del Yo»— a la existencia de una dinámica conflictiva entre un Ideal del Yo y un Yo perseguido por el primero y, en 1923, al encarnizamiento de un Superyó hostil contra un Yo sadificado por él.

Se trata, siempre de 1917 a 1923, de la interiorización del objeto perdido cuya existencia se desprende en cuanto tal, es decir en tanto que distinta del Yo para convertirse en una instancia, el Ideal del Yo de 1921 y el Superyó de 1923.

La manía es entonces una defensa que permite escapar al peso de la persecución unida al potencial agresivo que el objeto interiorizado lleva. Distingamos no obstante la manera que tiene Freud de concebir esta escapada según la evolución de su concepción teórica de la melancolía de 1917 a 1923.

En 1917, prevalece la concepción en términos económicos. Freud piensa que «todos los estados —alegría, exaltación, triunfo— que nos dan el modelo de la manía dependen de las mismas condiciones económicas». Prosigue (pág. 166): «En estos estados se encuentra un acontecimiento cuya acción hace finalmente superfluo un gran gasto psíquico que durante mucho tiempo se mantuvo o comprometió de forma habitual, de tal manera que esta energía se hace disponible para las utilizaciones y las posibilidades de descarga de cualquier clase.»

Mientras que la melancolía vincula a esta «energía», la manía la libera, sino la desune. Se trata de una alegría, de un triunfo sobre la carga depresiva y el objeto que agobia al Yo. Más adelante volveré sobre los conceptos de triunfo y de elación. Me es suficiente aquí citar nuevamente a Freud: «En la manía, hace falta que el Yo haya superado la pérdida del objeto, o bien el duelo relativo a esta perdida, o quizás al objeto mismo, como consecuencia de lo cual toda la carga de contrainvestimiento que la pena dolorosa de la melancolía obtuvo del Yo hacia ella, y que ella vinculó, se ha hecho disponible. El maníaco nos demuestra... que está liberado del objeto que le había hecho sufrir» (pág. 167).

Pero este punto de vista económico no hace perder a Freud la perspectiva que tiene en cuenta los vínculos que establece el Yo con sus objetos y el futuro Superyó: en la melancolía, dice un poco más adelante (pág. 171), la vía normal que permite un desprendimiento de la libido del objeto perdido y una toma de conciencia de ese proceso «está bloqueado». Entonces vemos (página 172) «que el Yo se desprecia y se encoleriza contra él mismo». La reacción maníaca no tarda en ser más poderosa: «Cada uno de los combates ambivalenciales singulares relaja la fijación de la libido con el objeto desvalorizándolo, rebajándolo e incluso, por decirlo así, golpeándolo a muerte.» El furor termina por agotarse o el objeto por ser abandonado como sin valor, «el Yo puede entonces saborear la satisfacción de reconocerse como el mejor, como superior al objeto».

Freud recuerda después que «de las tres condiciones que se presuponen para la melancolía —pérdida de objeto, ambivalencia y regresión de la libido en el Yo»—, solamente el tercer factor puede tener como efecto un triunfo maníaco. Pero nuevamente recurre a un punto de vista económico para comprender este pasaje: «La acumulación de un investimiento, que al principio está vinculado y que después se hace libre cuando termina el trabajo de la melancolía y hace posible la manía, esta acumulación debe estar en relación con la regresión de la libido al narcisismo» (página 173).

Con esta última reflexión y desde mi punto de vista, Freud toca un punto muy importante que se refiere a la elación. Se trata de una liberación de energía que ya no está «vinculada» con el objeto, pero que no obstante ha encontrado un campo de emergencia posible. Me explico utilizando una comparación de este fenómeno con el que acompaña a un acontecimiento de la vida corriente, de la vida de los niños pequeñitos primero, pero que se encuentra a diferentes niveles de la vida de los adultos. Si observamos a un grupo de niños, primero amontonados detrás de una puerta y presurosos por verla abrirse, ¿qué es lo que observamos cuando la puerta se abre finalmente? Viéndoles dispersarse en el espacio ampliado que se libera ante ellos, escuchando sus gritos agudos que se lanzan a través del espacio como si no tuviera límites, podemos representarnos lo que es la elación maníaca —no por una simple correspondencia afectiva— sino adoptando el punto de vista económico del que habla Freud, e intentando incorporarlo a la regresión narcisista evocada por él. Es la expansión después de la compresión, la descarga después de la retención, la ligereza, finalmente después de la tensión de un anclaje.

Aunque Freud confiesa, al final de su texto de 1917, que a pesar de los múltiples avances que da a su pensamiento en dirección de este problema, el deber de «aplazar el estudio de la manía hasta que no se sepa primero las condiciones económicas del dolor», corporal y físico, pienso que nos ha dado las bases de numerosas de nuestras investigaciones futuras. Para ello hay que intentar identificar nuestra evolución con la suya: apoyarnos en una firmeza teórica provisional, pero abrirla, a partir de nuestras observaciones, a lo que nuevamente la acusa, la transforma o hacia lo que nos llevan sus potencialidades.

Cuando Freud concibe una relación entre la liberación libidinal y la manía, evoca al narcisismo como actuando aparentemente durante esta liberación: en la melancolía, la libido se acumula detrás de una barrera que le impide el paso hacia el objeto. ¿Pero cuando se «libera», permite no obstante que se constituyan verdaderos vínculos objetales, es decir, vínculos flexibles y sólidos, duraderos y capaces de permanecer en su lugar a pesar de la ausencia del objeto que los ha suscitado? ¿De qué naturaleza es este reinvestimiento libidinal de los objetos? ¿Permite en el presente efectuar un duelo cuyo fracaso lleva consigo la oclusión melancólica? Freud no da ya respuesta ni positiva ni negativa a la pregunta.

No obstante, cuando precisa que solamente el tercer factor de las «condiciones supuestas previamente para la melancolía» —es decir «la regresión de la libido al narcisismo»— puede tener el efecto que observamos en la manía —el triunfo sobre el objeto—, nos indica al mismo tiempo que la relación del Yo con el objeto en la manía permanece encerrado en la esfera narcisista, aunque se asocie a un movimiento de expansión libidinal.

Vemos ya cómo el pensamiento de Freud que se refiere al vínculo con el objeto lleva en germen las preguntas que permanecen presentes en nosotros, cuando queremos comprender mejor cómo un objeto puede ser investido narcisísticamente como prolongación de sí mismo, al mismo tiempo su cualidad «objetal» es reconocida, minimizada, despreciada, de tal forma que, por un efecto de «balanza», el Yo se encuentra glorificado en la potencia y el valor del que se siente dotado.

Si el objeto es una prolongación de sí mismo —según la misma definición del narcisismo cualquiera que sea el carácter

primitivo o, por el contrario, evolucionado de este último—
¿cómo el desprecio que hiere semejante objeto no hiere al mismo
tiempo al Yo entrañando el mismo sentimiento de desvalorización de sí mismo que en la melancolía? Tal es —me parece— el
ejemplo de un vínculo teórico-clínico subyacente al despliegue de
su pensamiento, y que contribuye a nutrir en Freud el sentimiento de que el problema que la manía plantea es el de un
enigma.

O bien la manía contribuye a renovar verdaderamente el
vínculo libidinal con el objeto, y su expresión no puede acompañarse de semejante triunfo y de un desprecio por este último,
o bien —y ésta es la indesviable hipótesis con la que nos con-
frontamos ya que en la descripción del fenómeno maníaco permanecen exactos y presentes todos los signos descritos por
Freud— la expresión libidinal y pulsional que se atribuye a la manía no contribuye a anudar verdaderos vínculos objetales.

En este sentido iremos cuando nos sirvamos de los avances
efectuados en las investigaciones sobre las manifestaciones narcisistas primarias, para comprender mejor el fenómeno maníaco.
Allí captaremos, lo espero, el carácter superficial del vínculo con
el objeto. Solamente es una apariencia que corresponde a otro
signo descriptivo clínico del maníaco: la máscara, la ligereza y la
fugacidad de un ser en perpetua agitación que presenta la imagen de la satisfacción libidinal, pero ya no la vive tanto en su profundidad como en su duración. El peso de los vínculos le con-
vertiría en melancólico.

No me detengo más en esta tesis que desarrollaré más adelante, pero quiero subrayar aquí cómo el pensamiento de Freud
nos conduce allí a partir de la fertilidad de sus propios enigmas.

Todos los ataques que tenían como blanco el Yo en la melancolía retoman el camino del objeto en la manía para liberar
de ella al Yo. No obstante, el maníaco solo se ocupa de liberarse de las pulsiones agresivas para destruir al objeto. No con-
cede a sus ataques más que el enfoque de una desvalorización
de éste último, conservando su juego libidinal con él. Realiza
una selección en los aspectos negativos de la misma ambivalencia, la que Freud adelantaba como la fuente de lo que inhi-
be la realización normal del duelo y que lo prolonga en interminable melancolía.

El pesado sentimiento de culpabilidad de la melancolía, dando
testimonio de que ha sido el blanco del objetivo, al mismo

tiempo lo da también del reconocimiento del valor e importancia de este último. Cuando el Yo se siente atacado de una forma parecida por el objeto en el adentro de él mismo, en esta hipótesis, lo que actúa es el mecanismo de la pura reversibilidad del sentido de la agresión. Pero todo sucede aquí como si la destructividad no tuviera límite tanto en un sentido como en el otro. En 1923, Freud hablará de Superyó en el melancólico como de un «puro cultivo del instinto de muerte». Comprendo que a través de esta instancia toma cuerpo el deseo de aniquilar al Yo. Pero —la referencia a la pulsión de muerte nos envía a él— ese deseo de aniquilamiento del Yo está suscitado por las capacidades de vinculación del Yo. Lo que enfoca la instancia superyóica, pienso, en la melancolía, es la destrucción del Yo por sus manifestaciones de apego al objeto —lo que define al mismo Yo. La agresividad testifica la existencia del vínculo con el objeto, aunque la valencia del vínculo sea negativa.

En mi «Introducción al estudio del Superyó» (1995) he querido poner en evidencia cómo lo que se llama Superyó en ese caso no es más que la manifestación tiránica de una parte omnipotente del *Self.* Ella impone sus dictados al resto de la persona, lejos de liquidar sutilmente las relaciones entre las diferentes partes del *Self,* las demás instancias y la realidad externa, como lo hace el verdadero Superyó. El Superyó del melancólico es un «falso Superyó» que prohíbe al yo el reconocimiento de las leyes que rigen las relaciones con los objetos tanto en la realidad interna como en la externa.

Si paso por ese comentario personal del concepto de Superyó en la melancolía (1923), o del de un Yo que se vuelve contra sí mismo (1917), es con la finalidad de distinguir mejor en Freud los aspectos negativos de la ambivalencia y, como «consecuencia», lo que entiende por manía.

El «Superyó» que pesa sobre el Yo en la melancolía se comporta como un objeto arcaico que jamás será verdaderamente posible calmar o satisfacer. Un «Superyó» que grava al Yo con una culpabilidad insoportable. Esta intransigencia «superyóica» disimula un deseo de muerte no solamente de la culpabilidad del Yo —o del yo por culpabilidad— sino de lo que todavía revela: el apego del yo a su objeto.

En esas condiciones, la concepción del ataque melancólico difiere de 1917 a 1923. En 1917, se trata de una venganza del objeto interiorizado en el yo. Una simetría de tipo Talión cuya salida, mientras es maníaca, no transforma los datos. Freud subrayó que se podía salir de una melancolía sin pasar por la manía, transformando la naturaleza del objeto que castiga en la melancolía. El estudio de esta vía lo proseguirá M. Klein.

En 1923, podemos pensar que Freud nos ofrece una abertura en la comprensión de la melancolía, en la medida en que el «Superyó» no es simplemente un objeto vengador nutrido por las agresiones del Yo. Es un «puro cultivo del instinto de muerte», lo que comprendo, así como lo he subrayado, como un deseo de aniquilamiento del Yo mismo en sus capacidades, no solamente de agredir al objeto sino también de amarlo.

Se trataría entonces de transformar la concepción de la posición del Yo en la melancolía y, como consecuencia, en la manía. Lo que Freud no hace explícitamente.

Si el «Superyó» quiere que desaparezca el Yo, el «puro cultivo del instinto de muerte» se convierte en un «puro cultivo narcisista primario», porque el vínculo con el objeto, y por ello con el principio de realidad del que él participa, ya no tiene derecho a existir. Pienso que semejante «Superyó» no suscita un sentimiento de culpabilidad en el Yo, sino que lo amplifica hasta que se convierte en intolerable, y que el Yo abandona su vínculo con el objeto que semejante sentimiento hacía perdurar. Mientras que los ataques que surgen de la «instancia crítica» —tal y como Freud la llama en 1917— recordaban sin cesar la existencia de un vínculo con el objeto, las del «Superyó», en 1923, sólo pueden pretender repudiar la existencia de semejante vínculo en la vida psíquica.

En esas condiciones, es diferente considerar la manía como una escapada fuera de la culpabilidad perseguidora suscitada por un objeto que busca reparación, que considerarla como una escapada fuera de la captura «superyoica» —1923. En ese último caso, es como si la manía restableciera los vínculos pulsionales con los objetos, mientras que la melancolía pretendiera aniquilarlos bajo la tiranía de semejante «Superyó».

No obstante, he subrayado anteriormente, evocando la labilidad de los vínculos establecidos por el maníaco, cómo la pulsión que encontraría entonces un punto de emergencia no estaría jamás plenamente satisfecha porque el Yo mima más esta satisfacción que no disfruta, e interrumpe toda relación que le gravaría en profundidad.

Manteniéndonos en los instrumentos teóricos, proporcionados por Freud, no podemos resolver esas contradicciones. Solamente podemos pedir utilizar mejor nuestros datos clínicos y perfeccionar nuestras teorías sobre el narcisismo primario, para reunir esas cuestiones en un conjunto momentáneamente coherente. Es en lo que me emplearé más adelante.

Dos sectores narcisistas están afectados por la melancolía: el sentimiento de culpabilidad y el sentimiento de no tener valor.

Experimentando la culpabilidad por el mal que hace al objeto, el Yo es afectado a nivel de su narcisismo secundario, es decir, de un narcisismo fundado en el vínculo anudado entre el Yo y el objeto. La introyección de ese vínculo sirve de base de apoyo al sentimiento de identidad del Yo. En cuanto al fundamento del valor del Yo, pasa por el que el Yo dota al objeto. Vasto problema para la reflexión, que nos conduce hacia la diferencia que se establece entre el Superyó propiamente dicho y el Ideal del Yo. Freud no se detiene sobre este punto, empleando todavía después de la invención del término —y del concepto— de Superyó, el término —y el concepto— de Ideal del Yo, del que ya hablaba en 1914 en «Introducción al narcisismo». El Ideal es una instancia que suscita entonces una comparación de valor, mientras que con el Superyó pone el acento en la responsabilidad de los actos cometidos —en fantasía o en realidad.

El sentimiento de no tener valor que acompaña al descrédito melancólico, se cuelga —para darle una causa— de la idea obsesiva de haber hecho mal. Pero lo que actúa de forma subyacente, es la degradación del Yo y de los vínculos que anuda con su objeto, frente a la omnipotencia del «Superyó» melancólico. Si parodiara el discurso de ese «Superyó» pienso que diría: «¡Lo que te constituye sin ningún valor, es la aplastante comparación en la que te comprometes frente a mí porque soy irreprochable!»

He aquí mi tesis: cuando un vínculo objetal —que traiciona un sentimiento de culpabilidad— es capaz de movilizar el sadismo de semejante «Superyó» hasta el punto de que este último quiere minimizar el valor del que le juzga, es que el Yo constituye una fuerza suficientemente peligrosa para hacerle vacilar. Este no es un Superyó evolucionado, o más bien una instancia digna de llevar ese nombre, que se ensañaría contra el Yo porque éste último mantiene su vínculo de ambivalencia con el objeto que ama y que ataca al mismo tiempo. Al contrario, es una potencia narcisista de carácter primario que trata como sin valor

cualquier investimiento libidinal del Yo. Semejante potencia prohíbe todo duelo porque prohíbe al Yo la percepción de cualquier
pérdida.

En esta perspectiva, el triunfo maníaco corresponde a un sentimiento de valor encontrado al precio de una desvalorización del
objeto. Ya he subrayado la incoherencia de esta posición por la
identificación narcisista del Yo con ese mismo objeto. Pienso pues
que solamente se escapa a esta contradicción utilizando una concepción de la vida psíquica en la que una parte del *Self,* que es
omnipotente, vive al mismo tiempo un sentimiento de valor
grandioso —sentimiento que Freud atribuye al Yo en la manía—
mientras que otra parte del *Self,* escindida de la primera, se vive
reducida a cero y en general se proyecta sobre el objeto —lo que
corresponde en Freud a la vivencia de un objeto ridiculizado en
su pequeñez.

En 1921, en «Psicología de las masas y análisis del Yo»,
Freud emite una hipótesis que reúne el tema que acabo de subrayar: en la manía, «el Ideal del yo, después de haber ejercido
un control muy riguroso sobre el Yo, se encuentra momentáneamente absorbido por él, fundido con él». Ninguna crítica
puede infiltrarse en semejante formación de carácter «totalita-
rio» diría yo ahora. El sufrimiento que causa la separación entre el Yo y el Ideal —sufrimiento que vuelve a encontrar el carácter intolerable de una herida narcisista primaria— entraña
un sentimiento de «rebeldía contra... esta nueva instancia, es
decir, el Ideal...».

Retendría de este texto la idea de que la manía surge de un
sentimiento de rebelión contra el sufrimiento psíquico. Pero
mientras que Freud comprende la remisión del sufrimiento por
una identificación del Yo con el Ideal —como más tarde hablará
de identificación del Yo con el Superyó— sostendré que esta
identificación solamente es parcial y que tiene necesidad, espe-
cíficamente en la defensa maníaca, de mantener conjuntamente
un vínculo con el objeto. Esos dos elementos existen simultá-
neamente en la manía y permiten dar mejor cuenta del sentimiento de grandeza, de ligereza, de «pulsionalidad volátil» diría,
por una parte, y de la intolerable herida asociada a un sentimiento de impotencia y de pequeñez, por otra, experimentada
por el analista en presencia de un paciente maníaco. Freud ha-
bló de la manera en que el maníaco trata a su objeto, sin poner
en evidencia la reviviscencia de ese tratamiento en el seno de la

sesión de análisis. Yo sostendré que lo que se juega el maníaco con su analista forma parte integrante de la defensa maníaca, y que la contratransferencia que debe soportar el analista traiciona aquello en lo que el maníaco se apoya para sentirse ligero y chispeante como lo parece. Toda la clínica de la proyección y de las identificaciones proyectivas es la que nos llevará a esta descripción. Desde ahora, hace que una la defensa maníaca descrita por Freud con la doble corriente que existe en su teorización de la melancolía. La primera es un problema del vínculo: el objeto introyectado en el Yo hace que este último sufra los ataques de los que ha sido primero la víctima. Después, constituye un problema asociado a la supresión de los vínculos mismos, a la pulsión de muerte: el Superyó del melancólico atacado en el Yo —con los matices que he introducido referentes a la utilización de la culpabilidad a este efecto— continúa manteniendo un vínculo con el objeto.

Reinterpretaría el pensamiento de Freud de la forma siguiente. La manía es una liberación en un doble nivel: primero libera al Yo de un sentimiento de culpabilidad perseguidora manteniendo un vínculo con el objeto; el Yo se identifica con el objeto ideal y se encuentra descargado, si no del vínculo con el objeto, por lo menos de las exigencias impuestas por la ley de la retorsión. En ese sentido la realidad interna es negada en parte. Por otra parte, la manía libera al yo de una depresión asociada a una pérdida narcisista intolerable —el objeto ya no es una prolongación del Yo; el Yo se identifica para eso con las exigencias, o adopta el punto de vista de un «Superyó», cuya naturaleza es particular, ya que exige la erradicación de cualquier vínculo. La supresión de toda distancia entre semejante «Superyó» y el Yo, da la impresión de que el primero ha sido apaciguado por la sumisión del segundo a su imperativo. Freud precisa, no obstante, que todo sucede como si el Superyó hubiera perdido su fuerza en la manía, y como si se le hubiera puesto tanto al nivel del Yo como a la inversa. Lo importante es, efectivamente, que toda distancia se suprima entre ellos. Eso desemboca en el cuadro de un Yo que parece no estar ya sometido al peso de la realidad. Y vive en una fuga perpetua; protegido de toda depresión asociada a los vínculos con la realidad: protegido de la culpabilidad depresiva por haber estropeado a su objeto, así como protegido de la depresión asociada al reconocimiento de la dependencia en la que está en relación con él.

En los dos casos, el Yo debe utilizar al objeto para evacuar en él aquello de lo que no se encarga más él mismo y lo que le ha alejado de la melancolía: la depresión asociada al sentimiento de ser culpable y malo o, más primitivamente, la parte del Yo capaz de efectuar los vínculos con los objetos, mientras que el sujeto flota él mismo por encima de las coacciones que ellos imponen a sus menores deseos.

Subrayaría en mi tesis, que esta distinción corresponde a dos estados de la defensa maníaca. Uno, secundario, conserva los vínculos con los objetos. El otro, primario —y yo describiría principalmente la defensa maníaca primaria—, corresponde a una abstracción fuera de los vínculos con los objetos.

¿Encontró Freud un enigma a dos niveles? Primero al nivel que yo llamo secundario: lo que verdaderamente fue un interrogante para Freud, ¿se refiere a lo que llama la «rebelión» del Yo fuera de las amenazas de un objeto que exige reparación? Yo no lo pienso. M. Klein proseguirá este pensamiento en el que el vínculo con el objeto continúa manteniéndose pasando por sus formas positivas y negativas. Me parece que Freud se refiere más bien a lo que llama «regresión de la libido sobre el Yo» (1917), y nos reenvía a la problemática del narcisismo primario, al Ideal del yo de 1921, y finalmente a la abstracción de los vínculos (1923).

En 1930, en *Malestar en la cultura*, en 1933 en *Nuevas lecciones introductorias al psicoanálisis*, Freud se refiere a un Yo maníaco que encontró un «estado de beatitud bienaventurada de intoxicación» (pág. 61). «Deben existir sustancias en la química de nuestro cuerpo que tienen efectos similares (a la intoxicación por la droga), sin la administración de ninguna droga: es la manía», dice en 1930.

Cuando nos encontramos con los efectos elacionales del triunfo maníaco, con la risa y con la alegría maníaca, comparándolas con efectos elacionales de la droga, caemos en el análisis de las esferas narcisistas primarias. De ahí, el refugio de Freud detrás de la «roca de lo orgánico» no es su único motivo, porque sabemos que a ese nivel el paso psiquis-soma es muy lábil. La problemática de la toxicomanía se aproxima a la del parasitismo y de los fracasos de la integración del narcisismo primario. Ahí es donde se sitúan los «enigmas ricos y no resueltos» aún en 1933 (pág. 61).

Entre los autores que voy a estudiar ahora, es posible considerar aquellos que se apoyan esencialmente en el vínculo con el objeto para comprender la manía —limitándome de tal forma a los aspectos secundarios de estos— y aquellos que han intentado aproximarse —manteniendo en la descripción clínica y fenomenológica de los síntomas— de los enigmas de los que habla Freud, y que echan sus raíces, desde mi punto de vista, en los enigmas planteados por la comprensión del narcisismo primario.

Capítulo II
Después de Freud

A) La manía: las grandes corrientes posfreudianas

Querría estudiar cómo se distinguen los trabajos de los autores que han proseguido la obra de Freud de las aclaraciones que se refieren a los temas que han quedado en suspenso en su pensamiento, o en el nuestro que lo lee: ¿qué pasa con el narcisismo primario en la manía? ¿Cómo resolver el problema económico planteado por las relaciones entre las partes del Yo? ¿Por qué la elación y el disfrute pulsional conservan un carácter superficial? ¿Cómo abordar metapsicológicamente el problema muy específico de la contratransferencia con los pacientes maníacos?

Los autores que voy a estudiar han organizado su reflexión, pienso, principalmente ya sea del lado de una identificación del Yo con el objeto idealizado, ya sea sin llegar a esta identificación, dirigiéndonos hacia una aproximación del narcisismo primario. No obstante numerosos autores de la primera categoría han infiltrado sus escritos con reflexiones que se refieren a la segunda, y es esto lo que hace de la manía un enigma, como Freud se ha complacido en repetirlo.

En ese momento e incluso antes que Freud empezara a estudiar los procesos del duelo, K. Abraham, en 1912, en sus «Préliminaires à l'investigation et au traitement psychanalytique de la folie maniaco-dépressive et des états voisins», efectúa una descripción particularmente rica de los mecanismos maníacos. Poco a poco, y en la medida que vaya conociendo los trabajos de Freud sobre el duelo y la manía, K. Abraham se dejará ganar por la teorización freudiana y la segunda Tópica, poniendo el acento, no obstante, sobre la función del objeto y sobre las etapas pregenitales de la relación de objeto. Desde mi punto de vista, esto restringirá el campo de las investigaciones posibles abierto por el trabajo de 1912.

En este último artículo, K. Abraham describe matizadamente al principio, después el tiempo en el que la fase maníaca está más marcada. Primero el enfermo despierta de su apatía depresiva. Se hace móvil, incluso excitado, hiperactivo sin cansancio. Ríe, y está seguro de él y de su valor. No obstante sus ideas no tienen continuidad. Cuando el humor maníaco es más importante, la euforia se transforma en irritabilidad, en rabia si el enfermo se encuentra molesto en su trabajo. Discute a menudo, su sueño es agitado y finalmente su excitación sexual tiene un carácter explosivo. Sin embargo, se trata de una sexualidad autoerótica que se expresa plenamente durante el sueño. Los enfermos tienen tendencia a «aislarse del mundo exterior» y «solamente cuando se realiza un cerramiento completo a toda impresión exterior —como en el sueño— es cuando pueden soñar en la satisfacción de sus deseos sexuales» (pág. 103).

La ensoñación autoerótica nocturna reenvía a un investimiento narcisista del objeto de un carácter regresivo masivo, ya que el sujeto, como lo dice K. Abraham, debe sentirse «aislado del mundo exterior». La expresión toma pues el camino del narcisismo a costa de una adaptación a la realidad externa y a las leyes que ésta impone para la satisfacción: entre estas leyes, la de la frustración que lleva consigo la espera del objeto, por oposición a la satisfacción alucinatoria del deseo, ocupa un lugar central para definir incluso el Principio de realidad por oposición al Principio del placer.

El maníaco obedece al Principio del placer, y cualquier obstáculo a la satisfacción corre el peligro de desencadenar en él la rabia que menciona K. Abraham. Esta rabia manifiesta la ausencia de reconocimiento del Principio de realidad en la fase maníaca. Si el objeto que persigue el Yo en la melancolía se obstina en perseguirle con una destrucción fantasmática, la evocación del carácter resistente del objeto real manifestada en forma del reenvío y de la retorsión está a pesar de todo presente.

En esta perspectiva, K. Abraham subrayará que la manía permite liberarse del Principio de realidad cuando el sufrimiento que impone se hace intolerable. Yo añadiría que, desde mi punto de vista, lo que produce un sufrimiento y un carácter intolerable es la relación que tiene con la existencia de una herida narcisista subyacente.

La precipitación eufórica y la huida de las ideas participan de un triunfo sobre el principio de realidad en el que el espacio y el tiempo tienen un espesor que impone una resistencia a la satisfacción de los deseos. Correr sobre la superficie de las cosas es únicamente satisfacerse de su apariencia. El maníaco no solamente se contenta con ello, sino que encuentra allí un placer particular. K. Abraham subraya que entonces «el sujeto normal... piense o hable, va consecuentemente hacia el fin de la operación intelectual... el maníaco pierde la representación de ese fin» (página 108), y eso le procura placer.

En la perspectiva de la representación del espacio psíquico en tres dimensiones, subrayaría, en mi tesis, que el maníaco ha investido parcialmente su aspecto bidimensional. K. Abraham me hace todavía pensar en este aspecto de las cosas en el maníaco, en la descripción que da en 1912 de «el interés del maníaco por el sonido de sus palabras a costa de su sentido» (pág. 108), lo que representa, dice, una economía de trabajo psíquico. Añade que la huida de las ideas permite salvar como jugando con ellas, las representaciones penosas conscientemente, y «tratarlas superficialmente bromeando con los disfrutes habitualmente reprimidos».

Pienso que, para inscribir semejantes descripciones clínicas —que encontraremos en otros autores— en un corpus metapsicológico, hay que poseer una concepción de la maleabilidd del espacio psíquico. Entonces es fácil reconocer que el aspecto superficial de la relación con el objeto reenvía a un mundo psíquico plano o aplastado, y que esta particularidad solamente es una cualidad suplementaria del Yo o del objeto. Semejante mundo psíquico funciona en proceso primario, en el que escisión y represión son imposibles. Es el mundo del narcisismo primario.

K. Abraham no ha retocado su concepción metapsicológica de las relaciones de los objetos en función de esos elementos clínicos encontrados en la manía. Más bien ha intentado inscribir el cuadro maníaco en una metapsicología de las relaciones pregenitales. Por eso ha puesto en evidencia los elementos de la manía que se refieren al tratamiento oral y anal del objeto, pero ha dejado en la sombra los elementos que, en 1912, ocupaban un lugar amplio en su descripción del cuadro clínico.

Así en 1916, cuatro años más tarde, en su «Examen de l'étape prégenitale du développement de la libido», K. Abraham piensa que, en la manía, se trata de una «fijación a un período precoz del desarrollo de la libido». Sigue los estudios efectuados por Freud sobre la sexualidad infantil y les aplica sus concepciones a la comprensión de los fenómenos maníacos. En 1916, K. Abraham va a buscar el origen de la manía en una regresión al estadio oral de la evolución, porque es más precoz. La zona oral, el placer de mamar, la función nutritiva, el deseo de incorporar al objeto prevalecen. La concepción freudiana de una evolución de la organización libidinal madura, que pone las pulsiones parciales bajo el primado de la zona y de la pulsión genital, está presente aquí. Para K. Abraham, el maníaco no ha podido efectuar todavía ese trabajo de «reunión» de las pulsiones parciales bajo el primado genital. Tenemos en germen aquí la teoría kleiniana del vínculo y de la reunión de los elementos escindidos en el momento del acceso a la Posición depresiva.

En 1924, en «Une esquisse du développement de la libido basée sur la psychanalyse des troubles mentaux», K. Abraham da la última visión de su teorización de la manía y retoma, para conseguirlo, el discurso de Freud. «El maníaco se desliga del dominio de su Ideal del yo. Éste ya no tiene, en relación con el Yo, una actitud crítica y se disuelve en el Yo...» (pág. 291). Y concluye: «Cuando el Yo ya no está sometido al objeto incorporado, la libido se vuelve, evidentemente, hacia el mundo de los objetos. Esta modificación se expresa de forma ejemplar por la codicia oral acrecentada... la codicia erótica... pero (el maníaco) capta paralelamente las impresiones nuevas que corresponden a una exoneración tan rápida y tan placentera. La logorrea y la huida de las ideas de los maníacos nos demuestran muy bien la captación vehemente y el rechazo de las impresiones nuevas... aquí, todos los objetos están destinados a recorrer, lo más rápidamente posible, el trayecto del "metabolismo psicosexual" del paciente.»

K. Abraham pone después el acento en la incorporación excesiva del maníaco que tiene necesidad de comer —hasta el punto de hacer pensar que la manía es una «orgía de tipo canibalístico» (pág. 293)— y también rápidamente la necesidad de expulsar su objeto de amor. Une la clase de este estadio maníaco a la primera fase del estadio anal mientras que el estadio obsesivo corresponde al segundo estadio que es el retentivo.

K. Abraham pone de relieve nuevamente el aspecto fugaz del trayecto de las incorporaciones en el Yo, pero solamente puede concluir con un modo de identificación particular del Yo. Solamente puede unir este fenómeno a la prevalencia del primer estadio anal sobre el segundo. El espacio interno es, no obstante, tan rápidamente recorrido como el espacio externo. El espacio que existe entre el Yo y el objeto de satisfacción, también evanescente como el tiempo utilizado para disfrutar de este objeto.

La causa de esta explosión maníaca se une a la liberación de un dominio que ejerce el Ideal del yo o el «objeto incorporado». Nosotros adivinamos que es la capacidad de soportar la retención del objeto en el Yo la que acarrearía la depresión, mientras que el obsesivo ha encontrado, por el contrario, ese medio para calmar su angustia.

Esto nos introduce en el trabajo de M. Klein sobre la manía. Intentó aportar una respuesta a la pregunta que se puede uno plantear sobre la razón por la que ese modo de incorporación del objeto seguida de esta evacuación tranquiliza al maníaco mientras que la conservación del objeto en el adentro le angustiaría.

El estudio que M. Klein efectúa de la manía se sitúa en el vasto marco que ella traza de la dinámica de la vida psíquica. En 1934, en «Contribución a la psicogénesis de los estados maníacodepresivos» y en 1940, en «El duelo y sus relaciones con los estados maníacodepresivos», precisa lo que ella entiende por Posición depresiva en la vida psíquica. La manía e incluso la Posición maníaca (1940) se definen en relación con la Posición depresiva.

M. Klein no sigue a Freud en la comprensión que él tiene de la melancolía. Según M. Klein, la imposibilidad de salir de la depresión asociada a la pérdida del objeto se origina en la preocupación de que el Yo sea aplastado bajo el sadismo de un objeto que el Yo había atacado primero. Esta dinámica de la represalia forma parte de la Posición esquizoparanoide, mientras que en la Posición depresiva lo que domina en el Yo es el amor por el objeto. En la Posición esquizoparanoide no se concibe al objeto como con la posibilidad de perderlo, y las defensas narcisistas se instauran pretendiendo volver a dar al Yo el sentimiento de que el objeto forma siempre parte de él. Un fracaso de esos mecanismos solamente tiene una salida para alejar la persecución que se une a ella: la escisión y la proyección. Su eficacia disminuye y hay que renovar su acción en una inflación de elementos escindidos y un cambio total de perspectiva: el Yo puede concebir que el objeto se pierda. No solamente puede soportar el no atacarlo inmediatamente por eso, sino que puede también soportar la idea de haberlo atacado por esta misma razón en el pasado. Dicho de otra forma, el Yo es capaz de sentirse responsable del mal que ha hecho al objeto. Lo que permite este movimiento en la duración es la capacidad de continuar amando al objeto, mientras, por otra parte, es odiado. Es la ambivalencia en el sentido que la entiende Freud, pero donde el aspecto positivo avanza un paso sobre el negativo. Diríamos ahora: el Yo es capaz de continuar estableciendo un vínculo con el objeto ausente, lo que implica que lo concibe en dos posiciones diferentes o dotado de dos cualidades diferentes por lo menos: la presencia-la ausencia, la «bondad»-la «maldad», etc.

El mundo esquizoparanoide es un mundo dividido: el objeto perseguidor no tiene relación con el objeto idealizado. Por eso está del lado del Yo. El mundo depresivo —en el sentido «normal» del término porque forma parte de la experiencia normal de la pérdida de objeto— es un mundo de vinculaciones. Como consecuencia es un mundo en el que la experiencia de la pérdida está en primer plano: se trata no solamente de la toma de conciencia de la pérdida de la continuidad narcisista del Yo y del objeto, sino también de la pérdida de una concepción inmutable del mundo. Lo «malo» en ese momento puede mezclarse con lo «bueno». El tiempo o la duración de una transformación del Yo y del objeto toma su lugar. Pero al mismo tiempo toma su lugar la idea de que toda vida tiene un fin.

Tal es la detención irrevocable que es aceptada por el Yo que empieza a elaborar una Posición depresiva, y que es radicalmente rechazada por el que se mantiene inquebrantablemente en una Posición esquizoparanoide, para contrariar el sentimiento de pérdida narcisista unida a semejante percepción.

La Posición depresiva, que es esencialmente vinculación, hace que recaiga en el sujeto la responsabilidad de toda vinculación y, como consecuencia, le hace responsable de los actos fantasmáticos que ha cometido en el encuentro con el objeto. A este nivel es en el que se sitúa el sentimiento depresivo en el corazón de la Posición que lleva este nombre. El Yo recuerda, en lugar de evacuarlo de su memoria, que ha querido el mal del objeto que ama. Atribuye cualquier desaparición de este objeto a sus pensamien-

tos malévolos: es por él por el que el objeto se ha perdido y, con
el objeto, todas las posibilidades que el Yo sentía en él de recibir
el amor del otro. Tal es el punto que diferencia a M. Klein de
Freud: el Yo, al mismo tiempo que reconoce la realidad de la separación del objeto en el afuera, se reconoce culpable de su desaparición. La melancolía se asocia a los fallos de este reconocimiento: el Yo no puede reconocer verdaderamente el carácter de
separación del objeto y, por ello, se siente irremediablemente culpable de su pérdida. Mientras que en la Posición depresiva «normal», el Yo «aprende» no solamente a reencontrar en el adentro
de él el objeto perdido fuera, sino también a restaurar ese objeto
para volverle a dar el aspecto que tenía antes de ser atacado. El
duelo por el objeto solamente puede efectuarse si la esperanza de
restaurar al objeto interno ha ocupado su sitio en la vida psíquica.
Es un movimiento que se inicia, una dinámica que empuja al sujeto hacia un trabajo de recreación.

La manía o la defensa maníaca busca, o bien sostener al Yo en
los fallos de esta posición, o por lo menos evitar la experiencia
depresiva sin que el Yo caiga, no obstante, en la utilización de los
mecanismos esquizoparanoides.

En lugar de que el Yo se sienta asaltado por una culpabilidad
excesiva y un sentimiento de aplastamiento —no, como lo decía
Freud, bajo los ataques del objeto interno sino más bien por las
exigencias de reparación—, a menudo se siente ligero, sin responsabilidad e identificado con un objeto perfecto al que nada
se le reprocharía. La culpabilidad que tomaba un aspecto perseguidor, la imagen del objeto estropeada ya no se proyectan como
en la posición precedente. Son, «simplemente» renegadas.

Me parece que, en su artículo de 1934, M. Klein pone más el
acento que en 1940 en la presencia de la persecución en cuanto
poder movilizador de la defensa maníaca. Escribe: «La fuente del
conflicto en este estadio reside en que el Yo no quiere ni puede
reconocer sus objetos buenos interiores, intentando escapar tanto
a sus objetos malos como a los peligros que corre si depende de
los objetos buenos. Para sostenerlo en su esfuerzo de separarse de
un objeto sin renunciar al mismo tiempo a él, hace falta, me parece, un acrecentamiento de la fuerza del Yo. Para conseguir semejante compromiso, niega tanto la importancia de sus buenos
objetos como de los peligros con que le amenazan sus objetos malos y el Ello. No es menor el esfuerzo que realiza para ejercer un
dominio y un control incesante sobre todos sus objetos, y su hi-

peractividad no hace más que dar testimonio de este esfuerzo» (pág. 298). Pero continúa subrayando que la omnipotencia maníaca permite «que los mecanismos de reparación del objeto (adquiridos en la posición anterior, la Posición depresiva) se pongan en práctica...» Y al evocar la diferencia existente entre los mecanismos obsesivos que separan los objetos —principalmente la pareja de los padres interiorizados— les prohíben la forma de hacerse mal, y la manía que permite matar a los objetos, pero que posee mecanismos omnipotentes para reanimarlos instantáneamente. Esta es la «reparación maníaca», total y omnipotente, abstraída de todo reconocimiento de la realidad del trabajo que tiene que realizar y de la diferencia existente entre el fin y los medios que el sujeto posee para alcanzarla.

Además de esto, el movimiento que consiste en minimizar la potencia del objeto y en despreciarlo forma parte del mecanismo maníaco. M. Klein retoma la idea de Freud de una coincidencia entre el Yo y el Ideal, y la de K. Abraham según la cual el objeto se incorpora de forma canibalística. Pero a pesar de todo, el Yo «niega que este tema le inquiete».

Se ve lo que M. Klein hace de la manía, lo que utiliza de los mecanismos omnipotentes de renegación, en un marco más perseguidor que depresivo por el momento, pero que, no obstante, solamente puede hacerlo dentro de la finalidad de sostener los movimientos reparadores asociados a la Posición depresiva. M. Klein abandonará la idea de una manía consecutiva a una Posición depresiva. La idea de sostén que aporta la manía será recuperada en 1935 por D. W. Winnicott —como lo veremos más adelante— que inscribirá la manía —manteniendo todas las proposiciones, como M. Klein lo ha hecho con la Posición depresiva— en un proceso normal de ayuda a la constitución de la psiquis.

En 1940, M. Klein habla de una oscilación normal entre una Posición maníaca —cuya idea abandonará a continuación— y una Posición depresiva, la primera caracterizada por la Idealización, la renegación, el triunfo sobre el objeto, y que le permite «luchar contra los objetos peligrosos y proteger a los objetos buenos». No obstante, ahora pone más el acento sobre los peligros propios de la Posición depresiva. «El Yo, dice, no puede sin una renegación parcial y temporal de la realidad psíquica soportar el desastre con el que se siente amenazada cuando la Posición depresiva alcance su punto culminante» (pág. 316). Es también aquí más cuestión del problema específico planteado por la Posición depresiva: la prueba de la realidad (pág. 311), y la nostalgia del objeto amado (pág. 316). Las defensas maníacas son los medios de combatir el sufrimiento asociado a esos elementos.

Hemos entrado pues con M. Klein en la importancia problemática de la constitución del mundo interno, vivido siempre en su concreción por algunas partes del *Self,* incluso si ese mundo está gobernado por instancias tales como el Yo y el Superyó. La defensa maníaca está descrita esencialmente como formando parte de los riesgos de la constitución de ese mundo a través de la elaboración de la Posición depresiva. No obstante, me parece que la descripción que hace de este fenómeno no da cuenta de algunos elementos clínicos, tales como el aspecto extremadamente fugaz de la relación con el objeto, como lo he subrayado más arriba, que reenvía a otra problemática que es la de la única protección contra los objetos perseguidores. El sufrimiento depresivo es esencialmente aquello de lo que nos protege la defensa maníaca. M. Klein nos habla de una depresión de tipo secundario, aunque evoca el «desastre» que amenaza cuando la Posición depresiva alcanza su punto culminante. Si se trata de un sentimiento de pérdida del objeto «bueno» y de la seguridad de que un mundo interno «bueno» pueda encontrarse, sin embargo, no se trata jamás de la pérdida del sentimiento de tener una identidad. De lo que se trata, pienso, es de la depresión de tipo primario —no resuelta por el establecimiento de defensas esquizoparanoides— que evocaremos, y en la defensa maníaca, también de tipo primario, que le acompaña.

Es un elemento clínico indeformable que diferencia los dos niveles de esta defensa y las cualidades depresivas que las duplican: la contratransferencia. En el primer tipo de defensa maníaca, es el analista el que se siente sin valor y se siente también deprimido. La depresión se mantiene y puede proyectarse sobre el analista. En el segundo tipo de defensa maníaca más primitivo que estudiaré más adelante pero que abordo progresivamente durante este estudio, el analista se siente también sin valor. Pero no está deprimido. Se siente excitado, fuera de él, revuelto. Intentaremos comprender por qué.

En 1964, en su «Introduction à la oeuvre de Melanie Klein», H. Segal dedica todo un capítulo a las defensas maníacas que no las juzga patológicas en sí mismas, ya que la adquisición de las capacidades de reparación es larga. Una tríada de sentimientos

pertenecen a la defensa maníaca: control —de la dependencia del
objeto—, triunfo —sobre la preocupación por el objeto y su valor—, desprecio, finalmente, que permite negar el valor del objeto. Este cuadro permite también evitar la depresión asociada a
la pérdida del objeto y al sentimiento de ser responsable por haberlo atacado y estropeado.

H. Segal distingue también el empleo de las defensas propias
de la Posición esquizoparanoide, encontrando allí los elementos
utilizados en las defensas maníacas —la renegación, la escisión,
la idealización, la identificación proyectiva. Pero también precisa
que las defensas maníacas están «altamente organizadas, de
acuerdo con el estadio más integrado del Yo...». Ahora bien, precisa un poco más adelante, que «las defensas maníacas se emple-
arán contra toda sensación de existencia de un mundo interno o
de la posibilidad que él contenga un objeto de valor, y contra
todo aspecto de la relación entre el sí mismo y el objeto que amenaza con tener dependencia, ambivalencia y culpabilidad» (páginas 63-70). Pienso que esas regresiones contienen elementos per-
tenecientes a cuadros clínicos diferentes. ¿Cómo es posible, en
efecto, que la emergencia de una defensa maníaca participe de la
existencia de un Yo «más integrado» y que al mismo tiempo se
dirija contra «toda sensación de existencia de un mundo interno»? Por mi parte estoy de acuerdo con esas dos proposiciones, pero a condición de situarlas en el interior de cuadros clínicos diferentes. El Yo más integrado pertenece a la Posición
depresiva tal y como ha sido descrita por M. Klein. Pero el ataque contra toda percepción de un mundo interno o de un
vínculo entre el Yo y el objeto me parece que participa de un cuadro clínico mucho más primitivo, el que describiré más adelante,
en el que la defensa maníaca de tipo primario aparece como un
relicario de la defensa autística, en un mundo que quiere ignorar
la existencia tanto de un adentro como de un afuera. En ese momento estudiaré la diferencia entre la defensa maníaca y la defensa autística. Sin embargo, aquí no podemos comprender el
pensamiento de H. Segal que considera que el movimiento de
vinculación e incluso el de integración están contra la defensa
maníaca. Situándose esta integración desde el nivel más primitivo hasta el más evolucionado, la defensa maníaca que disminuye el sufrimiento que la acompaña, varía ella también desde el
nivel más primitivo hasta el más evolucionado.

J. Riviere en 1936 pone también el acento en el surgimiento

de la manía en el momento en el que el paciente percibe que ha obtenido beneficio de su análisis, y es entonces el momento en el que siente que un vínculo de dependencia existe entre él y el objeto que le permite progresar. Es por lo que intenta poner en relación la reacción terapéutica negativa y la defensa maníaca —idea que retomará H. Rosenfeld en 1964 (1). Éste solamente pondrá el acento sobre el «frenazo» que la defensa maníaca da a los procesos de integración en la medida en la que siempre se acompañan de una vivencia dolorosa de pérdida del primer vínculo con el objeto. Pero —como todas las defensas— la defensa maníaca no es más que una defensa con valencia negativa. También permite que los procesos de elaboración depresiva sigan su curso, como lo ha subrayado ya M. Klein. Quizás contribuya también, no solamente a la existencia de ese desarrollo, sino igualmente a detener el de las defensas más primitivas que ella. De la misma forma que M. Klein pensaba que las defensas maníacas tenían una valencia positiva en la medida en la que permitían proteger la existencia de los objetos buenos internos, podemos pensar que protegen todo frenando un proceso evolutivo en la medida en la que, gracias a ellas, emerge de la ganga de defensas más arcaicas que le habrían prohibido el nacimiento.

P. Heimann, en 1952, rebate ampliamente la especificidad de la defensa maníaca sobre los mecanismos que actúan en la Posición esquizoparanoide, como si efectivamente fuera muy difícil considerar teóricamente la necesidad de una defensa particular que proteja contra la depresión, mientras que el sujeto tiene a su disposición una regresión posible, en ese caso, a las defensas anteriores. El problema planteado por la defensa maníaca es pues que ella conserva los mecanismos primitivos de renegación y de escisión, manteniendo sus vínculos con una Posición depresiva subyacente, con todas las capacidades de reunión que esta última implica.

J. Gammill (1989) sigue esta línea de pensamiento poniendo el acento en las relaciones entre la manía y los mecanismos contrafóbicos. Le cito: «Mi experiencia clínica... me ha llevado a considerar las actitudes contrafóbicas... como una organización delimitada de la defensa maníaca contra los contenidos, depresivo y perseguidor, de la fobia o de las fobias subyacentes.»

D. W. Winnicott, en 1935, en un artículo que dedica al tema, piensa que existe una defensa maníaca normal. Pero analiza esta defensa a nivel de una manipulación por el paciente de sus objetos internos que mantiene, como lo dice el autor, en estado de animación suspendida. Utiliza un vocabulario teórico que sigue el que emplean los autores kleinianos: habla de renegación, de irresponsabilidad por las buenas cosas internas, de incapacidad de dar una significación plena a la realidad interna. Pero describe cierto número de elementos que hacen pensar más ahora en la defensa maníaca en cuanto formación que permite luchar contra una depresión de tipo primario con los medios arcaicos. Para ello recuerdo la palabra de J. Riviere que habla de «la fortaleza de la defensa maníaca». Sabemos que se habla de fortaleza cuando uno se refiere a la defensa autística. D. W. Winnicott subraya también la utilización de todas las sensaciones corporales internas en beneficio de la defensa maníaca y, desde esta perspectiva, habla de un tipo «asensivo» para poner el acento en el intento propio del maníaco de abstraerse de la sumisión al peso de la gravitación terrestre, que le conduce al peso de toda depresión, principalmente de tipo primario.

H. Rosenfeld (1964, 2 y 3) ha estudiado sobre todo los vínculos que existen entre la manía y la toxicomanía. Para él, el maníaco y el toxicómano utilizan los dos la idealización, la identificación con un objeto ideal y el control omnipotente sobre los objetos parciales o totales, para controlar toda angustia. No obstante, «contrariamente a la manía espontánea, la manía fármacotóxica progresiva no ayuda al enfermo a encontrar el camino hacia los objetos» (pág. 291). Es que la droga, según el autor, toma el lugar de los objetos contra los que la agresividad podría dirigirse. Sin embargo, considera (págs. 168-169) que hace falta «cierta fuerza del Yo» para producir la manía, de lo que estaría desprovisto el Yo del toxicómano que necesitaría, para desembocar en ese resultado, precisamente la ayuda de la droga.

Esta hipótesis es interesante en la medida en la que plantea la cuestión de la «fuerza» del Yo, es decir, de las capacidades de integración de éste, más que considerar únicamente su puesta al servicio de la elaboración de defensas contra la angustia en la manía. Si hace falta una «cierta fuerza del Yo», se puede pensar que el toxicómano —que en la hipótesis de Rosenfeld se apoya en la droga como sobre un objeto que suelda la coherencia del Yo— nos enseña algo sobre los mismos procesos maníacos cuando se les encuentra actuando en la vida corriente de los niños pequeños: M. Mahler (1975) ha puesto muy bien en evidencia cómo la adquisición de una capacidad nueva para el niño —como el andar— le da el sentimiento que puede estar dotado, gracias a ella, de una potencia mágica. Dicho de otra forma, el niño tiene tendencia a transformar por un proceso típicamente maníaco, el producto de un trabajo de desarrollo en la ilusión de una omnipotencia adquirida sin ningún esfuerzo. Me parece que esta posibilidad de anular lo que en el Yo participa del Principio de realidad, pretendiendo que depende sólo del Principio del placer está en el corazón de la manía. H. Rosenfeld probablemente ha querido referirse a ese proceso cuando afirma que el Yo debe tener una fuerza suficiente para ser maníaco. Pero nosotros podríamos decir también que el Yo no tiene fuerza suficiente para ser depresivo sin ser melancólico.

Por tanto yo diría, diferenciando mi pensamiento del de Rosenfeld, que la droga es un falso objeto que el toxicómano llega a que el Yo lo tome como verdadero, mientras que en la manía el triunfo y la elación están asociados al aplastamiento del Yo capaz de experimentar la depresión. Sin embargo, la euforia es común en la medida en la que se trata de la intensificación de un fenómeno de contraste, como ya lo subrayaba a propósito del niño que aprende a caminar (cfr. M. Mahler), pero también anteriormente a propósito de los niños que, después de haber esperado detrás de una puerta, ven que el espacio se abre ante ellos. En el interior de un tratamiento de niños es frecuente observar cómo ese fenómeno está expuesto por las representaciones de palancas así como de objetos cuya potencia de rebote está multiplicada por semejante sistema. De la misma forma, lo que parece que pertenece a la especificidad de los mecanismos maníacos en la euforia de la que se habla aquí, corresponde quizás a la capacidad de apoderarse del menor elemento positivo para elevarlo, por centrarse, por encima de lo que no es, y separarlo al mismo tiempo de las raíces que le mantendrían en el suelo de la realidad terrestre. Es insuficiente hablar en la manía de una proyección de la depresión en el objeto. Hay que añadir ese mecanismo de tipo «palanca», que permite a la alegría maníaca apoyarse pero también despegar de forma muy particular de la depresión, que permanece lejos por debajo de ella.

Mientras que un elemento de ese género esté presente en la euforia del toxicómano, no me parece que el cuadro maníaco incluya la sumisión aditiva del Yo a un falso objeto. Se trata de una escisión muy particular del Yo, como intentaré desarrollar en la presentación de mis hipótesis, donde el Yo-realidad y el objeto «bueno» están soldados frente a la expansión «ligera y volátil» del Yo-narcisista. En la toxicomanía por el contrario, es el vínculo entre el Yo-realidad y el objeto «bueno» lo que está pervertido, ya que lo «falso» se prefiere a lo «verdadero».

Pienso todavía aquí —a la luz del abordaje de la manía por un psicoanalista tan instruido como H. Rosenfeld— que para abordar la metapsicología de las defensas maníacas es necesario poseer más conocimientos sobre la clínica del narcisismo primario. Lo que nos permite el estudio del cuadro de la patología autista.

Me gustaría ahora abordar el estudio de algunos autores que se han despegado de la concepción de la manía que hemos estudiado hasta ahora, permaneciendo fieles a ella, ya que solamente han abordado las esferas del narcisismo a propósito de la manía elaborando los aspectos secundarios.

Se trata primero de S. Rado (1928). Después de haber descrito la extrema vulnerabilidad de los pacientes depresivos en cuanto se refiere a su estima, dependientes sin medida de su entorno, el autor describe la fusión que ocupa un lugar entre el Yo y el Superyó en la manía. No obstante, une esta fusión a la fusión con el pecho, que se instaura en él durante el período de lactancia. Considera que se trata entonces de un «orgasmo alimenticio». Este orgasmo colma las necesidades egoístas del lactante, satisfechos sus instintos nacientes hacia los objetos, e induciendo en él una especie de «transporte narcisista que está vinculado con ellos de forma inseparable». S. Rado hace de la futura autosatisfacción del Yo lo que habría nacido de esta experiencia del «orgasmo alimenticio», orgasmo primario que persiste en la psiquis corrientemente como símbolo mnésico.

B. D. Lewin, en los importantes estudios que dedicó a la manía de 1932 a 1949, retomó el pensamiento de S. Rado que se refiere al estadio de fusión con el pecho, dando el lugar que da, él también en esta sintomatología, a la problemática alimenticia, sin abandonar por ello el mundo de las relaciones de objeto. La manía es un derivado de la fantasía de reincorporar al objeto, y de ser reincorporado a sí mismo, en el cuerpo materno. El coito de los padres, que tiene una gran importancia en el estudio de 1932, es de naturaleza oral. «El Superyó desaparece mientras que es resexualizada la relación con los primeros objetos libidinales por el Ello, los padres, representados en el Yo por las identificaciones. Pero, para B. D. Lewin, ese Yo hipomaníaco es esencialmente un «Yo placer purificado» que, rechazando las fuentes del sufrimiento por la renegación, habla el lenguaje de las pulsiones orales.

En 1937, B. D. Lewin aporta precisiones al cuadro clínico precedente poniendo el acento sobre un tipo de relación con el objeto muy superficial. Yo diría que en la medida en la que el autor es capaz de observar este aspecto de las cosas es como puede reconocer, al final, que «en los estados hipomaníacos existe un problema todavía no resuelto». Efectivamente, se trata de todo el aspecto bidimensional de la relación con el objeto, a través de las puntualizaciones que hace B. D. Lewin sobre la ligereza y la superficialidad de los vínculos. Si el paciente entra abruptamente en una relación, la deja también bruscamente para comprometerse en otra, que no será más profunda que la primera. Y así siempre. El paciente no puede mantener un vínculo un tiempo suficientemente largo. Eso acarrea una multiplicación de las actividades que son de corta duración, como las relaciones que son numerosas pero fugaces. La abstinencia tanto como la promiscuidad sexual participan del mismo cuadro clínico, ya que la relación con el otro está desprovista de profundidad.

El aspecto teatral de la presentación maníaca está subrayado varias veces por el autor: haga lo que haga, el paciente parece que sacrifica sus relaciones profundas para obtener un disfraz de éxito.

El autor subraya la dificultad para concebir un vínculo entre la pareja de padres; uno de los dos padres está totalmente olvidado. Esta dificultad para concebir un vínculo de pareja, asociada al aspecto superficial de las relaciones humanas, confirma la existencia de un mundo superficial bidimensional que no era aún accesible a la conceptualización de B. D. Lewin, pero que podrá ayudarnos a aproximarnos al cuadro maníaco.

En 1941, B. D. Lewin describe todavía los fenómenos superficiales de ese tipo en la medida en la que observa que los pacientes obsesivos hipomaníacos pueden conceder más importancia a las sonoridades, al ritmo de las palabras que pronuncia el analista, que a su sentido. «La interpretación del analista es "aprobada" superficialmente porque el paciente la toma y juega con ella antes de abandonarla para siempre.» La finalidad es la de encontrar su fugacidad primitiva y rechazar cualquier apego al objeto. El maníaco «juega» o hace como si tuviera tal apego pero ese juego no dura mucho tiempo. Yo diría que no se molesta en engañar; todo lo hace «naturalmente».

B. D. Lewin consigue en este artículo una descripción muy auténtica del estado maníaco sin inscribir esta descripción, como yo lo decía, en un marco teórico satisfactorio. En su artículo siguiente (1949) hará entrar el cuadro maníaco en una teorización del narcisismo que, no obstante, no tiene en cuenta si se le examina más de cerca, los elementos clínicos que se observan en el artículo de 1941: el otro puede ser distraído, divertido, para desviar la atención que podría fijarse en él. El humor, la poesía e incluso el canto, dice B. D. Lewin, pueden servir para interceptar al otro de sí mismo. Podríamos añadir: como si el otro representara una amenaza. ¿Pero por qué? El artículo de 1949 intenta responder a esta pregunta ya que el autor retoma la idea según la cual la «manía es una especie de sueño, incluso si no es un profundo estupor». En cuanto a la elación maníaca, se parece al sueño de un «Yo-placer purificado». La amenaza, para el que «duerme» de ese modo, es la de despertarse y caer en la realidad. Pero B. D. Lewin no pone el acento en la actitud del maníaco en relación con el analista. Analiza más bien la retracción narcisista en la que se refugia: el maníaco está en un «sueño blanco», que corresponde a su estado de estupor. Se trata de una visión de una blancura uniforme, persistencia de la percepción del pecho que, últimamente, se convierte en una pantalla proyectiva, la «pantalla del sueño». El maníaco de alguna forma estaría identificado con esta pantalla.

B. D. Lewin reúne aquí algunos aspectos de mi propio pensamiento. Considera que el estadio maníaco que describe es anterior a la Posición maníaca estudiada por M. Klein (pág. 124), porque constituye un estadio que «se inscribe en algo físico y no en la estructura del Yo». La renegación —palabra maestra de los procesos maníacos— se orienta sobre las privaciones que la vigilia lleva consigo y sobre los estados emocionales. Dicho de otra forma, el ligero estupor del maníaco que hace que viva momentáneamente, aunque despierto, en un estadio de estupor «blanco», corresponde a la renegación de la relación con el otro: no está frustrado por el reconocimiento de la separación que se instaura entre él y su objeto, y no inviste emocionalmente a este último. Actúa, en ese sentido, como una página en blanco sobre la que las representaciones no dejarán huella. Es por lo que, quizás B. D. Lewin hace de la manía algo anterior a la constitución de la estructura del Yo: la ligereza de la huida de las ideas que no siguen una dirección participa de la pérdida del sentido y de un deseo de dormir, «ontogenéticamente más antiguo, según el autor, al deseo de morir».

Podemos pensar que el sumergimiento en tal estado de estupor en el que el dormir erradica la presencia de los sueños que enturbiarían la perfección de la pantalla sobre la cual se proyectan, no obstante, participan más de lo que Freud llamó «pulsión de muerte» que del deseo habitual de dormir, el cual solamente es posible si se acompaña del deseo de soñar. A menudo no se duerme porque no se es capaz de soportar la formación de un sueño.

Estoy de acuerdo con B. D. Lewin sobre esos puntos: la manía es un estadio que pretende alejar al yo de la responsabilidad por los pensamientos que pueden nacer en él. Pero, a diferencia de B. D. Lewin, pienso que la manía participa de la constitución del Yo. Se trata evidentemente del estadio de un Yo más primitivo que el autor tiene en la mente cuando se refiere a M. Klein. Yo describiría en mis hipótesis ese Yo que emerge de un estadio bidimensional y que aún no es verdaderamente capaz de escindirse él mismo. Semejante Yo —que tiene el aplanamiento de la pantalla descrita por B. D. Lewin— se une a un Yo más «profundo», como la pantalla del sueño sirve de fondo o de película para la inscripción de representaciones que reenvían a otra parte. Pienso que la descripción de B. D. Lewin se reúne con la mía cuando separa, en la manía, la pantalla de lo que lleva. De la misma forma, yo separo los aspectos «superficial» y «profundo» de un mismo Yo en construcción. Solamente el estudio de las defensas autistas nos permiten, desde mi punto de vista, inscribir el de las defensas maníacas en los alineamentos de la constitución del Yo.

B)   LA MANÍA Y EL NARCISISMO PRIMARIO

Los comentarios precedentes nos han familiarizado con el punto del que querría precisar la posición aquí, en función del lugar que ciertos autores le han dado, y esto con anterioridad a la elaboración de mi propia tesis.

Empezaré por O. Fenichel (1946), que retoma el pensamiento de Freud pero que, como es habitual en él, lo comenta añadiendo importantes precisiones basadas en la clínica. Así O. Fenichel responde bien a la idea freudiana de una liberación en relación con una obligación en la manía. La tensión entre el Yo y el Superyó se relaja. Pero precisa que el objeto que busca el maníaco pueda reemplazarse por cualquier otro objeto: «poco importa la persona

que da satisfacción, dice, lo esencial es obtener esta satisfacción».
Ahí reconocemos nosotros un elemento del narcisismo en el que
el objeto que da satisfacción no es reconocido en cuanto tal.
O. Fenichel puede precisar que se trata de un «comportamiento
típicamente no auténtico... debido a una identificación temporal
y superficial con el objeto externo» (pág. 408). El autor precisa
que el narcisismo del que se trata aquí es primario. El paciente
actúa como «un bebé que succiona y que, como consecuencia de
haber obtenido el alimento, el concepto de objeto». Este es el
punto: el objeto no puede concebirse en la ausencia. El maníaco
es un ser corto de vista que, si viera más claro, vería todo de un
negro melancólico.

Pienso ahora en cierto numero de autores que se aproximan
más a mis propios puntos de vista que se refieren a los mecanismos básicos en la utilización de las defensas maníacas. Esos aná-
listas no han utilizado solamente nuevos puntos teóricos al servicio
de esta elaboración. También han intentado nutrir esos puntos
teóricos con sus observaciones clínicas que no se habían benefi-
ciado anteriormente de semejante aproximación.

A. Garma, en 1968, sostiene las tesis que se refieren a las defensas maníacas que van al encuentro de lo que se tiene habitualmente como exacto. Así, piensa que en ese caso, si la distancia Yo-Superyó se anula, es que el Yo se somete masoquistamente
a su Superyó, dando una coloración masoquista al placer experi-
mentado por el maníaco. En ese sentido A. Garma —que se
opone a Freud— encuentra similitudes entre el maníaco y el melancólico: el melancólico espera siempre encontrar una satisfacción libidinal; el maníaco ha renunciado para siempre pero esconde este hecho detrás de la fachada de lo que aparece como
una libertad libidinal, y que en realidad es una obediencia estricta
a las órdenes de su Superyó (pág. 75). El depresivo tiene siempre
el sentimiento de desobedecer a su Superyó. Ir hacia la depresión
es, en esta perspectiva, un signo de progreso.

Yo solamente puedo seguir a A. Garme en su tesis a condición
de precisar que lo que él llama Superyó en realidad es una parte
omnipotente del *Self* que se erige en legislador intransigente, en
tirano de un Yo capaz de establecer vínculos genitales. Es por lo
que A. Garma cita el caso de Don Juan que hace sufrir a las mu-
jeres, según él, por el hecho mismo que ellas han buscado una
satisfacción genital. Ese Don Juan actúa como un «Superyó» ti-
ránico y celoso, defensor de una ley que se podría calificar de «an-

tigenital». Se trata, como lo sostendré, de una parte omnipotente del *Self*, que protege las defensas específicas para el mantenimiento del narcisismo primario, y que vive el establecimiento de un vínculo genital como una amenaza contra el dominio que ha ejercido sobre el conjunto del *Self*. Es en este sentido que la depresión —que toma un carácter perseguidor en la melancolía— es un progreso según A. Garma, frente a la sumisión a semejante sistema. Estoy interesada aquí también por lo que se puede deducir de tal comprensión de la manía: es lo que se vuelca en la sumisión a una instancia protectora del narcisismo primario. Intentaré poner en evidencia que éste es solamente un aspecto del problema, otro aspecto es la especificidad de la defensa maníaca en cuanto a vía de salida de un enclaustramiento en el narcisismo primario.

Algunos autores han empezado a aproximarse a esta idea subrayando no solamente cómo la defensa maníaca puede ser un ataque contra el objeto o el vínculo con el objeto (B. Joseph, 1971, 1975), sino también cómo puede ser una defensa que se sitúa en la perspectiva de una doble estructura del *Self*: un *Self* omnipotente y un *Self* infantil que puede ser seducido por el primero, lo que entraña una conjunción de la envidia y del sentimiento de culpabilidad (R. H. Etchegoyen, 1991). Este autor subraya la dinámica que existe en esta doble estructura del *Self*, pero no la inscribe en lo que pertenecería a la estructura maníaca misma. Precisaré mi punto de vista en la exposición de mi tesis. Pero subrayo desde ahora que es el estudio de la contratransferencia muy particular frente a un paciente maníaco, la que nos pone en presencia de esta doble estructura del *Self*.

J. Manzano, en su buen Informe del congreso de lenguas románicas en Ginebra en 1987, considera que en la defensa maníaca el Yo se identifica con un objeto idealizado, en un estadio de «no diferenciación narcisista». Ella «cristaliza» (pág. 261) la pérdida del objeto y constituye un «antiduelo» por excelencia. En la idea de cristalización existe la idea de coagular un proceso, el que subraya precisamente J. Manzano y que consiste en detener la evolución de la transferencia narcisista identificándose proyectivamente con el objeto. El analista ya no sabe a quién dirigirse porque el Yo del paciente «ya no está ahí» (pág. 264) por ese modo particular de identificación. Se reenvía al analista a su problema de dependencia, y al de su propia separación con su analizado así como a lo que éste puede representar, dice J. Manzano. Ahora bien, es sobre estos puntos que nos gustaría aportar las precisiones. El análisis de la contratransferencia en la utilización de la defensa maníaca puede permitirnos comprender mejor lo que el autor entiende por esta «cristalización», tan justamente observada, y que evoca más que la renegación, más que la animación suspendida ya mencionada, la fijación de todos los vínculos en una inmovilización que recuerda lo helado de las relaciones de objeto en el autismo. La defensa maníaca que se sitúa no obstante en la vía de salida de una evolución fuera del narcisismo primario coagula esta evolución; la «cristaliza». Intentaremos comprender lo que surge de esta metáfora: la salida del Yo fuera de las defensas autistas primitivas solamente se efectúa utilizando ciertos procesos que participan de esas mismas defensas. Esta es la especificidad de la defensa maníaca: ella lleva al narcisismo primario para quien todo duelo es extraño, y al mismo tiempo hace posible la concepción de la pérdida, inconcebible detrás de la fortaleza de las defensas autistas. Debe pues asociar elementos propios a esas defensas con los elementos que le son extraños. La vehemencia contratransferencial es la que garantiza desde mi punto de vista, la coexistencia de esos dos niveles en la defensa maníaca.

P. Cl. Racamier recuerda este aspecto del maníaco que sólo es una superficie: «Atrae todo en torno a él como otros tantos abalorios brillantes, pero vacíos, de superficies cuyo interior no le interesa.» Yo añadiré que querer «acuciar» a un paciente maníaco para que comprenda lo que vive, querer ponerle en contacto con su realidad psíquica, es empujarle a querer dotar esta superficialidad de una profundidad. Cuanto más se insiste, más se provoca el efecto contrario, y el paciente se escapa con una risa helada, de la que el autor ha señalado muy bien el aspecto mórbido que evoca al del esquizofrénico. Pero también es bueno subrayar que no se pretende impunemente llevar a semejante paciente a la realidad de su condición humana, fuera del sueño maníaco. El que lo pretende debe primero plegarse a reconocer los mismos procesos maníacos. Debe respetar los envites. A cuya falta solamente puede «caer en la boca del lobo» —ese lobo tan presente en las representaciones de los niños maníacos— y hacer que devore lo poco de Yo o de juicio que permanece a su disposición. Es este todo el problema de la técnica que planteo aquí y de la que volveré a hablar en mi larga presentación clínica.

Algunos autores, que han dedicado bellos estudios a la manía, han tocado esos puntos haciéndonos pensar en la necesidad de inventar nuevos conceptos para comprender ese fenómeno. Así J. Gillibert en 1978 habla de «devoración del yo» y del «principio de toda individuación» en la manía. «Nosotros queremos entonces volver a ser lo que éramos... el Yo es la máscara por excelencia... no se mata a la máscara, a lo más se puede disipar su fascinación o hundirse en ella.» Reconocemos aquí el difícil problema contratransferencial que he empezado a plantear más arriba. En 1970, J. Gillibert precisaba ya, cómo en Freud y M. Klein había una «sobreestimación del psiquismo» en la manía. En efecto, el maníaco vive sin profundidad, sin fantasía, pero dándose como origen inmediato de las cosas» (pág. 565).

L. Binswanger en 1960 aborda el problema a partir de la experiencia fenomenológica del maníaco. Mientras que el paciente depresivo ya no se dirige hacia nada, el maníaco se dirige hacia el objeto, pero por un instante es incapaz de soportar el esfuerzo de una duración que le proporcione la satisfacción de su deseo para más tarde. L. Binswanger habla de una «trama» (pág. 24) constitutiva de la persona. En relación con esto pensamos en la capacidad de su Yo para efectuar los vínculos entre los diferentes elementos de la personalidad. Comprendemos el pensamiento de L. Binswanger —que considera que en la manía se «disuelven» numerosos vínculos dejando una impresión de vacío»— como un ensayo descriptivo del estadio del Yo que pone los vínculos en tensión, o que relaja esta tensión. Esto corresponde a una vivencia del *Self* muy primitiva, según sienta o no los diferentes elementos que lo constituyen, mantenidos juntos por un objeto cuya existencia, de entrada, no se reconoce. L. Binswanger describe pues el campo de las vinculaciones que unen al Yo con el objeto a través de los proyectos del Yo. Así, aunque la pintura fenomenológica parezca muy primaria, yo diría que el autor inscribe la comprensión de la manía más bien a partir del narcisismo secundario del Yo.

A. Green y B. Schmitz, en un estudio clínico de 1958 que se refiere al duelo maníaco, han puesto el acento en las incertidumbres del narcisismo en la manía. Subrayan el aspecto paródico de la paz encontrada entre el Yo y el Superyó, y comparan el proceso maníaco con el de una mecánica que se desencadena de forma inquebrantable.

Este último punto nos aproxima claramente a la manera de tratar al objeto como si solamente se tratara de una mecánica en el autista. H. S. Klein (1974) se inspiró en los estudios realizados por F. Tustin sobre el autismo (1986, 1990) para analizar la defensa maníaca. Tal paciente tiene una personalidad que posee una piel muy fina debajo de una envoltura rígida, para poder mantener juntas las diferentes partes de sí mismo. En cuanto a las relaciones entre el paciente y el analista, este último se expresa así: «Me doy cuenta muy pronto de que me he convertido en su inconsciente y en cuanto tal debía experimentar todos los sentimientos que él mismo evitaba. En otros momentos, me sentía incapaz de pensar porque él había proyectado su conciencia en mí; también tenía que pensar por él.»

Esta última reflexión estará en el centro de mi análisis de la defensa maníaca en la medida en la que yo considero que el paciente es incapaz de asumir la responsabilidad —y numerosos autores lo han subrayado— para las partes de él que establecen los vínculos con los objetos y que reconocen en esta medida su realidad externa. Es el Yo del paciente, la «conciencia» de la que habla H. S. Klein, la que se proyecta en el analista. ¿Qué queda de él mismo en el paciente y cuál es la dinámica que ocupa un lugar entre este último y su analista? He aquí las preguntas a las que intentaremos responder.

Terminaré evocando los bellos estudios de G. Haag (1990) sobre el tema. Su conocimiento profundo del autismo le ha permitido descubrir cómo la defensa maníaca es una vía de salida de las defensas autísticas. Yo la sigo completamente en su análisis de esta evolución que obedece a las leyes de la constitución del espacio psíquico. La emergencia fuera de las defensas autísticas corresponde a una capacidad de soportar un principio de distancia entre diferentes puntos del espacio. Es en esta distancia en la que se precipita la elación maníaca.

Capítulo III

La manía:
algunas hipótesis teóricas nuevas

Este capítulo se sitúa entre la exposición teórica precedente y la segunda parte de este libro que tratará de la psicoterapia de un niño. Soy consciente del aspecto selectivo de los estudios que rodean este tercer capítulo, tanto en la lectura de los diferentes autores de los que he hablado como en la del material clínico. Estamos siempre guiados por el filtro de nuestra propia teorización que se está construyendo, en un estadio de formación más o menos abierta a aquello que la pueda influir. Pienso, no obstante, haber evocado, a pesar del carácter parcial de mis citas, el conjunto de las ideas psicoanalíticas emitidas sobre el tema hasta el presente. El material clínico que se presentará más adelante, es a la fuente como un punto de desenlace de las hipótesis teóricas personales que voy a desarrollar.

La defensa maníaca es un fenómeno que los psicoanalistas de niños lo encuentran tan frecuentemente que tienen tendencia, a pesar del gran sufrimiento en el que este fenómeno hunde, a trivializar su existencia y a cerrar los ojos sobre lo que ellos mismos experimentan. Siendo interpretada la defensa maníaca como una protección contra una vivencia depresiva, se ha querido pensar en la contratransferencia del analista como testigo de esta vivencia. Haciéndolo así, se ha utilizado fácilmente un concepto teórico-clínico para aplicarlo a una nueva clínica. Se trata del concepto de identificación proyectiva. Ya que el maníaco se presenta en un estado de buen humor y de animación, se ha pensado que todo lo que reniega de depresión en él mismo, solamente puede, por un movimiento de balance, proyectarse en la persona del analista, cuya vivencia debe corresponder a esta penosa contrapartida del humor maníaco.

Si fuera así, ello significaría que el mecanismo maníaco se funda en un juego de escisión y de proyección de algunas partes del *Self.* Ahora bien, el examen de la vivencia contratransferencial nos conduce hacia la evidencia de otra vivencia distinta a la vivencia depresiva. Si mantenemos como innegable que el maníaco se defiende contra la depresión, lo que trata es de reconsiderar según qué mecanismos llega a este resultado, y poner en tela de juicio los mecanismos cuya utilización nos es familiar, pero que no corresponden precisamente a lo que nos ofrece el cuadro clínico de la pareja analítica.

El analista que se encuentra frente a un niño maníaco se siente, efectivamente la mayor parte del tiempo, como un ser sin valor. Pero lejos de que esa vivencia acarree en él una inhibición depresiva, muy al contrario, se siente empujado a actuar, a llegar al fondo a golpe de interpretaciones sobre su pequeño paciente, como si por contagio se hubiera convertido él mismo en maníaco. Las interpretaciones no salen de una reflexión que se madura en su mente. Arden, más bien, en él como otras tantas manifestaciones del estado de excitación en el que su paciente le ha metido. Su contratransferencia es, en suma, un eco de la vivencia transferencial más que su doble negativo, como si esta representación de Janus que es el complejo manía-depresión nos hubiera conducido a creerlo.

¿Por qué querer actuar así? ¿Por qué portarse como un ciego y no ver que la carrera en la que el maníaco nos arrastra no es más que un engaño, y que nuestra buena fe cae en la trampa de la máscara que nos tiende? ¿Por qué imaginarse que busca nuestra interpretación, mientras que todo nos prueba que la huye? Pero cuanto más él escapa mayor es nuestra excitación para atraparla. ¿No nos damos cuenta de que el estado en el que el maníaco nos mete forma parte de su juego? Diré incluso más: el maníaco tiene necesidad de vernos en semejante estado para poder continuar utilizando su defensa. «Nutre» a esta última con nuestra turbulencia.

Si el concepto de proyección puede utilizarse en este caso, yo diría que la proyección está al servicio de un intento perpetuo que pretende incluir al Yo del objeto en la defensa maníaca. Como acabo de subrayarlo, no pienso que el paciente esté solo para llevar su defensa mientras que el analista soporta los elementos que el paciente quiere eliminar del campo de su psiquis. Para que el paciente tenga certeza de estar protegido contra el sufrimiento depresivo, haría falta que incluya al mismo analista en la organización de su sistema defensivo maníaco.

En la lectura que he efectuado de los autores anteriormente citados, he subrayado mucho la recuperación por la defensa maníaca de elementos muy primitivos que corresponden a una organización narcisista primaria. La defensa príncipe propia de esta organización es de naturaleza autística, como se empieza a conocer mejor ahora. Envío a mis lectores a los trabajos de F. Tustin, D. Meltzer y G. Haag para tener más precisiones sobre la naturaleza de las defensas autísticas. Recuerdo simplemente aquí que designo por Yo-narcisista primario a un núcleo muy primitivo del *Self* que no se ha organizado en un sistema de defensas fundadas en los mecanismos introyectivos. Se trata de una organización para la cual W. R. Bion encontrará la metáfora adecuada que permita describirla: organización comparable a la de los animales invertebrados por oposición a los vertebrados que han sido capaces de interiorizar un objeto que les permite apoyarse sobre él en el adentro de ellos mismos. Los animales invertebrados, por el contrario, deben velar para fabricar y conservar en torno de ellos mismos una envoltura cuya rigidez les protege contra las agresiones del mundo exterior. Una personalidad que permanece constituida de este modo centra sus preocupaciones sobre su periferia. Pero cuando más «fortifica» su contorno, más cierra su horizonte a la existencia de este último, y se hace menos capaz de investir una organización interna fundada en los intercambios con los objetos externos. Conservo la hipótesis de un Yo-narcisista que se mantiene como un refugio de seguridad para el Yo-realidad que se constituye, a partir de los intercambios entre el adentro y el afuera.

Numerosas preguntas se plantean sobre semejante interpretación de los hechos observados. ¿A partir de qué elementos se constituye este caparazón, propio para dar al Yo-narcisista la ilusión de que está protegido de todas las estimulaciones que podrían molestar su quietud? Se ha considerado ya que era autoproducida como en las «transformaciones en la alucinosis» (cfr. W. R. Bion, 1965; C. Athanassiou, 1990). Pero cuando se trata de la organización de todo un sector de la personalidad, podemos pensar que esta envoltura protectora, como una especie de «estado dentro del estado», filtra las informaciones que le vienen del afuera, ese afuera constituido tanto por el mundo externo como por otro sector de la personalidad. Plantearé la hipótesis de que ese «filtro» tiene un funcionamiento negativo en relación con el funcionamiento del Yo-realidad. El Yo-realidad se constituye primero como una película, una piel que es una superficie de contacto con la del objeto, de tal forma que por un proceso de identificación adhesiva, poco a poco, la película yoica se va identificando con el contorno del objeto que se despega de él. En un juego flexible se vuelve a pegar a él; después, nuevamente se despega. La permeabilidad del contacto que se instaura entre el Yo y el objeto, entre el adentro y el afuera del Yo, sólo se iguala a esta capacidad de perderlo y de reencontrarlo, de encerrarse en un principio de autonomía, después relajarse en una fusión momentánea donde el narcisismo del Yo y del objeto se mezclan nuevamente. Así se constituye, por un proceso de complicación creciente el Yo-realidad en cuanto instancia capaz de gobernar los vínculos que se instauran entre los objetos-continentes y sus contenidos, así como entre diferentes partes de la personalidad que funcionan de este modo.

El Yo-narcisista, ese relicario de organización arcaica del Yo, permanece aislado en relación con la organización general del Yo-realidad. No obstante, pienso que es necesaria la influencia que este último control puede tener sobre el conjunto de la personalidad. El caparazón del Yo-narcisista funciona en negativo en relación con la envoltura del Yo-realidad. Cuanto más esta envoltura permanezca como un lugar de intercambios entre el afuera y el adentro de él mismo, tanto más la cerrazón constituida por el contorno del Yo-narcisista constituye una barrera que prohíbe todo intercambio. Mientras que trata las informaciones que recibe el Yo-realidad con vistas a ser asimiladas por él, el Yo-narcisista les impone un «tratamiento negativo»: cualquiera que sea la manera en la que procede —cerrándose sobre sí mismo o no permitiéndole incluso penetrarlo— su finalidad está fijada de antemano. Todo aquello que intente cambiar el *status quo* de una estructura que se pretende inmutable, es analizado por el sistema de custodia del Yo-narcisista como peligroso. Simplemente quiero subrayar, por medio de estas puntualizaciones que el caparazón, llamado «autístico» del Yo-narcisista no puede permanecer estático, aunque sea el guardián de un estadio estático. Uno de mis pacientes hablaba en relación con esto no solamente de fortaleza, sino de fortaleza protegida con cañones y metralletas, las cuales debían estar bien provistas de inteligencia humana para prevenir la aproximación de cualquier enemigo. Esta imagen permite ilustrar lo que quiero decir: el aglomerado protector del Yo-narcisista no es un estadio pasivo. Desarrolla toda una actividad y un análisis de la realidad puesta al servicio del mantenimiento de una estructura de naturaleza totalmente opuesta a la del Yo-realidad. Para volver a dar al término de pasividad su verdadero lugar, diría en suma que el Yo-narcisista pone toda su actividad periférica al servicio del mantenimiento de una pasividad interna. Bajo el caparazón, el olvido aniquilante de toda realidad permite que el *Self* permanezca pasivo en el sentido fuerte del término: se deja totalmente llevar por este caparazón y permanece así flácido como una masa líquida. Fuera la inflación defensiva del caparazón, está pues sin defensa en relación con la estimulación que podría alcanzarle, es decir picarle. La imagen de todos los animales con concha es un buen ejemplo de este tipo de estructura. El caracol —cuyo dibujo es a menudo retomado por los niños que representan este aspecto de ellos mismos— entra en su concha cuando se siente amenazado. Pero ha osado sacar sus antenas mientras que el erizo de mar, por ejemplo, no se arriesga tanto, acorazado con la artillería defensiva de la que yo hablaba ahora.

Esas imágenes, que nos ayudan a representarnos las cosas, evidentemente no corresponden exactamente a la realidad interna. Pienso que el niño autista ha dejado a semejante Yo-narcisista apoderarse de casi toda su personalidad, mientras que el niño llamado «normal» ha relegado este arcaísmo casi uterino a un sector que respeta más que domina el Yo-realidad.

¿Qué sucede ahora en la manía y cuáles son los vínculos que mantiene con el narcisismo primario?

La reacción maníaca es una primera defensa protectora contra una vivencia de infracción del caparazón del Yo-narcisista. Pero esta primera defensa permite, al mismo tiempo al Yo, pasar del mundo sin espacio, que es el del Yo-narcisista (sin espacio porque es sin objeto), al mundo en dos y en tres dimensiones, que es aquel con el que trabaja el Yo-realidad. En este sentido es en el que la defensa maníaca difiere de las reacciones psicosomáticas que hacen que permanezca fuera del campo tridimensional. El

Yo-narcisista que vive fuera del espacio y fuera del establecimiento de toda frontera vive al mismo tiempo en el desconoci-
miento de las aberturas esfinterianas, las que permiten limitar las
aproximaciones del mundo exterior sin prohibirlas. Pienso que la
reacción maníaca sobreviene cuando el Yo-narcisista puede transformarse parcialmente, es decir, en un pequeño sector de él
mismo. La efracción no debe ser brutal, porque el Yo-narcisista
reacciona masivamente y rechaza toda integración de la conmoción que transformaría su estructura. Es posible, por el contrario, que una pequeña estimulación consiga solicitar al Yo-narcisista en un momento en el que el juego de las fuerzas en presencia
hace menos absoluta la defensa narcisista. Es en este momento
en el que una depresión de tipo primario se sitúa en la superficie del Yo-narcisista. Es decir, que a ese nivel un hueco, sino una
falla, corre el peligro de herir un núcleo que ignora todo de la
existencia del mundo exterior. Pienso que el Yo-narcisista tiene
dos alternativas a su disposición: ya sea que intensifica su reacción habitual y reforma su caparazón; ya sea que se deje debili-
tar en un punto y se deje ganar, sobre ese punto por lo menos,
por una depresión de tipo primario, es decir, una depresión que
se traduce físicamente por el sentimiento de deslizarse y de no tener base de apoyo.

Queda una gran cuestión que me volveré a plantear durante
mi exposición clínica: la vivencia depresiva, que surge de una herida que toca al Yo-narcisista, quizás no la lleva por este último
que permanece insensible. Es el Yo-realidad el que vive en él el
impacto de la herida que ha captado otro sector de la organización de la personalidad. Quizás todo sucedería como si la toma
en cuenta del sufrimiento por el Yo-realidad permitiera al Yo-narcisista soportar una transformación parcial. Esta transformación
se traduciría en la existencia de una huella de la experiencia vivida por el Yo-realidad sobre el mismo Yo-narcisista. Es como si
el Yo-narcisista transformara muy parcialmente su funcionamiento y como si la experiencia de la que él habría sido el teatro
no hubiera sido totalmente borrada. Si transponemos esta descripción a nivel de los movimientos que ocupan un lugar en el
interior de la primera Tópica freudiana, diríamos que en la periferia del Ello, o del Inconsciente en cuanto que instancia, se
forma una película yoica, y esto por un juego de influencias entre un Yo ya existente y un Ello que ignora el tiempo y el espacio. Esta comparación solamente es parcial, ya que el Yo-narci-

sista solo tiene en común con el Ello el vivir fuera de esos *a priori* de la Conciencia. El Yo-narcisista no se define como un reservorio pulsional sino más bien como fuera de todo alcance pulsional que le conduzca a las relaciones de objeto.

En el punto de unión entre una transformación de la defensa narcisista y el funcionamiento yoico se sitúa la defensa maníaca. Propondré la hipótesis de que ella es la primera etapa de una transformación de la defensa narcisista, que precede incluso a las defensas obsesivas —que por tanto están situadas en la prolongación de las defensas autistas— y las defensas perversas.

Pienso que la defensa maníaca primaria se puede describir como sigue: apenas la envoltura narcisista ha conseguido dejarse tocar en lugar de encerrarse inmediatamente, segrega una zona de transformaciones y de vínculos con el Yo-realidad de tal forma que la «piel», si proseguimos esta comparación, solamente se reconstituye al abrigo de esta «corteza» de superficie. Esta «corteza», no obstante, si cumple una función protectora en relación con la fragilidad subyacente, no está destinada a ser rechazada como la verdadera corteza. Pienso que es una formación de unión entre el Yo-narcisista y el Yo-realidad que se traduce por las manifestaciones maníacas y que está destinada a mantener un puente entre los dos sectores de la personalidad. Por este hecho el Yo-narcisista está destinado a vivir de forma cada vez menos escindida del Yo-realidad. En un desarrollo «normal», pienso yo, el Yo-narcisista conserva su organización específica, su «arcaísmo invertebrado»; se podría decir, aunque se percibe cada vez menos en peligro por los movimientos del Yo-realidad, que le respeta y no está paralizado por él.

La transformación de un sector del Yo-narcisista consiste en esto: apenas, decía yo, la superficie narcisista capta la existencia de una presencia extranjera a ella misma proyecta el sufrimiento que siente sobre el Yo-realidad. Pero esta proyección, que pretende ser una evacuación, suelda un vínculo indeleble entre los dos Yo. Esta situación intrapsíquica propia de la defensa maníaca, solamente puede comprenderse y analizarse en el interior de la dinámica transferencial muy particular que se instaura en la situación analítica. He llegado a la hipótesis siguiente: el paciente —cuando es un niño el juego hace este proceso más flagrante— juega con su analista los elementos de esta defensa, utilizando a su analista como el soporte de su Yo-realidad, mientras que él mismo permanece del lado del Yo-narcisista. Pienso que si estuviéramos en presencia de una defensa autística, la actitud del paciente no estaría constituida por esta provocación a la excitación, y la contratransferencia del analista sería diferente. Pero, en la defensa maníaca, el paciente «provoca» al analista con un juego que corresponde a la máscara maníaca, cuya presencia ha sido tan a menudo señalada por los autores. El paciente juega, mima, pero no siente. Le corresponde al analista llevarlo a la profundización y al sentido de lo que se juega delante de él. Él los experimenta como si estuviera imperativamente empujado por el proceso mismo que se desarrolla entre él y su paciente. El analista «vibra» con las menores inflexiones de su paciente, como si no constituyera más que uno con él, y como si el espacio que separa las dos fronteras identitarias estuviera anulado. Comprendo primero este fenómeno así como lo he sugerido: el paciente ya no lleva el peso de lo que representa que el mismo Yo-narcisista ya no lo lleve. Si está herido, la percepción de su fragilidad, la conciencia de los elementos, que sería la causa de su caída, todo eso que lo llevaría el Yo-realidad es desviado sobre el analista. El paciente mima la superficie de una escena sin incluir la realidad. Podríamos resumirlo diciendo que el paciente se identifica con la superficie de un Yo del que el analista debe soportar su profundidad. Se trata de un proceso muy particular, porque esta superficie y esta profundidad constituyen un todo que el maníaco intenta desmantelar en dos elementos. Pero las fuerzas de vinculación que han empezado a actuar en el momento en el que el Yo-narcisista se ha dejado tocar permanecen presentes, y aunque el Yo-narcisista mime los fenómenos de superficie, es el analista el que experimenta todo el impacto de esos vínculos nuevos.

Me explico. Si tomamos el ejemplo príncipe de la herida del Yo-narcisista que vive fuera del tiempo y del espacio por el impacto de la gravitación que da peso a la realidad del Yo, podremos encontrarnos ante el cuadro siguiente: un niño maníaco mimará le ligereza, la ausencia de peso físico y psíquico, en suma la superficie, mientras que el analista, empujado por una fuerza irreprimible que pretende reunirse con él, intentará muy «ingenuamente» llevarle a tierra y darle el peso de un sentido a lo que no es más que fantasmagoría de superficie. El analista es «ingenuo», porque no comprende que esta fantasmagoría tiene como finalidad, precisamente, provocar la reacción que experimenta, y la de asegurarse que está siempre dispuesto a funcionar en cuanto objeto de apuntalamiento. El autista que anda de puntillas, que consigue desafiar las leyes de la gravedad no busca a veces provocar en el analista esta reacción de apuntalamiento. El analista, el objeto, no existe para él. Es por lo que decimos que en la defensa maníaca, tenemos un principio de salida y una defensa autista: el objeto cuenta en cuanto soporte de funciones yoicas que empiezan a despertarse y de las que el maníaco, a diferencia del autista, ha empezado a dotarse. El vínculo con el objeto —que lleva consigo la espantosa relativización de la omnipotencia del Yo-narcisista— permanece, y el maníaco lo trata por proyección. Esta proyección de las capacidades nuevas de vinculación con el analista entraña una inflación de la excitación en este último. Se equivoca creyendo, como lo representa el maníaco, que se encuentra en presencia de la realidad de un Yo. Solamente asiste a su espectáculo, solamente ve su superficie sin tener conciencia de que él mismo es el portador de su profundidad. Eso lleva consigo, en la dinámica de la sesión con un niño maníaco, a una situación explosiva: cuanto más estimula al niño, por su juego, las capacidades nuevas de vinculación del analista, y cuando más quiere comunicar el analista lo que comprende del niño, éste último le reenvía más hacia una ausencia, hacia ese «señuelo» que los autores describen tan a menudo. Esto hace que el analista entre en un remolino en el que él mismo pierde el control de su Yo.

En este proceso maníaco todo sucede como si la provocación buscara una confirmación cuyo objetivo ella ha esperado, prohibiendo el retorno de los elementos proyectados, que amenazarían con agujerear la pantalla escénica, siendo verdaderamente eficaces. En el ejemplo clínico veremos que el niño —o el paciente adulto— puede utilizar mil medios para excitar a su analista. También puede estudiar el sentido de una situación, y saber lo que al analista le gustaría decir. Estudia también lo que puede estimular el interés del analista con la única finalidad de hacerle hablar y de estar así seguro que está siempre dispuesto a buscar el sentido oculto de su señuelo, olvidando que se trata de un señuelo. El paciente se tranquiliza porque el que lleva su profundidad está siempre atado a él. Pero el analista le acosa muy de cerca y quiere encontrar una realidad allí donde solamente hay una sombra, y la amenaza de ese peligro actúa de forma que el mismo Yo del analista se «devora». Sus pulsiones terminan por inflamar sus capacidades continentes y, por haber llevado el Yo-realidad del paciente en su lugar, el analista se encuentra con que ha perdido el suyo propio.

Este comienzo de estudio de los procesos que están en juego en las defensas maníacas podría conducirnos a comprender mejor las manipulaciones del Yo-realidad del objeto en sus fines diversos y en sus consecuencias. He evocado ya un aspecto de este punto estudiando los mecanismos de la somnolencia (C. Athanassiou, 1989) de la cual se desconocen tantas cosas. Podemos encontrar también un punto de unión entre el Yo-narcisista, su mundo de satisfacción alucinatoria de deseo y la superficie con la finalidad de proyectar allí la emocionalidad profunda en que el otro participa de lo que desencadenan los mismos procesos maníacos. El señuelo, la máscara, el payaso captan la atención, la mirada, como la luz a nivel de una superficie, no con la finalidad de mantenerla aprisionada ahí, sino para conservar así un estado de «animación suspendida» —punto que ha sido también a menudo subrayado por diferentes autores que se han aproximado suficientemente a la fenomenología de las defensas maníacas.

Yo diría que la defensa maníaca permite mantener un estadio de transición entre un Yo-narcisista en transformación parcial y un Yo-realidad en curso de integración de esta transformación. En los casos clínicos que presentaré más adelante, veremos cómo esta defensa participa de la defensa autística, y cómo el trabajo analítico pretende que al no ser peligroso para la tranquilidad del Yo-narcisista no paralice el funcionamiento del Yo-realidad. Por el contrario, el Yo-realidad debe llegar a «dar confianza» al Yo-narcisista, de tal forma que el funcionamiento del primero no se viva como si fuera sinónimo de peligro para el segundo. Solamente entonces el lugar del Yo-realidad puede representarse en la psiquis como por encima de la del Yo-narcisista. Ese movimiento —que también intentaremos estudiar más adelante— es comparable al de la represión. Lo que controla, domina o incluso asegura un puesto de gestión está siempre situado por encima de lo que es controlado, dominado o gestionado. Físicamente, el vencedor siempre ha tenido el hábito de poner su pie sobre el vencido. Si no se puede vencer al Yo-narcisista, deben limitarse sus potencialidades de omnipotencia sobre el conjunto de la vida psíquica a costa del Yo-realidad.

El estado de intolerable excitación que siente el analista frente al maníaco, corresponde al menos a dos elementos contratransferenciales. Primero se trata de la proyección simple del estadio del Yo-realidad del paciente que, nuevamente solicitado por una estimulación externa, reacciona como una piel todavía demasiado frágil. Todo lo que la toca la pone en carne viva en un sistema de «todo o nada», tanto la fulguración de una quemadura generalizada como la inercia de una calma absoluta. No se trata de una transición matizada entre las dos. A pesar de todo se trata de un Yo-realidad, en la medida en la que lo comprobado es retenido en el «tejido cutáneo», se podría decir, de ese Yo superficie. Es esta comprobación la que habita al Yo-realidad del analista que tiene tendencia a confundirse violentamente con él.

El otro aspecto de la contratransferencia está asociado con la particularidad de la defensa maníaca que, una vez que ha cumplido la proyección anteriormente descrita, sólo pretende obstruir el posible retorno hacia su expedidor. El rechazo a recibir los efectos provocados en el otro entraña dos efectos complementarios: ya sea que el otro se excita de forma creciente en la medida que busca en vano hacerse escuchar; ya sea, ante la ausencia de todo interlocutor y de todo eco, que apaga con su excitación la vida que el Yo-realidad lleva, y termina por dormirse con el sueño particular que es la somnolencia. Se trata entonces de una reacción contratransferencial propiamente dicha, porque el analista reacciona con sus defensas personales a las proyecciones del paciente. No es más que un portador que las reenvía por el espejo.

Captamos, a través de esos bosquejos de teorización de las defensas maníacas, hasta qué punto pueden tocar las zonas y los mecanismos psíquicos que están lejos de estar verdaderamente explorados hasta ahora.

Para concluir, me gustaría abordar el punto de la técnica que permite, si se puede, salir del atolladero maníaco.

Toda la técnica se funda en un segundo plano teórico, lo mismo que este último se apoya en una experiencia clínica, la que solamente es posible gracias a algunos *a priori* teórico-técnicos. Veamos cómo la experiencia clínica se introduce en este círculo y lo modifica poco a poco.

En lo que se refiere a la manía, el malestar contratransferencial y el punto muerto clínico en el que uno se encuentra, nos han hecho reflexionar sobre los elementos de la técnica, que tienen su repercusión sobre las elaboraciones teóricas. Me parece que, con un paciente maníaco, la primera regla es el silencio. El silencio habitado del que, a veces, emerge la traducción concisa, por el analista, de la prosecución de su actividad de pensamiento. El analista traduce, al mismo tiempo, de qué forma no se ha dejado embaucar por la superficie narcisista del paciente. Desde el punto de vista que nos concierne, es la hipótesis de la proyección del Yo-realidad del paciente sobre el analista —con la finalidad de aligerarse de toda responsabilización de la transformación parcial del Yo-narcisista—; semejante actitud técnica permite al analista significar al paciente que ya no lleva el Yo-realidad del paciente en su lugar. Dicho de otra forma, el analista transmite al paciente que él consiente en ayudar a su Yo-realidad a soportar su herida depresiva, pero que no se compromete en una unidad de dos, aquella en la cual él llevaría la profundidad y el paciente la superficie de un mismo Yo. Una unidad típicamente maníaca en la que, en tanto que el analista signifique que le dota del juego de disimulo del paciente de un Yo-realidad del que el paciente, por los hechos, se aligera «a espaldas» del analista, perpetúa un sistema que solamente debe constituirse como solución momentánea. Permaneciendo aparentemente sordo y ciego a este «engaño», pero significando que estructura su pensamiento independientemente de las inducciones del paciente —pero no independientemente de su discurso hablado o del juego— el analista se presenta al paciente como un objeto de identificación, que el paciente ha querido manipular en vano, que no ha rechazado llevar su Yo-realidad, pero que no lo confunde con el suyo propio.

El propósito de semejante técnica es el de exacerbar en un primer tiempo la defensa maníaca, ya que el paciente intenta intensificar los medios utilizados para provocar el efecto buscado: la supresión del Yo-realidad del analista y la recuperación de su Yo-realidad naciente en la esfera de control del Yo-narcisista. Pero si el analista resiste a semejante inducción —que puede tomar la forma de un bombardeo intolerable de estimulaciones— el paciente maníaco sabe muy bien «estudiar» lo que puede herir al analista en cualquier punto sea el que sea, si el analista puede mantener en él mismo una escisión entre el Yo-realidad del paciente y el suyo propio, entonces la situación empieza a calmarse. El paciente renuncia a estimular a un objeto que no responde, y empieza a encontrar un tipo de objeto capaz de distinguir lo verdadero de lo falso, la profundidad de la superficie. Percibe que el único sistema en el que el analista puede responder es aquel que integra la gravitación terrestre y el Yo-realidad, el cual se ha constituido para componer el peso de las cosas. Propongo la hipótesis de que el paciente percibe, en esas condiciones, que el analista respeta el Yo-narcisista del paciente pero no sacrifica su Yo-realidad a este último. Pienso también que el paciente comprende inconscientemente toda la lucha que tiene el analista, en él mismo, para defender el sistema de valores del Yo-realidad contra los asaltos maníacos. Sabe percibir las debilidades de ese Yo y explotarlas, pero percibe también cómo el analista renueva la lucha que debió tener antaño para hacer «triunfar» y que no sea maníaco, un sector de su Yo que defiende la realidad, contra otro sector de su Yo que la ignora.

Esto permite también reflexionar sobre el fenómeno del «rechazo» y de la «incorporación». El analista enuncia al paciente que él rechaza aquello que querría que fuera incorporado por él, pero que no rechaza aquello que querría apuntalar su funcionamiento sobre el suyo propio. Haciéndolo así, nosotros «empujamos» más o menos delicadamente al paciente para que recupere su Yo-realidad. Esto no quiere decir que el sistema maníaco ha desaparecido completamente de la «circulación psíquica» del paciente. Sino que permanece subyacente, le deja al Yo-realidad libre para gobernar nuevamente la psiquis. Es fundamental la actitud del objeto que es la de desalentar sin prohibir la utilización de semejante sistema. El objeto, capaz de proteger su propio funcionamiento del dominio del sistema maníaco, deja al Yo-realidad del paciente la libertad de identificarse con él. Es lo que hace en la mayor parte de los casos. El movimiento de salida ilustrado por los dibujos de los niños representa el descenso de un mundo del que intentó prolongar el estado de pesantez propio del Yo-narcisista.

El sufrimiento depresivo primario, después secundario, ya no lo vive el Yo-realidad como un simple eco de lo que ha sufrido el Yo-narcisista. No se trata de una efracción traumática. Ahora se trata del enganche de un sistema de vinculaciones. La defensa maníaca montada como protección contra el sufrimiento depresivo, sustentaba la ausencia de sentido de toda depresión. La disminución de esta defensa hace que se penetre en un mundo en el que la depresión tiene su lugar, su significación, y puede empezar a ser el motor de los vínculos engendrados en el seno del Yo-realidad.

Parte II

PRESENTACIÓN CLÍNICA DEL CASO DE UN NIÑO

El largo desarrollo clínico que va a seguir no se propone solamente como una ilustración de las elaboraciones teóricas anteriores, sino igualmente como una base de reflexión a partir de la cual la teorización de donde ha surgido puede continuar modificándose.

Más bien que proceder a una introducción propia para liberar las grandes líneas de la presentación clínica, entraré en el meollo del tema y entremezclaré este último con reflexiones más generales, nutridas por la particularidad de tal o cual punto clínico. A partir de esta evolución es como el lector encontrará, lo espero, las puntualizaciones teóricas que se han realizado en la primera parte de esta obra.

Simplemente menciono aquí que me ha parecido bien dividir la presentación clínica en cinco partes, reagrupadas en dos subpartes. Un elemento me ha guiado fundamentalmente en esta formulación: la observación de las relaciones que existen entre los dos grandes sectores que dividen el *Self*, y que lo ponen bajo el gobierno de un Yo-narcisista, por una parte, y de un Yo-realidad, por la otra, tal y como los he llamado.

En el presente caso veremos cómo la relación de fuerzas entre esos dos Yo bascula en un momento que yo sitúo en el centro de la evolución de este caso.

Pero las cosas no son tan simples en lo que se refiere a las relaciones que existen entre esos dos Yo, como el principio de la exposición clínica lo pondrá rápidamente en evidencia. Sabemos muy bien que la clínica complica siempre lo que nosotros creíamos simple.

En cuanto a la defensa maníaca de la que esta exposición pretende ser la ilustración del funcionamiento, veremos que pierde muy poco de su vigor con el paso del tiempo y que está omnipresente: puede parecer muda por momentos, pero, a partir de que el Yo–narcisista es herido, de nuevo causa estragos.

La evolución de la organización del *Self* reside pues en la posibilidad que se deja al Yo-realidad desencadenar los movimientos y los investimientos en el *Self,* sin que al Yo-narcisista sin embargo se le hiera. Dicho de otra forma, esta evolución se refiere esencialmente a la naturaleza de la relación que existe entre esos dos Yo. Esta es la preocupación constante que guiará mi examen clínico.

La manía en cuanto defensa contra una depresión primaria

Presentación - El primer trimestre - Sesiones 1 a 26

Didier es un niño pequeño cuyo tratamiento, terminado ahora, duró un poco más de cuatro años. Lo recibí a la edad de tres años y medio y lo vi durante más de un año dos veces por semana, después una sola vez por semana. Por razones de discreción, no daré demasiados detalles de su anamnesis. Sepamos solamente que tiene una hermana pequeña y que la familia ha crecido durante el tratamiento por el nacimiento de una última niñita.

Los acontecimientos que no relataré aquí han perturbado su nacimiento y han intervenido de forma que el contacto entre la madre y su bebé fue distante desde el principio: la madre tenía la preocupación de proteger al bebé de un sufrimiento que quería llevar sola. Pero siendo esta mujer muy afectiva, y capaz de escuchar de forma muy fina los problemas de su hijo, la relación recuperó vida rápidamente una vez que las circunstancias dolorosas que presidieron el nacimiento del niño se alejaron.

El padre compensó con gran calidad emocional las perturbaciones afectivas de los primeros tiempos de la vida de su bebé, y se mantuvo cerca de su hijo en el momento en el que la madre se había alejado.

Los padres me preguntan por qué su hijo, desde hace algún tiempo, corta la relación muy buena que tenía con sus padres con crisis de rabia brutales, súbitas y de corta duración. Éstas surgían generalmente después de que los padres le imponían una frustración incluso ligera; pero eso no sucede sistemáticamente. Después de revolcarse por el suelo, el niño sale de esas crisis sin comprender lo que le pasa: son como enclaves en su vida. Es el primero en estar pesaroso porque ama a sus padres y querría ser «amable» con ellos.

Es difícil encontrar el origen exacto de esas crisis. Los celos desencadenados por el nacimiento se su hermanita solo me han parecido un fenómeno secundario, cuyos efectos solamente han podido sobreañadirse a la secuela de su perturbación neonatal. En el primer momento pregunté a los padres el considerar esos puntos, y hablar más con él de los acontecimientos que presidieron su nacimiento. Las crisis de cólera han continuado haciendo intrusión en su vida. Entonces decido realizar un tratamiento.

Un vuelco importante se produce entonces en el comportamiento de Didier: muy rápidamente —es decir, después de algunas sesiones— las «crisis» han desaparecido de la casa. Didier se ha convertido en un adorable niño, curioso por todo, poniendo su viva inteligencia al servicio de sus futuros aprendizajes escolares, para los que parece ya bastante dotado. Ama a sus padres, adopta una actitud «responsable» frente a su hermana pequeña, y solamente presenta en su humor fluctuaciones ligeras que tienen más la forma de un enfurruñamiento, que verdaderamente no ensombrece en absoluto el cuadro de la vida de un niño pequeño cuyo comportamiento, descrito desde este ángulo, puede parecer «ideal». Ahora bien, bajo la imagen de esta perfección —duradera ya que se ha mantenido desde hace más de cuatro años—, Didier sitúa en las sesiones de terapia, de forma también sólidamente escindida del resto de su vida como lo eran sus crisis recientes, una explosión maníaca inatacable. Tanto pone a su Yo al servicio de un desarrollo fundado en la aceptación de los vínculos anudados entre él y la realidad de sus objetos cuando se encuentra fuera de las sesiones, como, cuando está en su terapia, reniega la realidad de esos mismos vínculos que yo soy la única en mantener. La escisión que existe en el interior de su *Self* entre un Yo-narcisista y un Yo-realidad se organiza pues no solamente entre el adentro y el afuera del marco analítico, sino en el interior mismo de ese marco. Aquí, el niño solamente conserva de él mismo su Yo-narcisista y proyecta en el analista todo lo que queda en él de Yo-realidad susceptible de molestar la quietud de su Yo-narcisista. A este precio, Didier puede disfrutar de las capacidades de su Yo-realidad fuera de las sesiones, mientras que yo sería la única susceptible —si me dejara deslizar a lo largo de la pendiente contratransferencial— de tener crisis de rabia. Didier me pone, efectivamente, lo más a menudo, ante el obstáculo de un caparazón autístico infranqueable, solicitando imperativamente mi deseo de penetrarlo. Esto es lo propio de la defensa maníaca.

Esta situación plantea una pregunta: ¿cuál es la parte del Yo que experimenta una rabia sin límites cuando se le hiere? Nosotros tendríamos tendencia a afirmar que se trata del Yo-narcisista. Por mi parte diría que si el Yo-narcisista es efectivamente herido y permanece en el origen de esta situación defensiva, solamente el Yo-realidad experimenta la profundidad dolorosa de esta herida. Esta puntualización nos empuja a considerar que solamente el Yo-realidad está «caliente», vibrante por el espesor de todos los vínculos que anuda, mientras que el Yo-narcisista está «frío», o más bien «frígido», como lo ponen en evidencia algunos pacientes que están suficientemente en relación con las dificultades de integración de su Yo escindido para poder formularlo así.

Extraña situación en la que aquel que es herido no experimenta jamás su propio sufrimiento. Podríamos decir que esta parte del *Self* se alivia sobre el Yo-realidad de sus capacidades perceptivas, no orientadas por definición hacia el exterior de ella misma. No lo son más hacia su propio interior. Pregunta que reenvía hacia la misma irracionalidad, ya que el Yo-narcisista «actúa por pasividad», diría yo, y llega a utilizar al Yo-realidad para organizar su propia actividad defensiva. Es lo que traduce bien la imagen del caparazón autístico en torno de una masa pasiva, dándole una forma visual. Como el Yo-realidad del que Freud dice que es una transformación periférica del Ello, el caparazón autístico que rodea el Yo-narcisista se forma a partir de una transformación de esta masa en el contacto con la realidad. Está en parte vinculada con el Yo-realidad, pero está enteramente al servicio del Yo-narcisista. Es pues en el interior del mismo Yo-realidad donde se sitúa una articulación tal, que una parte de él se recupera por el Yo-narcisista, mientras que otra parte se emplea en transformar, no solamente los vínculos que anuda con sus objetos, sino también las relaciones que crea en su interior con el Yo-narcisista.

Recuerdo aquí esos elementos porque la defensa maníaca nos introduce en el fondo de esta utilización del Yo-realidad para las necesidades del Yo-narcisista. Es por lo que la contratransferencia del analista es tan penosa: se siente totalmente aislado y, como el lobo en la historia de los «Tres cerditos», frente a un muro de ladrillo. Entra en un mundo menos cerrado que el del autista pero, por ello, se siente más herido de frente por la turbulencia que tapona.

La representación que va a seguir al desarrollo del Yo-realidad de Didier interroga pues constantemente esta paradoja: ¿cómo es posible que el Yo-realidad se desarrolle bajo el control de semejante Yo-narcisista? Todo sucede como si esta evolución no fuera posible más que a condición que se efectúe «en voz baja», aplastada bajo el estrépito de la defensa maníaca y bajo la garantía de un secreto que el analista será el único en conocer. Todavía hace falta que éste último acepte el no compartirlo con el niño. Solamente a este precio podrá desvelarse el secreto.

Emprendo el examen detallado del material proporcionado por Didier utilizándolo como hilo conductor en el seno de la masa enmarañada de la clínica, las etapas que van a conducir al niño hacia una transformación de la relación entre el Yo-narcisista y el Yo-realidad. Pienso que poco a poco vamos a pasar, durante los cuatro años de este tratamiento —del que solamente aportaré aquí, casi paso a paso, la evolución de los dos primeros años—, de una relación fundada sobre la escisión a una relación fundada en la represión. Se pondrán en evidencia dos elementos de esta evolución: primero la construcción del Yo-realidad, después las relaciones entre ese Yo y el Yo-narcisista.

Está claro que en el caso de Didier se trata solamente de esta parte del Yo-realidad emergente, se podría decir, del Yo-narcisista. Asistiremos a la «recuperación» por el Yo-realidad de lo que permanecería bajo la zona de influencia del Yo-narcisista, al mismo tiempo que la relación Yo-realidad/Yo-narcisista cambia en esta zona de la psiquis, el primero imponiendo su ley al segundo, que se «somete» a condición que nuevamente se le deje en paz.

Solamente recuerdo aquí lo que muy pronto será ilustrado por la clínica. En esta perspectiva he aislado cuatro etapas —cinco capítulos—, cada una marcada por un avance particular en la vía de la integración.

La primera etapa se extiende a los seis primeros meses del tratamiento. Ahí se revelan las angustias más primitivas de un Yo-narcisista herido, por lo que la organización defensiva autística está destinada a taponarlo. El niño no puede simplemente desplegar su angustia sin bosquejar ya, gracias a la acción de su Yo-realidad, que se le ve actuando desde ahora, la transformación de los mecanismos que pretenden apaciguarlo. Si la realidad suscitó esta angustia, también es ella la que ofrece el medio para transformarla.

Los seis primeros meses - Sesiones 1 a 26

Las vacaciones de verano separan la toma de contacto con el niño, de las dos primeras sesiones, del curso regular de la vuelta. Entre tanto, Didier se ha convertido en un niño «prudente» que ya no hace crisis en la casa. Pero por este primer contacto el niño tuvo el sentimiento de perder el vínculo que le unía con su objeto, su padre en esta ocasión: «¡Papá se ha ido sin darme un beso!», no cesa de repetir llorando apesadumbrado y cogiendo una rabieta que le hace rodar por el suelo gritando de rabia, y rechazando todo contacto conmigo.

Me encontré situada de golpe en la posición de objeto malo que castiga al niño por su omnipotencia y por los malos tratos que yo había hecho sufrir a este mismo objeto. Didier tiene miedo no solamente de que su padre le abandone, sino también de que no le perdone jamás su comportamiento. Es por lo que Didier reclama incesantemente que su padre le dé un «beso» antes de marcharse. Después de esta prueba y la de las vacaciones de verano, Didier escinde en las sesiones los aspectos más regresivos de él mismo, de los aspectos más evolucionados que permanecen en el afuera. No solamente se instala, frente a su Yo-narcisista, la imagen de un objeto malo, sino la de un objeto peligroso para el mantenimiento de la integridad de ese mismo Yo-narcisista.

Desde la cuarta sesión, que es la primera de la vuelta del verano en setiembre, Didier explicita esta escisión.

Algunos grandes temas de la defensa maníaca están ya presentes.

Me dice que va a la escuela ahora, me significa que quiere ser grande, es decir, portarse bien. Pero pronto pregunta si tengo una cocina, un coche cuya carrocería debe ser sólida para que no se abolle o se arañe en una colisión con otro coche. Examina las ventanas y se pregunta si el vidrio es sólido.

El coche rueda muy rápido y haría falta poder frenar. Pero toda idea de espera asociada a la del freno lleva consigo una intolerable tensión traducida por el color: se pasa del verde al rojo.

El coche que ya no puede rodar, porque está dañado, «flota» sobre el agua. Pero la flotación está también asociada al vuelo por encima de la violencia de las pulsiones. Así el lobo quiere penetrar en el vientre de la muñeca. Didier suspende entonces la muñeca por la mano, diciendo que vuela, y así ya no tiene miedo al lobo. Termina encerrando al lobo en un árbol para poner fin a cualquier peligro.

Se podría interpretar la escisión establecida por Didier entre el adentro y al afuera del marco terapéutico en el sentido de un aislamiento pulsional del que teme que el desbordamiento a nivel de su Yo-realidad, enturbie las relaciones que él anuda con sus «buenos» objetos. Así, el material que se refiere al lobo y a la muñeca podría estar comprendido como perteneciendo a la representación de una escena primitiva sádica-oral, que el niño querría aislar de la imagen de sus «buenos»padres a quienes protege de esos ataques.

Pero desde el punto de vista que me ocupa aquí, pienso que esta comprensión se duplica en la siguiente: el lobo no solamente representa al padre, también es el portador de todas las pulsiones que habitan el Yo. Cuando Didier hace que vuele la muñeca, es él mismo el que se eleva por encima de la amenaza pulsional. Esto le pone en un estado de «flotación», parecido a aquel que permanece en el coche dañado. Ya no tiene capacidad de moverse porque ya no tiene motor. La carcasa vacía de la muñeca encajada que se eleva por encima del lobo representa muy bien el estado de un Yo que intenta despegarse de su motor pulsional.

Desde mi punto de vista, es esta la constante que caracteriza la defensa maníaca.

Encerrar al lobo en un árbol o aprisionar la pulsión en un claustrum son una forma de describir el otro aspecto de la defensa maníaca: en el análisis es donde la peligrosa pulsión debe permanecer y no salir de ahí. Al analista es al que le corresponde la tarea de soportar lo insoportable.

Didier llega a la quinta sesión con un poco de retraso, porque viene acompañado de una jovencita que se ha perdido en el camino. Elige esta ocasión para hablar de sus crisis que atribuye a un compañero: «¡Jérôme está loco!», dice. «Ha tenido una crisis con su maestra porque piensa que su mamá está muerta, eso constituye un largo camino, y él se ha perdido; ¡entonces ha tenido pena!»

Yo: ¿Pero se puede decir que tiene pena porque piensa que ha perdido a su mamá y que esta colérico con la maestra porque piensa que ha sido por ella?

Si, él lo cree y piensa que podrá ir a buscar a Jérôme y le llevará a la casa. Por el camino le dará un caramelo.

Juega: un canguro salta sobre la espalda y araña a un caballo blanco.

A continuación va a dibujar:

1: Se trata de un hilo muy largo que dibuja en varias veces. A continuación hace un pequeño bastón con «una cabeza en el extremo», precisando, dice, que está unida *(dibujo 1)*.

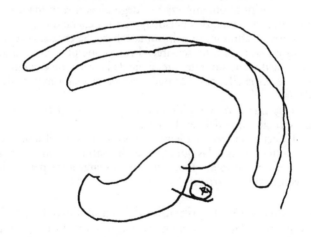

Dibujo 1 (Verde)

Me refiero a la historia de Didier y al camino por el que se ha perdido para venir.

2: Dibuja un redondel bien cerrado y en torno a él un continente rizado por un nudo. Pero transforma ese nudo en un remolino que parece un garabato sobre los continentes *(dibujo 2)*.

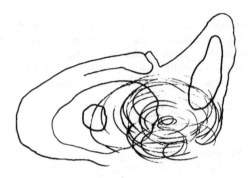

Dibujo 2 (Verde)

Asocia a esto el miedo de que si Jérôme entre en su casa y encuentre la puerta cerrada entonces podría forzarla. El que se encontrara en la casa tendría miedo de esta intrusión.

A continuación empieza un juego en el que mima una escena primitiva violenta: dos personajes en un coche que tiene un «accidente» se abrazan, se golpean la cabeza. Se cruzan cohetes en el cielo y Didier es muy sensible al ruido que puede escuchar en la casa. Se detiene súbitamente, y me da la orden de escuchar lo que sucede en el silencio. Después retoma el juego más ruidoso todavía.

Hay que ir muy rápido al cielo y alejarse así en el cielo de la persecución que deja en la tierra.

Considera el techo, piensa en los «vecinos» y súbitamente coge dos muñecas-lego, las pone perpendicularmente una sobre la otra y dice: «¡mi pistola!» ¡Con esto voy a matar a los personajes que hacen ruido ahí arriba!

Esta es una sesión de principios del tratamiento. Es por lo que vemos entremezclados los elementos que parece que pertenecen a un nivel más avanzado con los elementos muy primitivos, aquellos con los que vamos poco a poco a trabajar. Así, si tomamos el juego que instaura entre el canguro y el caballo, el vuelo de los cohetes hacia el techo vecino, en el que la pareja en coito haría un ruido intolerable, y finalmente el deseo de utilizar su pistola para matar a esa pareja, nos encontramos en presencia de un material que testimonia la rabia de un Yo capaz de reconocer la realidad de los objetos cuyos vínculos escapan a su control. Se trata, en este sentido, de un Yo-realidad.

Pero bajo los puntos que emergen a partir de ese nivel se dibuja la existencia de un Yo-narcisista mal articulado con el Yo-realidad. Mal «vinculado». Esta falta de flexibilidad y de vinculación en la relación entre los dos Yo se hace de modo que toda herida infligida al Yo-narcisista corre el peligro de entrañar en él una vivencia de desintegración. La imagen de la pareja constitutiva de la pistola, con la que él mismo quiere matar a una pareja, es una ilustración de ese punto: un Yo —como el Yo-narcisista— que no se funda en la integración del vínculo —el vínculo entre el *Self* y el objeto tanto como el vínculo entre dos objetos— que no soporta tener una dirección pulsional sin desintegrarse. Didier efectivamente utiliza una pistola para abatir lo que él sabe que está en la base de la constitución de su propia pistola.

No obstante, las capacidades representativas de Didier están siempre activas, en su Yo-realidad, y son ellas las que permiten a este niño convertir en imagen, simbolizar esta confusión en él entre la acción de dos Yo. En la medida que el tratamiento se va profundizando, veremos cómo los dos Yo van a escindirse más claramente, definirse y conflictualizarse.

El material que se presenta aquí da una idea del doble punto de vista que puede adoptarse en relación con un mismo elemento. Da, pues, una idea de la existencia de las dos partes del Yo. Didier evoca, no simplemente el deseo de Jérôme de pasar a través de la puerta cerrada por un pomo, sino el miedo también de que el que se encuentra dentro sea perturbado por esta intrusión. Adoptando el punto de vista del Yo-realidad, podemos decir que el obstáculo de la intrusión está constituido por la pareja de los padres, que suscita en el niño el deseo de inmiscuirse en el interior de sus relaciones. Pero desde el punto de vista del Yo-narcisista, es el deseo mismo de hacer intrusión en su mundo, el que es vivido como amenazante. Cuando el pomo es, desde cierto punto de vista, el «nudo de la realidad», desde otro punto de vista, es el que constituye una barrera para la penetración de esta misma realidad, de la que la pulsión forma parte intrínseca. El refugio protege, ya sea de la constitución de los vínculos, ya sea de la ignorancia de estos últimos.

En relación con esto, el primer dibujo es particularmente evocador: representa dos formas de estar apegado al objeto. Una está constituida por un vínculo que podría no tener fin, prototipo de un apego uterino que jamás se prepararía para transformarse en una relación de objeto externa. Es por lo que no tiene «cabeza». El otro vínculo, por el contrario, el pequeño, menos flexible, más rígido, está ciertamente todavía apegado a su objeto primario; esta masa central tiene ella misma la forma de un feto, pero poseen, para prepararse a separarse, una cabeza bien redonda con un centro de integración de un crecimiento que, en el resto de la sesión, se afanará en atacar.

Una representación —muy primitiva pero clara— de los dos aspectos del Yo que está en juego en el tratamiento no se encontrará más que después de una larga evolución. Veremos, ya no como aquí, al Yo-narcisista cubrir al Yo-realidad naciente, pero a la inversa, el Yo-realidad separado de su objeto, se sitúa encima del Yo-narcisista e incluso se sitúa en este último.

Con el segundo dibujo, la defensa ha tomado lugar para recubrir los procesos de integración del Yo-realidad. Todo sucedería como si el dibujo (1) ya no se le vea aquí como perspectiva sino como vista aérea; el Yo-narcisista pretende que yo solamente perciba en él la existencia de la pequeña «cabeza» y el vínculo que puede anudar conmigo.

Desde este punto de vista, el conjunto del proceso analítico será una ilustración de ese conflicto, y la defensa maníaca lo pondrá particularmente en evidencia: el niño pretende que el analista sea «ciego» como ese garabato, y que no adivine que, bajo la excitación de su comportamiento, permanece un elemento de estabilidad fundado en el vínculo que mantiene con él.

Voy a reunir aquí los elementos de las sesiones siguientes hasta la décima sesión.

> Durante la *sexta sesión,* empieza a bosquejar los movimientos de caída jugando con los objetos: estos últimos se depositan sobre el autobús del cual caen. Este movimiento está asociado a una problemática oral en la cual encontramos la oposición de los dos Yo de los que acabo de hablar. Así, dibuja una «pera» bien apegada a su «cola» a la que añade un «nudo». Es la pulsión oral la que le empuja a dar vuelta en torno a la pera, después a introducirse dentro para hacer un «pozo». Muy rápidamente deja todo para retomar una problemática de pareja que se entrechoca: son los coches que se introducen uno dentro del otro a un monigote que se lanza sobre una iglesia, preguntándose al mismo tiempo si los elementos de la iglesia están bien «encolados» unos con otros.

Yo escucho ahí un eco de la sesión de la vuelta del verano en la que Didier se preguntaba si mi interior era bastante sólido y si mis ventanas (yo también llevo gafas) no iban a romperse. También nos acordamos de que tuvo miedo, en la sesión precedente, del impacto de la fuerza pulsional del lobo susceptible de hacer intrusión en su Yo. Comprendemos mejor aquí cómo todo vínculo con el objeto se reproduce, en sus aspectos primitivos, con una representación —*a minima* se podría decir— de una pareja parental a nivel parcial o no. Pienso que es un problema técnico poner el acento de lo que surge del vínculo Yo-objeto, más bien que de lo que surge del reconocimiento de la existencia de la pareja.

La patología de la constitución de una buena oralidad primaria aparece claramente cuando, en lugar de un esfínter oral, encontramos la falla de un «pozo» sin fondo, y cuando el ejercicio de la actividad oral se acompaña de la angustia de caer en ese mismo «pozo». La evocación de la pera suspendida a la rama es significativa en relación con esto: se trata de la estabilidad del niño que solamente se mantiene por un hilo al mamelón de su madre, y que se siente amenazado si abre la boca, de caer en esta abertura. La rigidez de un agarramiento que le defiende contra semejante angustia de tipo autístico es lo que subtiende la defensa maníaca. Pero el maníaco, a diferencia del autista, tiene hambre y quiere devorar su objeto.

Estos elementos se desarrollan ya durante la *séptima sesión:* Didier escenifica su Yo-realidad en identificación masculina con su padre, ya sea en forma y nivel parcial de una pequeña liebre bigotuda, ya sea a nivel total, de un pequeño hombrecillo que él llama el «buen trabajador» y que opone al «mal trabajador». Pero en los dos casos la actividad de ese Yo-realidad desencadena la rabia de una defensa narcisista que toma la forma de una devoración, con la finalidad de engullir y de aniquilar la actividad indeseable del Yo-realidad: el «buen trabajador» trabaja para toda la familia que, al final, se larga, le deja en el suelo, después vuelve para devorarlo. Didier coge un coche negro y, con los ojos relucientes, lo eleva en el «cielo», hace que se caiga al suelo donde peligra de romperse para, finalmente, hacerlo rodar sobre la liebre que quiere cazar y devorar.

Solamente al final de la sesión es cuando va a vincular de forma precaria los diferentes elementos de su Yo en torno de la liebre como el representante de su Yo-realidad: cuelga de su cuello a la vez un paraguas —porque no le gusta la lluvia, dice, y considera que al salir puede llover— y una escalera —para trepar al cielo. Pero ese bastón escalera va a transformarse finalmente en una regadera. Considero que Didier nos da ahí una indicación a un nivel primitivo de lo que podrá ser la integración de su Yo a un nivel más complejo. Así algunos pacientes nos presentan al principio del tratamiento, el bosquejo de lo que será la unificación de su Yo al final del tratamiento. No hará falta pues por lo tanto que el analista los considere curados antes de que se hayan verdaderamente comprometido en la evolución del tratamiento. Aquí Didier nos muestra cómo un mismo Yo-realidad puede utilizar dos tipos de protecciones conjuntas, según se ponga al servicio de los vínculos que anuda con sus objetos, o según que se adapte a las exigencias del Yo-narcisista. Este último tiene necesidad de elevarse por encima de las realidades terrestres. Le hace falta una escalera para subir al cielo. El Yo-realidad permanece en el sueño y no vuela por encima de la lluvia. Tiene necesidad de un paraguas para protegerse de lo que no le gusta, pero que reconoce su existencia. La depresión, representada por la lluvia, es un elemento intrínseco al reconocimiento de la existencia del objeto; por ello, el Yo-narcisista, herido, puede pretender destruir al «buen trabajador», «el conejito bueno que lleva su paraguas», para no fallar en encontrarse, como la carcasa negra, reluciente, anal del coche que lo rompe en el suelo.

Pero ¿la última palabra no se prestará a los procesos de transformaciones? Didier nos demuestra al final que la escalera, para subir al cielo, se convertirá en una «manguera de riego». Así, la omnipotencia de los elementos maníacos al servicio de la renegación de la pesantez se pondrá al servicio de una potencia fálica destinada a volver a caer al suelo porque tendrá como finalidad regarlo. Yo encuentro, aquí también, la indicación de un proceso de reconversión futura en la que la energía, representada por este agua, pasará de un «reservorio narcisista primitivo» a la alimentación de un narcisismo secundarizado, ya que se le asociará a la fertilización del suelo, o de una relación de objeto. Se le asociará a la sexualidad.

Durante la *octava sesión* aparece, en forma de cocodrilo, la representación que se afirmará durante las sesiones, de un apetito insaciable. El cocodrilo se sustituirá, de vez en cuando, por la imagen de un lobo del que conocemos que tiene un amplio lugar en la representación de las defensas maníacas. Este cocodrilo está dotado de semejante apetito porque posee una cavidad bucal imposible de llenar, sin ser, sin embargo ese «pozo» sin fondo en la pera de la sexta sesión. Todo sucederá con la representación cocodriliana de sus necesidades orales, como si el niño buscara crearse un fondo, un tapón para un orificio recientemente abierto, y que la inflación de su apetito persigue ciegamente este fin. La apetencia por el objeto pretende entonces llenar la falla identitaria causada por la presencia de ese mismo objeto y reviste, por ello, una intensidad intolerable para el Yo.

Cuando el cocodrilo quiere hundir sus dientes en el vientre de una muñeca encajada, en el interior de la cual ha metido otra muñeca pequeña, Didier recurre a una defensa maníaca típica: hace que se eleve al cielo la muñeca encajada que, ligera, escapa al menos al peligro terrestre.

Utilizando los conceptos kleinianos, podríamos decir que el niño proyecta sus pulsiones orales peligrosas en un objeto, y que se escinde de este objeto para identificarse con un objeto idealizado, reenviándole una imagen idealizada de él mismo. Más bien, consideraría aquí que sobre esta escisión y sobre esta defensa se injerta otra escisión en la que una parte del Yo del niño permanece vinculada con el objeto, y con las pulsiones que inviste, mientras que otra parte del Yo se descarga de ese peso vaciándose, en beneficio del objeto, en los vínculos que le apegan a él.

En el suelo permanece la representación de un agujero formado por el orificio oral susceptible de iniciar los procesos introyectivos, en los que el contenido forma el núcleo estructurante del continente que le rodea. Es el mundo de los vertebrados, en los que el prototipo de los objetos internos son capaces de dar vida a los elementos que gravitan alrededor de ellos.

En el aire permanece la representación de un hueco, en el que la formación ya no reenvía a la necesidades entroyectivas, sino al aglomerado de la carcasa formada en torno a una pasividad narcisista central. Ya no se trata de un objeto interno, o de una dinámica entre la interna y la externa susceptible de transformar la potencia después la naturaleza de un contenido. Se trata de un mundo en donde lo interno no ha conocido y no conocerá jamás el mundo exterior. El cascarón de la muñeca encajada reenvía a Didier a un mundo del exo-esqueleto.

Un movimiento parecido a esa escisión «alto-bajo» del espacio sustituyendo la escisión «cabeza-cuerpo» se observa cuando al final de la sesión Didier hace aullar de hambre al cocodrilo y le mete un ciervo en el hocico para calmarle. Ahora bien, muy rápidamente, después de esta oclusión, Didier balancea a derecha e izquierda al cocodrilo que tiene el ciervo de tal forma que el grito de la bestia se transforma en una «musiquita» que aparen-

temente le fascina. Es bastante frecuente observar cómo el niño
maníaco susurra una canción dulce cuyo poder calmante solamente es aparente. En general, desencadena en la contratransferencia del analista la excitación de la «bestia». Pienso que en este
sentido la dulzura no reenvía a la torsión perversa de la emoción
de la pulsión, en una pura sensorialidad en la que el deseo gana
también dulcemente al analista. Se trata aquí de una provocación
a la escisión en la que solamente el analista debe experimentar la
vivencia intolerable de esta excitación, mientras que el paciente
se entretiene en «flotar» en la superficie de esta última y la fo-
menta a su gusto.

Con la *novena y décima sesiones* Didier va a empezar a com-
prometer el juego transfero-contratransferencial en una dinámica
maníaca. Lo que nos permite aproximarnos mejor a la naturaleza
de esta defensa.

En Didier, toda manifestación pulsional está infiltrada por una
angustia debida a una separación mal establecida todavía entre su
Yo-narcisista y su Yo-realidad. Pone en escena la precariedad de
esta separación cuando, en la sesión anterior, hace que se eleve
—como lo hará en numerosas sesiones—, ligera hacia el cielo, la
envoltura dura que contiene la paz del bebé, mientras que permanece en el suelo todo lo que podría poner en peligro esta envoltura si desapareciera. La separación de la que aquí se trata se
apuntala en los elementos primitivos de realidad: la gravitación,
la envoltura sonora. El bebé es sensible a ellas *in utero,* sin que
en general la variación de la cualidad del medio que entrañan perturbe la estabilidad del feto. Pero el paso del adentro al afuera,
en el momento del nacimiento, le incide por la importancia y
por la rapidez de la transformación que se opera a ese nivel en su
medio. No evoco aquí los otros elementos de esta transformación, pero subrayo simplemente cómo el bebé ha aprendido a
«conocer» un objeto sonoro o gravitacional en una forma adap-
tada a sus capacidades progresivas de aprehensión de la existencia, y cómo la ruptura del nacimiento solicita por su parte una
adaptación inmediata, un «enganche», se podría decir, al nuevo
aspecto que toma este objeto.

Me parece que cuando el Yo-narcisista —heredero de la organización uterina del mundo del bebé— se labra las defensas, lo
hace en función de la aprehensión que ya ha hecho de ese mismo
mundo. La gravitación, el ritmo sonoro en la defensa maníaca se
tratan de tal forma que el Yo frágil vuelva a la seguridad de la

envoltura uterina: en lugar de que el niño se sienta amenazado por la masa de su cuerpo que cae en el vacío, se remonta sobre una línea antigravitacional hacia un lugar —ilusorio ahora— en el que el peso de su cuerpo no existe para él. En lugar de que su orificio auricular sea perforado por la ruptura de una onda sonora, él mismo se envuelve con una dulce música. En suma, él mismo se crea la envoltura para-excitación que le protegerá del contacto con un mundo demasiado alejado entonces de las capacidades de adaptación del Yo-realidad.

En semejante situación, el analista se convierte en el portador de la realidad pulsional del niño y de su Yo-realidad, demasiado débil para hacer frente a lo que se vive proporcionalmente como una carga demasiado pesada para sus débiles fuerzas. Haciéndolo así, el analista debe ser el que garantice la escisión que el niño instaura entre su Yo-narcisista con el que se identifica en la sesión y su Yo-realidad representado por el analista. Para cumplir con esta tarea, el analista no debe intentar dirigirse al paciente como si este último fuera capaz de una actividad integradora propia del Yo-realidad. Debe respetar, por el contrario, la incapacidad del Yo-narcisista de recibir cualquier información aunque sea de una realidad que hiere su integridad. Es en esta medida solamente como el Yo-narcisista tendrá la seguridad de que el Yo-realidad —como tampoco del objeto al que se encuentra apegado— constituya una amenaza para él. La progresión en el material que aporta Didier demostrará cómo la consolidación de esta barrera de escisión entre los dos Yo permite, sola, la transformación de ésta en una barrera que permite la existencia de una represión.

El estado de las relaciones actuales entre el Yo-narcisista y el Yo-realidad de Didier no le permite proteger la angustia, que nace a nivel del Yo-realidad, de una infiltración asociada a la angustia brutal y primitiva que se encuentra movilizada inmediatamente a nivel de su Yo-narcisista. Así la abertura de la boca, portadora de las pulsiones orales al nivel del Yo-realidad —tal y como está representada por el hocico del cocodrilo que hemos visto aparecer recientemente—, se sustituye insistentemente con una vivencia de falla en el caparazón con el que se envuelve el Yo-narcisista. El espacio psíquico que separa a los dos Yo aún no es suficientemente de fiar para que lo que se ha puesto en movimiento en el uno no trastorne la existencia del otro.

Mi hipótesis es que lo que atormenta la contratransferencia de un analista que lucha con las defensas maníacas de su paciente, es el Yo-realidad de este último, cuando es invadido por las angustias del Yo-narcisista. Así, el débil Yo-realidad, cuando siente en él la violencia de las pulsiones «cocodrilianas», recurre a la protección del objeto en el cual las proyecta. Si no se detuviera ahí, es decir, en este último caso de representación, el analista no experimentaría la especificidad de la contratransferencia maníaca. Ya no estaría en condición de conservar un vínculo con su propio Yo-realidad, aunque se identifique con la debilidad del de su paciente. Como consecuencia, no se sentiría justamente cerca de la precipitación que le empuja a querer tocar un Yo-narcisista que se disfraza infinitamente, porque ya no tiene más fondo que el abismo en el que se sentiría caer él mismo si, finalmente, no se le llegara a tocar. En la contratransferencia maníaca, el analista se encuentra provocado a correr indefinidamente en la persecución de su paciente. De este modo está cogido en la trampa del Yo-narcisista. Para que tenga un valor terapéutico debe refrenar este movimiento y detenerse, para sostener verdaderamente al Yo-realidad del paciente, dejando que este último juegue el despegue narcisista a su gusto. Haciéndolo así, el analista permite a la psiquis del paciente vivir la posibilidad de una escisión fundamental del Yo: conteniendo, en el sentido propio del término, el Yo-realidad del paciente, el analista debe, no simplemente soportar no ser escuchado con toda la frustración que ello representa en él mismo, sino y sobre todo no buscar serlo. Solamente a este precio tranquiliza a su paciente y al Yo-narcisista que él encarna. Permite que, en principio, ningún puente haga posible la comunicación —que en este estadio solamente puede ser la confusión— entre las angustias asociadas a las expresiones pulsionales del Yo-realidad por un lado, y las angustias suscitadas por la amenaza de la integridad del Yo-narcisista por el otro.

Solamente he proseguido mi comentario teórico en este punto para sostener mi interpretación del material presentado por Didier ahora. Lo que hacen esos pasajes teóricos es desarrollar las hipótesis de las cuales he trazado las grandes líneas en la primera parte de este libro. Las repeticiones, imposibles de evitar, se justifican por la articulación de estas hipótesis del material clínico en la medida en que constituye, me parece, la ilustración.

Durante la *novena sesión* se apodera del cocodrilo que alternativamente juega a morder su dedo o perforar a la muñeca. Se mete una muñeca-lego verde en su boca —lo que le llevará a cantar, un poco más tarde, la canción: «Un ratón verde, que corría entre la hierba...» Pero completa la formación «boca-mamelón» constituida por la muñeca en la boca, por una parte, instalando a su lado una muñeca encajada que tiene un bebé en su «vientre» y, por otra, poniendo en la parte posterior de la muñeca-tetina-lego un oso blanco susceptible de cerrar este orificio. Dice que el oso corresponde al biberón y a la leche que llega a la tetina. Mientras que mama su «tetina», un ruido de tormenta brama a nivel de la muñeca encajada y, al final de la sesión, la muñeca sale de su boca con un ruido de explosión anal, como una bomba. Juega a caerse en el suelo dando vueltas como un mojón en el fondo de los WC.

En la *décima sesión* retoma la configuración de la novena sesión; piensa que hay tormenta en el aire y la asocia a un movimiento de coches atados unos con otros por un hilo invisible, según él; se elevan para volver sobre el suelo en un segundo tiempo. Ese hilo que se tensa y se retrae es el que tendría en un «martillo neumático», dice.

Esta expresión genital le da inmediatamente ganas de ir a hacer pis pero, al volver del WC, representa con su cuerpo entero el mojón que, con un ruido de tormenta, cae al fondo del WC. Didier cae y rueda por el suelo.

Vuelve a coger la pequeña muñeca lego, se la mete en la boca y, con la ayuda de la cola de un pequeño lagarto esta vez, y no del hocico del oso blanco como la última vez, pincha el trasero de esta muñeca que tiene un agujero en ese sitio.

Al final de la sesión, como si estuviera invadido de pinchos, me llena los oídos con sus gritos, abre y cierra los ojos y se va a beber agua. Pero representa también, situando el vaso de forma apretada sobre la boca y su mentón, e inflando sus mejillas que se deshinchan de golpe, la explosión de un balón.

De este material quiero retomar primero, la conjunción que repite: al mismo tiempo que a nivel de su Yo-realidad un juego que se sitúa entre la boca y el mamelón, a nivel de su Yo-narcisista, la repercusión de este juego toma la forma de una explosión. La representación de la muñeca-tetina en la boca que representa una ida y vuelta se sustituye en la novena sesión por la de la inclusión completa del bebé en la muñeca encajada y, en la décima sesión, por la de la oclusión total de la boca. La explosión que mima en los dos casos es la de un mundo sin esfínter, en el que cualquier abertura se vive como un fallo que corta una membrana en tensión, que lleva consigo una explosión y una destrucción del Yo-narcisista.

Didier intenta instaurar por medio de sus juegos y de sus representaciones sustitutivas, una escisión entre su Yo-realidad y su Yo-narcisista, de tal forma que lo que afecte al primero no afecte al segundo. Me parece que, para ello, Didier pasa por la representación de la separación que diferencia los dos niveles, y por el impacto de que uno de los hechos pesa sobre el otro. Esta reflexión prolongaría aquella según la cual es por medio de una representación potencialmente consciente como se determina y se elabora la existencia de una separación intrapsíquica.

Para el Yo-realidad que se construye un orificio esfinteriano, y con ello una zona de intercambios entre el adentro y el afuera de él mismo, se trata de no vivir ese movimiento como si ocupara un sitio en el Yo-narcisista del que recientemente se ha liberado. Lo que sucede entre la boca y la muñequita-tetina no es del mismo orden que lo que sucedería al nivel de la muñeca encerrada dentro de la muñeca encajada si esta se rompiera bruscamente. Pero, no estando bien establecidos en la zona, la separación de los movimientos psíquicos, lo que sucede de un lado corre el peligro de suceder del otro. La abertura esfinteriana corre el peligro de llevar consigo una vivencia de corte brutal y, recíprocamente, esta última vivencia corre el peligro de que se repercuta en el funcionamiento esfinteriano, transformando lo que es encerramiento en un bloqueo rígido, y lo que es desencerramiento progresivo en ruptura súbita. Es por lo que se observa en Didier esa necesidad de mantener escindido su Yo-narcisista de su Yo-realidad.

Así es la primera escisión, vital para la constitución de la psiquis, a cuya falta la totalidad de esta última corre el peligro de caer bajo el gobierno del Yo-narcisista teniendo, como consecuencia, la clínica del autismo.

Por parte del Yo-realidad, las escisiones no están aún bien establecidas entre las zonas erógenas —lo que se conoce bien. Pero yo quería simplemente poner esta indiferenciación en la perspectiva de un trabajo de diferenciación de base entre las dos partes del Yo, de tal forma que lo que aparece aún como no elaborado por una parte, corresponda a un principio de elaboración en una perspectiva más amplia.

En Didier, las novena y décima sesiones nos dan muy bien el ejemplo de esta confusión de zonas que pertenecen al Yo-realidad: la muñeca-lego corresponde a las tres zonas de investimiento, oral —ya que es el mamelón en la boca—, genital —es también un «ratón verde» o un «martillo neumático» que provoca una excitación uretral—, anal finalmente —es el mojón que forma el tapón o que cae en el WC, llevando consigo el fracaso de la totalidad del cuerpo asimilado a este objeto parcial. Pero ninguno de estos objetos parciales, destinados a adaptarse a un orificio correspondiente, podrán reemplazar lo que constituye el fundamento del Yo-narcisista y que no desemboca en ninguna abertura: el cordón umbilical.

La circularidad total que pretende la anulación del espacio de toda articulación es imposible de restablecer en el mundo del Yo-realidad. Por el contrario, la ambigüedad fundamental —que hace que se permute el objeto en la posición del Yo e, inversamente— confirma la incertidumbre que reina en la fijación de un fondo en el espacio del Yo, y de una escisión clara, no solamente entre las zonas erógenas, sino entre el Yo-narcisista y el Yo-realidad. Este punto de vista es interesante, me parece, comprender la necesidad que tiene Didier de penetrar el trasero de la muñeca-lego con un elemento que a la vez le penetra y le tapona, al mismo tiempo que Didier tapona su propio orificio con esta misma muñeca. Se trata de un mamelón que penetra al Yo al mismo tiempo que el Yo penetra al objeto. La difusión del límite entre el Yo y el objeto nos prohíbe a ese nivel fiarnos de las leyes habituales de nuestra lógica para dar forma a esos fenómenos.

Pero, a diferencia de lo que representa la muñeca encajada que pone su contenido protegido de cualquier fallo, el Yo-realidad está aquí en conflicto con la realidad de un espacio de su misma naturaleza que le prohíbe llenarlo. Por definición, en efecto, el Yo-realidad ha empezado a aprehender la realidad de un espacio del que jamás podrá anular su existencia.

Ahora me gustaría anotar las grandes líneas de un movimiento que se extiende de la sesión once a la dieciséis; mi propósito es examinar en detalle la sesión diecisiete que marca, con la recuperación de una actividad gráfica, la recuperación de una capacidad —relativa— de representarse y detener, por una toma de conciencia, la angustia de un desbordamiento infinito de su Yo-realidad. En la medida en que la actividad gráfica se apoya en un límite, en una superficie percibida como un fondo, constituye también un límite a toda representación del infinito que puede desplegarse. Toda formalización es una detención, y Didier empezará desde ese momento a evocar el nudo que detiene la continuidad de un hilo, como un fracaso a lo largo de este último.

Una inflación de la actividad de mordida ocupa un lugar en las sesiones, como si la abertura que crea el mordisco y por la pulsión que la subtiende quisiera taponarse por el mordisco mismo: pega dos hocicos de cocodrilo, uno frente al otro, intentando cerrar la especie de labios en una sola herida. El fracaso de semejante mecanismo es el que parece que acarrea la angustia mayor, porque certifica al mismo tiempo el fracaso en encontrar la continuidad por la adhesividad de las superficies. A este nivel, toda ruptura se vive como una pérdida total, brutal y súbita del contacto que asegura la continuidad del sentimiento de identidad del Yo.

Ahora bien, Didier encuentra otro medio que le permite asegurar esta continuidad: tapona sus orificios de forma indiferenciada —su boca, sus oídos, sus ojos— con muñecas pequeñas lego. Esta articulación está ahora menos amenazada de una ruptura inmediata, llevando consigo un sentimiento de explosión en un estruendo de tormenta. Más bien empieza a poner esta interpenetración a prueba de golpes. Así a la *sesión trece:*

> El hocico de un cocodrilo muerde la cola de otro, pero, a diferencia de lo que Didier ha hecho de este objeto combinado en la quinta sesión (donde estaba destinado a matar a la pareja escondida, pero donde, haciéndolo así, corría el peligro de desintegrarse él mismo), va a intentar probar la solidez golpeándolo ya sea contra el tabique del armario, ya sea contra el borde de la mesa.
>
> Este golpeteo se organiza a un ritmo más o menos regular. Pero muy pronto —después de pasar por un momento de explosión incoordinada— retoma la repetición balanceándose rítmicamente frente al muro, de una pierna a la otra y, lo que era un grito empieza a convertirse en un canto, lo que era ruptura en el mantenimiento del cuerpo empieza a vincularse en danza.

Conjuntamente con la emergencia de esta cadencia, Didier se sirve de la historia de los «Tres cerditos» para instalar, pienso, la escisión entre el Yo-narcisista y el Yo-realidad, cuya solidez experimenta tanto como la resistencia del objeto combinado del que acabo de hablar.

> Didier toma una casa y un cocodrilo que está considerado como representando al lobo. «¡El lobo sopla! ¡sopla! ¡pero no un mechero ni una vela...!», dice. Imita el ruido de la tormenta, de forma menos desordenada que las otras veces. La capacidad

de apoyarse en una historia constituye en sí un ordenamiento de lo que la pulsión tiene de incoordinado.

En la *sesión quince* encuentro el tema de la «casa de los cerditos» con un lobo que «sopla, sopla» desde fuera, ahí tampoco... «¡ni un mechero ni una vela...!» Ahora bien, después de la manifestación de la resistencia del muro es cuando Didier prueba la resistencia del objeto combinado sobre el tablero de la mesa o el muro, como en la sesión trece. Durante estas dos sesiones esta secuencia se termina con un intento de introyección de diferente cualidad: en la sesión trece, Didier intentó tomar unas fotos, como él lo dice, situando rápidamente dos cuenquitos sobre sus ojos, después sobre sus mejillas. Cuando las despega de sus superficies, se escucha el ruido de una tormenta que explota. Durante la sesión quince quiere, después de haber golpeado la mesa, el objeto combinado —formado por los dos cocodrilos pero que él le llama el «lobo»— hace como si absorbiera al pequeño cachorro de león que se encuentra a su alcance. Después de lo cual Didier levanta el hule que cubre la mesa y busca, como dice, «el lobo dentro».

La anotación de esas cortas secuencias me parece totalmente interesante desde el punto de vista que quiero desarrollar aquí: el de la construcción de una escisión entre el Yo-narcisista y el Yo-realidad, al servicio del cual está la defensa maníaca.

Pienso que el muro de la «casa de los cerditos» —de la que se sabe que su solidez aumenta a lo largo de la historia porque primero está hecha de paja, después de madera— representa el espesor protector del caparazón narcisista que rodea la fragilidad del Yo. Ahora bien, yo sostengo que al mismo tiempo que la historia escenifica la resistencia de ese muro narcisista al impacto pulsional —que haría volar en pedazos la fragilidad del Yo-narcisista si quebrara la protección—, igualmente representa la resistencia del Yo-realidad que no se quiebra con el contacto con la formidable defensa del Yo-narcisista, no más que bajo el impacto de la pulsión que protege: si el soplo del lobo ya no hace vacilar al ladrillo como no lo haría una brizna de paja, el objeto combinado, por el contrario, representado por ese mismo lobo, tampoco se quiebra por los golpes de la realidad, la realidad pulsional que une positiva o negativamente al Yo y al objeto, o la realidad de la ausencia del objeto que corre el peligro de destruir el vínculo naciente del lado de la retracción narcisista.

Así pues, una vez pasada esta «prueba del muro» es cuando se sitúa el proyecto de una bolsa introyectiva: de forma más primitiva durante la sesión trece, ya que la captación se hace de forma inmediata y total, participando de nuevo del mecanismo de la ventosa; de forma menos primitiva durante la sesión quince, porque el lobo-cocodrilo absorbe al pequeño leoncito, por un corto instante. En la reversibilidad inmediata de las posiciones del Yo y del objeto, a ese nivel de la construcción del Yo-realidad, la estructura continente-contenido permanece en su lugar mientras que la naturaleza de lo que es absorbido aparentemente ha cambiado: vemos primero que, un instante después, el hocico del lobo está abierto para asistir a la escena del «lobo-dentro»: el Yo que deja paso a la pulsión —y por ello la contiene— se identifica con el objeto que retiene un «lobo-dentro». El hule es esta nueva película del Yo-realidad en estado de constitución. Difiere del blindaje formado por el caparazón que el Yo-narcisista tiene necesidad de secretar en torno a él.

La existencia de procesos que permiten tratar las pulsiones de una forma diferente de la que toma el Yo-narcisista se puede visualizar o representar por la imagen de la película continente, por la piel. Esta imagen se injerta en la existencia real de nuestra piel y en la función de nuestro cuerpo. Asistimos a este momento del desarrollo de Didier, y en el sector de su personalidad donde acepta rehacer la dinámica en el interior del tratamiento conmigo, por la emergencia de un Yo-realidad capaz de contener un flujo pulsional en una red de vínculos —así pues, en una dependencia— frente a un Yo-narcisista que solamente se apoya, para llegar a ese fin, sobre la inamovible estabilidad del conglomerado de un caparazón.

El lobo penetra en el aprisco o en la «casa de los cerditos». Esto no quiere decir, simplemente, que sus dientes han roto la dureza de su muro, poniendo en peligro su estructura. También quiere decir, que surge una organización diferente que instaura otra forma de relación entre el Yo-narcisista y el Yo-realidad: la herida del Yo-narcisista no lleva consigo el hundimiento de este último, no menos que el aniquilamiento del Yo-realidad que la ha provocado. Los dos Yo empiezan a coexistir y la escisión que asegura esta coexistencia se establece sólidamente entre ellos dos. Tal es también la función del «muro de ladrillos» de la «casa de los cerditos».

Lo que acabo de describir es el proyecto de una línea de desarrollo que solamente se afirmará verdaderamente como tal al final de un largo trabajo, cuando esa escisión fundamental entre los dos Yo empiece a transformarse en un espacio de represión. Veremos entonces aparecer la representación de una pared susceptible de ser permeable a la influencia de un medio sobre otro, respetando la especificidad y la identidad de los elementos que diferencia. Pero, incluso ahí, en el embrollo de los niveles de desarrollo, vamos a asistir a la emergencia de esta «barrera de contacto» o de esta «barrera de represión», en el momento mismo en el que la afirmación de la escisión que constituye su base ocupa un lugar.

La sesión diecisiete marca la recuperación del dibujo. Pero los elementos de las sesiones que daré ahora empezarán a traducir el juego transfero-contratransferencial típicamente maníaco. De esta dinámica es de la que nos ocuparemos hasta el final de esta obra.

Cuando aparece —en la *sesión diecisiete*— en el dintel de la puerta como un niño completamente adorable, pasado el umbral del cuarto de juegos, he aquí lo que se desencadena. Se lanza a una actividad incesante cuyos hilos me parecen, en ese momento, completamente embrollados.

Como todos los niños maníacos, me prohíbe hablar y me muestra en el espejo lo que debe suceder a nivel de mi boca: obtura la suya con una muñeca-lego.

La prohibición de hablar provoca en general, y en particular aquí conmigo, una necesidad irreprensible de hablar y un aumento de excitación del mismo nivel.

Ahora bien, Didier hace que surja un cocodrilo cuyo hocico permanece ampliamente abierto.

Moja con agua una servilleta y, tumbándose sobre el diván, tiene la ilusión de recibir así la leche que viene no solamente de un objeto situado encima de él, sino también de él mismo, ya que con la «pinza», dice, de sus piernas, de forma que la leche caiga en su boca.

Con bastante rapidez va a orinar, marcando con este hecho un pequeño momento de exibicionismo, como para convencerme de que es verdaderamente el poseedor de un órgano como fuente de toda gratificación líquida.

En este momento, el material toma una orientación oral canibalística: la caperucita roja —que tiene en su caja de juguetes— devora lo que le cae en los dientes, y la abuelita se come al lobo, o al coche rojo. Al final corta el papel, diciendo que es la carne «cocida» como para evitar la percepción de la sangre que la impregna.

Finalmente, he aquí lo que dibuja:

1/ Se trata del «hocico del lobo», y de lo que tiene dentro. Es negro, dice, porque es negro y no se ve el interior. El verde se transforma ahora en negro.

Ponemos de relieve que a pesar de todo hay un poco de rojo al fondo *(dibujo 3)*.

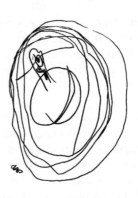

Dibujo 3 (Negro -Verde -Rojo)

2/ Un encajamiento de círculos que se «arremolinan» *(dibujo 4)*.

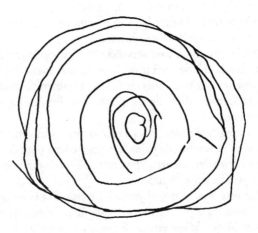

Dibujo 4 (verde)

3/ Se trata también de un encajamiento de círculos, pero con la idea de un «camino» y de «botones». Un «nudo» cierra el camino *(dibujo 5).*

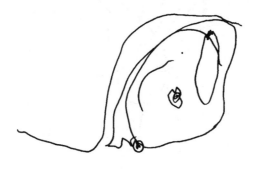

Dibujo 5 (Verde)

A la idea de nudo o de botón asocia el gesto de golpear un lápiz contra el muro, dice que eso hace «paff»; es la detención del movimiento contra la dureza del obstáculo.

Esto permite elaborar el cuarto dibujo: se trata de una araña que se puede mantener así con su patas alrededor, dice, cuando antes «¡no tenía nada!» *(dibujo 6).*

Es interesante poner de relieve cómo la sesión que marca la recuperación de una actividad gráfica efectúa una especie de movimiento de síntesis que permite captar la dinámica que hace que el niño pase de las angustias primitivas de derrame y de caída en remolino sin fin a la instalación sobre la firmeza de una base. En semejante movimiento tenemos no solamente la recuperación de lo que el niño está superando en él mismo, sino también la previsión de aquello cuya elaboración solamente empezará más tarde. Efectivamente, sería un error creer que esos primeros signos «son la primavera» de una nueva etapa de su vida psíquica. Eso sería olvidar que «el invierno» no se deja enterrar de esta forma. Así es como, frente a la potencia de la ley que imponen ahora las defensas narcisistas del Yo, crece tímidamente el Yo-realidad.

La sesión empieza con un «hay que callarse», y se termina con la representación de los instrumentos de locomoción de un ser que sin ellos, lo reconoce, no habría nada.

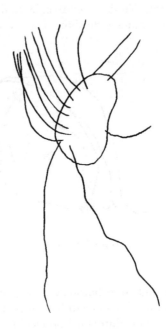

Dibujo 6 (Verde)

Pienso que la contratransferencia tan difícilmente soportable que el analista debe afrontar, desde el momento que tiene que vérselas con las defensas maníacas del paciente —niño o adulto— es esta superficie de resonancia sobre la cual la pulsión del niño hace «plaff», como el soplo del lobo contra la pared de la casa de los cerditos. Lo que hace que la contratransferencia del analista sea tan dolorosa es que tiene dificultad para «permanecer neutral», diríamos corrientemente, a permanecer como esta superficie dura frente al impacto pulsional que golpea la fragilidad del Yo-realidad del niño, diríamos nosotros, más precisamente aquí.

A través de las sesiones será cada vez más evidente que lo que quiere el niño es provocar en mí el deseo de actuar, ya sea en forma de palabras o de una participación, de una anticipación interpretativa, como si yo estuviera identificada con ese lobo que sopla en vano sobre la pared de la «casa de los cerditos». Frente a esta provocación excitante, el niño opone la máscara de la prohibición, como si jugara al Yo-narcisista, asegurándose, gracias a lo que provoca en mí, que soy la única en llevar el peso intolerable de su Yo-realidad en estado naciente.

Semejantes vivencias transferenciales son las que pueden darnos una idea de lo que siente el bebé, cuando la fragilidad de su piel se encuentra invadida por la fulguración de una pulsión que le quema. ¿Es capaz de conservar su piel y de mantener el contacto con su realidad pulsional, o bien se refugia rápidamente bajo la concha forjada por su Yo-narcisista? La rapidez de este movimiento es la que invade la contratransferencia del analista cuando —en conflicto con esas mismas pulsiones primitivas— tenga tendencia, también, a poner por delante un escudo interpretativo y a perder, por esto, el contacto con la realidad psíquica de su paciente, como el bebé pierde el contacto con sus sensaciones intolerables, forjándose lo que E. Bick llamará «una falsa piel».

Pienso que lo que acarrea en el analista esta formidable subida de la excitación contratransferencial, es la recepción de las capacidades del Yo del paciente, en el momento en el que este último reconoce la realidad externa e interna. El Yo del analista, su Yo-realidad, inconscientemente se constituye en el soporte del Yo-realidad naciente de su paciente. Haciendo que todo suceda en la «práctica transferencial» como si el Yo del analista aparejándolo con el de su paciente, y especialmente al de su pequeño paciente, perdiera el sentimiento de su fuerza. No diría que el analista se sienta invadido por una parte del *Self* infantil —según una terminología en uso. Más bien diría que el Yo-realidad del analista se siente cogido en un campo en el que se encuentra enfrentado, no con un objeto o con un *Self,* sino enfrentado con otro modo de organización psíquica íntimamente vinculada con el Yo-realidad. Dicho de otra forma, no es posible evocar el uno sin el otro. Yo-realidad y Yo-narcisista están también presentes uno y otro, en el anverso y reverso de una misma medalla, o lo que yo considero que constituye la valencia positiva o negativa de toda actividad de vinculación.

En estas condiciones, cuando el Yo-realidad del analista se identifica con el aspecto infantil del Yo-realidad de su paciente, se encuentra, en el caso de la defensa maníaca, frente a un Yo-narcisista y no frente a un paciente que ha consentido en conservar en él una parte de su Yo-realidad. El Yo-realidad del analista tiene pues tendencia a dirigirse al paciente como si éste quisiera comunicarle algo y esperase la buena recepción de esta comunicación. Ahora bien, el Yo-narcisista del paciente pretende aliviarse de la preocupación de comunicar. Para conseguirlo, quiere asegurarse de que el Yo-realidad del analista se ha hecho cargo de su propio Yo-realidad infantil. Toda comunicación verbal por parte del analista la comprende el paciente como una amenaza de hacerle llevar ese fardo indeseable. Es por lo que el analista que se empeña en estos intentos interpretativos, se traba, al mismo tiempo, en un círculo vicioso: en la medida que quiere hacerse comprender mejor, sopla más, como el lobo sobre la pared de ladrillos y... «no se moverá ni una piedra» de la defensa narcisista. En consecuencia, la relación que une al Yo-narcisista con el Yo-realidad tampoco se moverá. La fragilidad del segundo suscitará siempre la invulnerabilidad del primero.

El analista debe tomar conciencia de que lo que está frente a él es solamente una «persona» —y solamente podrá salvarle el nombre de «Persona», como Ulises, de la emboscada del cíclope. Con la experiencia, me parece que la única respuesta contratransferencial pertinente en los momentos de defensa maníaca es el silencio. A este precio, el analista no da al paciente la seguridad que va a hacer que el Yo-realidad, de este último, funcione en su lugar y bajo su control. Por el contrario le asegura que conserva el dominio y el funcionamiento privado de su propio Yo-realidad. Solamente en esta medida el paciente puede recurrir a lo que queda en él de Yo-realidad, escindido hasta ese momento de la dinámica del tratamiento.

El analista que adopta esta «prudente» actitud —que no se puede imaginar lo que tiene de heroica si no se ha estado sometido a la formidable presión de la transferencia maníaca— significa a su paciente que no se dirija si no es a quien puede comprenderle, y sabe diferenciar el Yo-narcisista del Yo-realidad.

Parece que este es el primero de los reconocimientos del que el Yo-narcisista tiene necesidad.

He vuelto aquí a esos elementos teóricos, porque me ha parecido que la condensación del material de esta sección entre los elementos más regresivos y el anuncio de la progresión me permitía hacer esta puesta a punto. Si el sentido de la continencia es el mismo, sean cuales fueren las patologías y las proyecciones puestas en tela de juicio, la técnica que permite llegar a conseguirlo merece que sea diferenciada. El modo de intervención del analista no es el mismo con un paciente obsesivo, depresivo o paranoide, aunque su trabajo de disponibilidad, de escucha en el fondo de él mismo, no difiere en absoluto, cualquiera que sea su paciente.

Pretendo pues aquí el examen de la sesión dieciesiete, para subrayar lo que nos da un resumen, como en una reducción, de los progresos del Yo-realidad, a pesar del freno que constituye para él la envoltura maníaca.

El orificio oral y su funcionamiento en cuanto cavidad se transforman durante la sesión, retomando la actividad gráfica y asociándola a una elaboración verbal, lo que, en su primer juego, participaba del actuar. Puedo pues, en esta perspectiva, separar la sesión en dos partes y considerar cómo la segunda parte sustituye a la primera haciéndola pasar a un nivel superior de abstracción en el plano de la simbolización. Pienso que solamente se trata de un plano superior de abstracción, porque no hay duda para mí de que la primera parte de la sesión, en el fondo de su bombardeo de actuar maníaco, a pesar de todo, da forma a una expresión simbólica preverbal. En el fondo de su deseo de expulsión de toda tensión psíquica, se insinúa una representación, la cual solamente es posible por el ejercicio de una retención.

La obturación de la boca, que se pretende perfecta, al principio de la sesión, corresponde a la angustia de una pérdida infinita de sí mismo cuando una falla se introduce en este caparazón. La angustia de no tener ningún medio para afrontar el peligro, participa de un Yo-narcisista que solamente tiene una defensa. Cuando se la hiere, él tiene el sentimiento de ser aniquilado para siempre. La fragilidad del Yo-realidad, mal diferenciado del Yo-narcisista, hace que viva por cuenta propia lo que esencialmente toca a la estructura de este último. Cuando la concha narcisista se vive astillada, el Yo-realidad vive una angustia de muerte en un fracaso sin fin o en una interminable licuefacción de su sustancia.

He subrayado ya que pienso que no es el Yo-narcisista el que experimenta verdaderamente el impacto de la realidad, la formación de un caparazón protector que pretende, no solamente la aproximación de cualquier alteridad, sino también la transformación o destrucción de aquello que manifiesta su existencia. Por ello, la imagen del caparazón que conviene a un nivel de representación visual de semejante universo conviene también, desde mi punto de vista, a otros niveles: este caparazón puede estar constituido por una red de concepciones que solamente funcionan con la finalidad de detener la intrusión de concepciones extrañas cuya dinámica solamente podría trastornar al Yo-narcisista.

Puede también pretender destruir la confianza naciente que el Yo-realidad sitúa en su objeto y en el poder que obtiene de ese vínculo. O puede también pretender estimular, en el Yo-realidad, la creencia según la cual es el ejercicio mismo de sus capacidades nacientes el que le lleva a la muerte. Como lo ponía ya de relieve más arriba, la fragilidad y la diferenciación muy reciente de este Yo-realidad del Yo-narcisista lo hacen permeable a este tipo de perjuicio.

El Yo-realidad, en el umbral de su desarrollo, se encuentra luchando con una angustia cuya fuente es doble: vive su propia angustia, frente a la que tiende a utilizar sus nuevas defensas y sus nuevos vínculos, recurre al objeto que ocupa el primer lugar en su dinámica. Pero también vive otra angustia que no es la suya: una angustia que experimentaría su Yo-narcisista si se le proporciona los medios de experimentar lo que experimenta el Yo-realidad. Quiero decir, si el Yo-narcisista se sintiera atacado de esterilidad sensorial y emocional por la existencia de este caparazón defensivo.

Didier se cierra el orificio bucal al principio de la sesión como si soldara los bordes de una concha momentáneamente cascada. No hace falta hablar.

La abertura de la boca —abierta como el hocico de un cocodrilo— expone al Yo a un doble movimiento. Por una parte va a intentar llenar esta abertura con la puesta en movimiento de una pulsión cuya intensidad tiene como finalidad acercar lo más rápidamente posible los dos bordes separados de la boca, como si fueran los de una herida, o de llenar lo más totalmente posible el orificio del cuerpo, como si se tratara de un «agujero negro» en un espacio en constitución.

Pero, por una parte, el Yo va a inscribir una actividad que tiene en cuenta la realidad del objeto y de la pulsión: incorpora al objeto —cualquiera que sea la forma de éste— y, haciéndolo así, transforma el movimiento cuya finalidad no era otra que cerrar el espacio, en un movimiento que soporta su abertura. Asistimos entonces a una elaboración progresiva de la percepción del objeto y de la distancia que le separa del *Self,* y nos encontramos, a propósito de Didier, con lo que numerosos estudios —después de algunos decenios— han comenzado a describir refiriéndose a la construcción del Yo-realidad y del objeto en tres dimensiones.

Didier no pone el acento, en su juego del principio de la sesión —como pudo hacerlo en sesiones anteriores—, en la explosión asociada con la pérdida de continuidad de su envoltura, por la separación de los labios. Retira la muñeca-tapón que obturaba su orificio bucal, sin mimar a propósito de ello el derrumbamiento de su cuerpo, en una confusión «tapón-mamelón-cuerpo entero», es decir, en una confusión entre el objeto parcial y el objeto total. Se sabe que esta confusión está ahí porque la concepción según la cual las diferentes partes del cuerpo o del objeto están articuladas entre ellas, como el Yo lo está con el objeto, todavía no existe en la mente del niño.

No obstante, asistimos aquí con Didier al desarrollo de una etapa intermediaria en la que el objeto, el tapón-tetina, es separado del cuerpo un instante muy breve y vuelto a llevar hacia él de forma fulgurante y repetitiva, para conservar todavía la ilusión de que la unidad primera existe siempre, cuando la boca se abre y la fuerza de la pulsión pretende volverla a cerrar, es el testimonio de la pérdida irremediable de este estado primitivo, o más bien del trabajo del Yo-realidad.

Didier se empeña en una compulsión de repetición en estado naciente, con todas las valencias que semejante compulsión de repetición implica en cuanto a la evolución de su Yo. La repetición plana e infinita, solamente pretendería taponar su brecha narcisista: la brecha abierta de la boca ya no tiene la potencia angustiante de la ruptura de una continuidad. La abertura de un mundo de diferencias se ha llenado, ya que la repetición con carácter estereotipado anula a estas últimas. Un buen ejemplo nos lo proporciona el mecanismo del condicionamiento, en el que el efecto de sorpresa propia de la introducción de un elemento extraño se anula hasta el punto de formar parte de un reflejo.

Pero en esta repetición se introduce también la percepción de una distancia, de tal forma que Didier no puede mantener la ilusión de que la boca y la muñeca participan de un mismo todo indiferenciado. Pienso que tenemos el indicio de que acepta esta distancia en la medida en la que empieza a organizar otro juego a partir de la simple alternancia boca abierta-boca cerrada por medio de la muñeca-tapón. Dicho de otra forma, la percepción de la separación entre el Yo y el objeto no se ha rebajado hasta el nivel de un elemento no significativo del encuadre. Didier acepta concebir que una distancia separa a los dos elementos de un todo y deja lugar así a la dinámica de una satisfacción pulsional. Pero aún se reserva, podríamos decir, la posibilidad de creerse la fuente y el objeto de esta satisfacción: se nutre de él mismo. Para expresar de forma condensada la naturaleza de este movimiento, podríamos decir que Didier se identifica, de forma primaria e inmediata, con un objeto del que aún no se ha separado. El comienzo de la concepción de los límites del Yo y del objeto se acompañaría de un movimiento circular de deflexión de esta concepción nueva sobre la de la bola de los orígenes.

En este punto vuelvo a mi reflexión sobre las relaciones del Yo-realidad y del Yo-narcisista: el primero solamente se separa del segundo en un movimiento en el que el conjunto de sus experiencias está impregnado de su repercusión sobre este último. Y, en un movimiento recíproco, constituyéndose así un círculo.

Por otra parte, Didier forma un círculo que, si no es de forma patente el de un autoengendramiento, es el de una autonutrición: coge un trapo mojado y hace que el líquido caiga en su boca por arriba. Quizás, tiene primero el sentimiento de que el objeto está «en la punta de sus pies», o de que sus mismos pies son el objeto deseado cuando coge el trapo con sus dos pies para organizar su propia mamada. Así se ve a veces a los niños pequeños servirse de forma privilegiada de sus pies más bien que de sus manos. Esta observación me ha producido siempre el sentimiento de que semejantes bebés no se habían separado suficientemente de una relación fusional con el objeto, y que el juego en el que las manos serían el instrumento les ponía en contacto demasiado directo con la realidad de sus propios límites. El círculo del autoengendramiento se percibe mejor en una posición en la que las extremidades del cuerpo se tocan, donde los pies tocan la cabeza, más bien que en una posición en la que se requiere a los ojos para que se enfrenten con el vínculo, que juegan las manos, que une suavemente al Yo con su objeto.

En una fluctuación que le hace bambolear con este juego sobre la distancia y sobre el primer enclave espacial en su propio cuerpo, con la seguridad de que él mismo es el objeto susceptible de nutrirle y por ello de realizar su deseo antes de que haya surgido, Didier quiere ir a orinar. La difusión de la excitación en toda la parte baja del cuerpo le ha hecho asociar, como formando parte de un mismo bloque, las cualidades diferentes de las de la parte alta de su cuerpo, sus piernas con su pene. También los pies apenas le han gratificado con un maná supremo, que es —pienso— compartido por un doble deseo que corresponde a una doble angustia: duda de poder reformar el círculo perfecto, quiere tranquilizar a su Yo-narcisista yendo a verificar la existencia de su pene al WC; pero duda también del vínculo que le alienta a representar la gratificación antes de obtenerla en su concreción; e incluso ahí, va a asegurarse al WC de que el desarrollo de su Yo-realidad no le ha hecho perder la capacidad de procurarse inmediatamente, y completamente solo, aquello que necesita para anular esta necesidad más que tener paciencia hasta que sea satisfecha.

El corte que separa al *Self* del objeto se inscribe en seguida en el espacio bucal como elemento duro: el diente. Con la emergencia de la actividad de morder, jamás será posible conservar la ilusión narcisista de una reunión de los labios o de una soldadura del espacio bucal —como acaba de mostrarlo— gracias a la dureza de un tapón. Ese tapón ahora forma parte de la boca, como un diente, no para paliar la abertura de la boca, sino, por el contrario, para transformar la pasividad de la piel que se deja herir en una actividad canibalística. La concha del Yo-narcisista, que aseguraba la fragilidad de su contenido contra toda intrusión, dota de su propia cualidad «dura» al diente que corre el peligro de agujerearla. En el Yo-narcisista existe un movimiento defensivo, cuya dinámica ha podido utilizar en beneficio de su propia defensa el elemento que la amenazaba: el aspecto duro de éste que iba a aniquilarlo, entrañaba una vivencia de punzante, de fulguración y de violencia, porque el movimiento defensivo se ha transformado en un aglomerado cuya dureza deja de lado toda intrusión punzante, fulgurante y violenta. La resistencia pasiva es lo que caracteriza este modo de defensa. Cuando el Yo-realidad empieza a vincular los elementos duros del objeto, sus integrantes se confrontan en lugar de quedarse a un lado, los dientes lo empujan —se podría decir— permitiéndole utilizar activamente lo que, por otra parte, el Yo-narcisista sufre o elimina pasivamente. Pero la escisión entre los dos Yo a ese nivel está mal determinada, la actividad del Yo-realidad está infiltrada por la problemática del Yo-narcisista. El diente que corta, que despierta la herida de la concha, despierta al mismo tiempo la asimilación de los elementos duros. En este sentido, la actividad del diente participa también de la potencia de la concha. Es por lo que en las defensas maníacas la actividad oral canibalística reviste un carácter duro, de antemano imperturbable, como el de un escudo.

Captamos la complejidad de la articulación de la problemática oral del Yo-realidad con la barrera defensiva del Yo-narcisista.

Recordamos la manera en la que el lobo —y todos sus dientes—
se abalanza resoplando contra los ladrillos de la «casa de los cerditos». Didier se permite ahora «hacer el lobo» en la historia de
Caperucita Roja más que identificarse con un cerdito que se ríe
de los vanos esfuerzos del Yo-realidad y de su objeto, supuesta-
mente fuera de uso para alcanzarlo. Entonces vimos cómo la violencia del lobo podría participar en la violencia de un desenca-
denamiento pulsional, y en la de una catástrofe provocada a nivel
del Yo-narcisista.

La actividad gráfica retoma este movimiento: el paso del dibujo 3 al dibujo 4 significa la inscripción en la psiquis de una
escisión representada por la emergencia de los dientes, entre el
Yo-narcisista y el Yo-realidad. Este último puede trabajar en desarrollarse sin que su actividad entre en resonancia parasitaria
continua con la tranquilidad del Yo-narcisista.

El dibujo 3 representa el mundo turbulento de una caída sin
fin en el interior del hocico del lobo, de la misma forma que la
de un lobo en el «agujero negro» de un espacio que no ha ad-
quirido su límite. Un círculo central empieza no obstante a aparecer con un elemento de interpretación fálica en el medio: es lo
que Didier llama el «lobo», cuyo mundo interno corre el peligro
de ser tan insondable como el mundo externo.

Con el dibujo 4 nos encontramos en una organización psíquica diferente: los «dientes» han pasado por ahí donde, metapsicológicamente hablando, los procesos de escisión empiezan a
integrarse en la psiquis a nivel estructural. Así el Yo-narcisista
puede vivir en su envoltura sin que la actividad del Yo-realidad
turbe su sueño, y por ello sin que, como consecuencia, todo movimiento del Yo-realidad se interprete como el origen de una vivencia de catástrofe generalizada.

Un proceso que empieza a extenderse y a diferenciarse pero
que aún no es un espacio que soporte un trayecto lineal como
Didier nos da el ejemplo de su emergencia en el 5, dibujo con
su comentario: hay un «nudo», un «camino» y eso hace «paff».
Así, se pasa de una organización de círculos concéntricos a una
organización lineal y limitada en su linealidad. Solamente con
este último se introduce una diferencia en la continuidad: hemos
visto que los círculos concéntricos suponían la integración de
cierto corte en relación con la espiral turbulenta que le ha pre-
cedido. Pero es perceptible que, si el infinito aún se puede conservar en el encajamiento de los círculos, se detenga cuando el

nudo cierre la continuación del trayecto. Todo sucedería como si la continuidad pudiera recuperar su potencia después de que un corte se haya introducido en ella, y que el paso de un círculo al otro, por pequeños saltos, hiciera que se apoye más sobre la línea de un ritmo que sobre las pequeñas rupturas que son parte integrante de ella. Pero, en lo que se refiere al nudo, todo cambia. No se salta por encima del nudo. Detiene la continuidad de un mundo para hacer que pase a la de otro. El niño que no conoce el nudo se agarra a la continuidad de una línea porque su interrupción solamente desemboca en el vacío. Así vemos a los niños que hacen que un personaje pequeño se deslice o salte a lo largo del borde de la mesa de juego. Ahora bien, cuando llega al extremo, el personaje cae en el vacío; ningún nudo le retiene. Si hubiera un nudo haría «paff», pero no caería.

El nudo no es todavía un cruzamiento ya que es el cierre de un repliegue en la continuidad de un vínculo. Pero vemos que a pesar de todo se inscribe a nivel de las partes que se tocan y que, cerca de engancharse, podrán cruzarse. En ese trayecto empiezan a formarse los ángulos y el círculo y comienza a parecerse al cuadrado.

En el dibujo 6, finalmente, pasamos de un mundo en el que «no hay nada», como lo dice Didier, es decir en el que el Yo-narcisista no posee los medios para hacer frente a la realidad, a un mundo en el que esos medios empiezan a existir y a constituir el Yo-realidad. A pesar de su aparente simple complicidad, la estructura radiada de la araña es de una complejidad enorme ya que es la forma constituida como bisagra entre un mundo narcisista, enteramente centrado en la inmovilidad del Yo y la movilidad del Yo-realidad. Para el Yo-narcisista, los elementos radiados solamente dirigen la sustancia hacia sí mismos, transformándola suficientemente para que el Yo-narcisista no tenga que movilizarse. Esto se parece a un sistema de antenas o de brazos, semejantes a los que poseería un robot para meter la materia a su servicio. Esto dará la forma del platillo volante que Didier retomará más tarde en su tratamiento. Pero actualmente la forma radiante posee todavía una potencialidad inscrita en la constitución del Yo-realidad, ya que esos elementos adyacentes —en los que la articulación con la estructura originaria es heredera de los nudos que ahora son cruzamientos— cambian de función. En lugar de que se utilicen en cuanto instrumentos propios para reconducir al mundo —o al objeto— hacia sí mismo, por el contrario permiten ir hacia el objeto. En este punto es donde se sitúa la báscula narcisista y la revolución copérnica del mundo infantil: el bebé no es un sol cuyos rayos atraen hacia él a sus satélites, sus admiradores. Por el contrario, es el que busca su objeto, su sol, y las mismas antenas que le aureolaban son abatidas ahora para sostener el peso de su propio cuerpo. No siendo ya el que está en el centro de un campo gravitacional, él mismo «cae» en el campo de la gravitación terrestre.

Querría volver al delicado pasaje que hace que emerja al primer plano el Yo-realidad, mientras que el yo narcisista pasa a segundo término, en un juego de planos que empieza a establecerse. En un mundo narcisista primario, el Yo no tiene conciencia o rechaza la conciencia de la existencia del objeto. Hemos visto que las capacidades representativas de Didier permiten que se represente ese mundo sin comienzo ni fin, como un mundo turbulento (dibujo 3). Pero ahí solamente se trata de la representación que se hace el Yo-realidad de un mundo narcisista, en sí mismo irrepresentable y aproximándose —solamente en este punto— al concepto de Inconsciente postulado por Freud en su primera Tópica. La progresión del Yo-realidad permite a este último considerarse como lo que era, un «todo» en el Yo-narcisista no es más que un «nada del todo» desde el punto de vista del Yo-realidad. Con el dibujo 6, Didier pone en evidencia la existencia de un Yo-realidad que se apoya en el objeto: es la araña que, con sus patas, se apoya en el suelo. Me gustaría avanzar la hipótesis según la cual ese suelo de apoyo del Yo-realidad no está constituido únicamente por el objeto —como es en principio fácil de comprender—, sino también por el Yo-narcisista que ha pasado de la posición de centro a la de fondo de la vida psíquica. La estructura radiada de la araña ilustra este pasaje, y particularmente lo que se sitúa a nivel de la transformación de la función de los elementos que juegan la función de patas cuando la araña representa al Yo-realidad y su vínculo con el objeto, pero que juegan una función diferente «de antenas de suspensión», diríamos, cuando la araña representa al Yo-narcisista totalmente inconsciente de la necesidad que tiene de estar suspendido a un objeto, invisible para él, en un espacio que le atraviesa sin gravar su masa con ningún peso. Así, para retomar esta metáfora, la tela de araña sería invisible a la mosca hasta que cae en ella. Ya no llevaré más lejos esta comparación: la mosca es la concepción que la araña narcisista se hace de la caída en la gravitación del objeto —ya no sale, se muere. Ahora bien, el Yo-realidad, por su capacidad para continuar viviendo, no pasando a través del objeto como a través de una tela, sino apoyándose en él, es un verdadero desafío de la omnipotencia del Yo-narcisista.

Quiero poner el acento en el sentido de la circulación de los vínculos cuando se pasa del Yo-narcisista al Yo-realidad. La araña constituye aún sobre este punto una buena metáfora. El Yo-narcisista solamente sobrevive en la tranquilidad, a condición de que la circulación —parecida a la que tiene lugar en el cordón umbilical del feto— pase del objeto o Yo-realidad, con el que se asocia. Todo se dirige entonces hacia el círculo de la formación radiada. Hacia el sol narcisista. Quiero subrayar que, cuando el Yo-realidad establece su predominio, el sentido de circulación de la fuerza en los elementos de vinculación no cambia: siempre se dirige hacia al Yo-narcisista. Ahora bien, nos encontramos en un mundo en el que el objeto ha surgido en su realidad y en el irremediable corte que le separa del Yo. Este último dirige entonces su fuerza hacia el objeto, y el Yo-narcisista —para el que nada ha cambiado— siempre atrae hacia él aquello que va, en una dirección paralela, hacia el objeto. En esas condiciones, el círculo de la formación radiada está constituido por el Yo-realidad, mientras que los elementos radiados se dirigen —para apoyarse— en el objeto —y para ser absorbido por él— hacia el Yo-narcisista.

En esta perspectiva, lo que se encontraba encima pasa debajo, en un espacio al cual ese movimiento da una orientación. El mantenimiento de la estructura del Yo-narcisista permite a este último que trabaje paralelamente al objeto en la constitución de una base de apoyo para el Yo-realidad.

Si deseara hacer que la lectura de este libro fuera más fácil o más agradable, detendría aquí la descripción de una primera etapa de este tratamiento. Pero sobre todo quiero hacer de este libro un documento de investigación y de reflexiones que se refieran a lo que se me escapa en el material clínico que relato aquí. Me hace falta pues permanecer fiel, y sacrificar la ilusión del descubrimiento fácil con aspecto fastidioso de la tarea clínica. Es por lo que doy aquí en sus grandes líneas el material de la *sesión dieciocho,* como ya lo anuncié.

Llega con un avión en la boca, soplando y provocando así el girar de las hélices. Efectúa inmersiones sobre el diván. Bloquea la abertura de su boca con una muñeca encajada; cuando ésta sale de su boca, sale también un grito.

Muestra una agitación incesante y un deseo, cada vez mayor, de romper entre sus dientes la pata del caballo.

Desplaza este deseo y corta con las tijeras una hoja en finas laminillas.

Dibuja:

1/ La boca del lobo —vuelta hacia mí *(dibujo 7).*

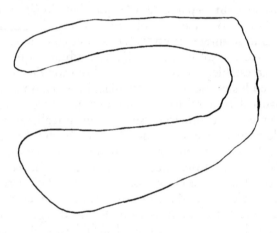

Dibujo 7 (Violeta)

2/ Un «caracol» pequeño en el centro de un largo camino *(dibujo 8).*

Salta de la mesa cantando «Happy birthday to you...!». De la misma forma, piensa en un cocodrilo que tira desde lo alto del armario.

Juega al lobo escondido detrás de la cortina que cubre la puerta, y así avanza hacia mí, poniendo de relieve —lo que es importante— que la cortina me ha tocado.

Finalmente quiere copiar los trazos: coloca una hoja de papel sobre la lámpara, toma el calor y acerca la hoja a su mejilla. Así quiere escribir sobre sus mejillas. Escribe sobre su cesta de juguetes, como si se tratara de dejar una huella sobre una concha de caracol. Piensa que yo debería escribir con él.

La escritura de una sesión —sobre todo cuando se trata de trazar las grandes líneas— hace inadecuada la atmósfera eléctrica que la habita, y todos los elementos infraverbales que hierven a

Dibujo 8 (Violeta)

veces en el espíritu del analista que no capta lo que parece evidente al lector. Didier empieza a dar toda la medida a su agitación maníaca, y los elementos de su material que se formulan aquí solamente son legibles después de haber sido arrancados a la tempestad, semejantes a ligeros fetos privados de sentido, que los tiraba durante toda la sesión. El maníaco utiliza también a sabiendas la confusión, para impedir que el analista imagine incluso que lo que se le presenta puede tener un sentido. La degradación utiliza fácilmente los medios que proporciona la analidad para ocultar la emergencia del sentido y de las diferencias.

No obstante, toda una proyección de sentido ocupa un lugar en la sesión.

Didier empieza, como habitualmente, por representar la explosión oral que sigue a la ruptura de continuidad de la piel. Fuera de la transferencia maníaca, que provoca en mi interior una vivencia de explosión similar, aparece la capacidad de representar a nivel parcial esta ruptura de continuidad. Ahora ya no se refiere a la piel, sino a una parte del cuerpo: en lugar de que el ser tenga el sentimiento de desaparecer en la falla que se instaura en su piel, experimenta la única angustia de ver desaparecer una parte de él —la pata del caballo representa el pene del chico.

Didier se ha sumergido, no solamente en el diván, sino también en un mundo de tres dimensiones en el que la distancia entre el adentro y el afuera del Yo es posible. Se trata de un mundo para el cual la distancia que existe entre el objeto y su representación también se ha hecho posible.

Esta distancia está representada en el primer dibujo, no solamente por el espacio que separa las dos partes de lo que puede pasar por una boca dirigida hacia mí, sino también por la curva del plegado que se asocia con otros elementos de la sesión, para permitirnos comprender que designa lo que va a fundar una integración de la tercera dimensión: el desdoblamiento ya no es una reduplicación de lo idéntico sino una repetición que implica una transformación de los elementos reproducidos. Si nos referimos a la sesión precedente, recordaremos que la repetición hasta el infinito de círculos concéntricos, se detiene por el nudo, después por el cruce de los elementos unidos al cuerpo de la araña. La hoja de papel sirve de soporte concreto a la reduplicación de las cualidades del objeto: así el calor se toma de la lámpara para en seguida ponerlo en la mejilla. Quiere escribir sobre esta última, como si la superficie del cuerpo fuera el primer soporte de una huella, lo que en efecto es: la piel que se pliega lleva la memoria de una marca en el mismo sitio que el pliegue. Existe pues una relación asociativa directa entre la emergencia en la vida psíquica de la huella sobre una superficie, la del pliegue, y la distancia naciente entre el *Self* y el objeto, concebidas como dos superficies, cuya articulación es también el proyecto de una continencia: la cortina, sujeta en lo alto de la puerta para permitir a Didier representar al lobo debajo, y el conjunto que empieza a contenerlo es parecido al hueco de la boca que empieza a mantenerse abierta un momento. El principio de todo este proceso solamente libera un espacio muy estrecho entre el *Self* y el objeto, y yo pienso que eso nos permite comprender por qué las tiras de papel que Didier corta ahora son estrechas: reproduce, incluso ahí, la vivencia de corte que lleva consigo la percepción del borde de la superficie; haciéndolo así, él mismo establece una distancia entre esta reproducción y la vivencia concreta de la caída asociada a la percepción de todo el borde. Pero esta distancia es estrecha y el retroceso que existe entre la realidad de la herida y su representación es también estrecho, como las tiras de papel que corta Didier. El cortar, si es representación, lo es, no obstante, en un grado menor que el trazo sobre la hoja, porque este último solamente se refiere a su soporte mientras que con el primero el acto representado hace que en parte caiga con él ese mismo soporte.

Es así como Didier empieza a cortar la hoja antes que dejar una huella en ella.

La fascinación por el instante del tocar —que se encuentra en muchos niños maníacos— participa de toda esta problemática. Didier hace que me de cuenta que la cortina me ha tocado; otros niños pueden tocarnos un corto instante con la punta de los dedos, pensamos en los autistas que lanzan su mano hacia el objeto, un segundo, para retirarla inmediatamente como si el contacto con éste les quemara. Se trata de una especie de seudópodo, que se lanza fuera de la concha autística, y se repliega inmediatamente. La defensa maníaca que, pienso, plagia la emergencia fuera de la concha autística, nos permite utilizar más la imagen del caracol que la del huevo: el caracol tiene cuernos, especie de antenas que tantean la humedad del aire y que se retraen al menor peligro. Semejante a esto es el tocar de Didier: por su actuación pone en contacto por un instante su Yo-narcisista, timorato, y su Yo-realidad que no se retrae. Se reafirma, de la misma forma que no se borra el corte, o como las patas de araña que se separan del suelo para posar sus extremidades.

La marca de la plegadura es la del contacto establecido entre esos dos Yo, como reduplicación con el que se ha establecido entre el *Self* y el objeto.

Es así como Didier procede a una doble representación: la de su Yo-realidad, en forma de ese largo continente plegado, y la de su Yo-narcisista en forma de una concha de caracol sobre la cual todavía no se han integrado los cuernos. Pero la turbulencia primitiva —la de la caída o del desarrollo del espacio representado en la sesión anterior— ha dejado ahí su huella fijándose en sus repliegues. La revelación y la puesta en movimiento de esos repliegues harán que surja la forma de serpiente que, cuando se enrosca en sus anillos, parece que lleva la memoria del tiempo petrificado en la concha.

Únicamente me gustaría dar ahora algunos elementos que jalonan el camino que Didier recorrió hasta la sesión veintiséis. Se percibe cada vez más el fondo narcisista del que surge la defensa maníaca. Mientras que en la segunda etapa de ese trayecto, el Yo-realidad afirma su desarrollo a través del principio de los grandes temas, como lo veremos, mientras la defensa maníaca causará estragos sin discontinuidad.

En las sesiones siguientes, la «marca» que deja Didier sobre los elementos se produce, sobre todo, por la que dejan dientes en los juguetes —las patas de los animales— o el de las tijeras sobre el papel que corta en redondeles. La defensa maníaca se traduce en los juegos de caída que parecen antidepresivos: es el júbilo de caer o de hacer caer cualquier erección, como la de una torre, por ejemplo.

La castración de todos los elementos punzantes es un medio de tranquilizar una vivencia de quemadura que le devora. Todo lo que sobrepasa la forma redonda del huevo es arrasado inmediatamente. Al mismo tiempo estudia un medio menos mutilante de tranquilizarse: intenta frenar la potencia de lo punzante.

> Así en la *sesión veintitrés,* escucha los ruidos del bombero y quiere cortar las orejas del conejo o, cuando piensa en una avispa, tiene ganas de orinar, como si no tuviera más que esos medios para evacuar esos picantes y esos elementos excitantes. Al final, solamente se calma con un aplanamiento total de la relación y con ello la mínima excitación que pudiera subtenderla: aplasta lentamente las calles de los coches sobre el diván durante un tiempo que no tendría fin jamás. El concepto de freno existe —los coches y los trenes se frenan masivamente—, pero la potencia de las fuerzas presentes es tan grande que el proceso de frenaje pierde todo matiz y se transforma en verdadero aplastamiento.

La cabeza es el órgano privilegiado de la subida de la excitación: durante la sesión veinticuatro, demuestra cómo su cabeza podría estallar como una lámpara demasiado caliente y cómo, para disminuir el impacto de este calor, trataría de cortarse una parte, de cortar sus cabellos, o bien incluso de lavarse no para restaurar su función, sino para «liquidarla», como la lengua nos permite expresarlo en la vieja sabiduría que posee en su fondo. Cuando ninguno de estos medios permite alejar la amenaza de explosión que se apiña en su cabeza con la emergencia de cualquier vínculo y de cualquier pensamiento, tiene el recurso del calmante supremo: la autohipnosis. Canta la «danza de los patos» y la representa alrededor de un coche rojo que ha quedado en el suelo. Ritmo golpeado y punzante que está próximo a hacer que yo misma caiga en un estado de somnolencia.

Captamos, en este caso, cómo el retorno del mismo en un círculo reduce su capacidad continente en estado de aspiración adhesiva: para que la excitación contenida en el coche rojo, que representa la cabeza del niño «llevada al rojo» vista como una lámpara a punto de estallar, pueda calmarse, debe «perder su calor», es decir, empleando otra metáfora, ahogarla en el mar de los patos. La menor vinculación psíquica provoca por su labilidad un calor que, sin matices, «pasa al rojo» de manera fulgurante. Hay pues que aplastar con el ritmo plano y el pisoteo de las patas de los patos. Mi contratransferencia responde en eco a esta acción psíquica: si mi espíritu fuera un coche, su motor se fijaría en punto muerto, porque ha perdido toda autonomía de movimiento. Su movilidad se ha reducido a un balanceo impuesto por la «danza de los patos»: se trata de un movimiento pendular, como el contoneo de los patos, y a veces se ve a Didier balancear su cabeza de derecha a izquierda con el mismo fin.

Esta primera serie clínica nos ha dado una idea de lo que está en juego subyacente a la defensa maníaca: se trata de una defensa establecida contra la percepción traumática de una falla narcisista, en el momento de la elaboración de la salida de la defensa autística. Vamos a asistir cada vez más a un fenómeno que parece paradójico ya que, en la medida en que el Yo-realidad va a desarrollarse a partir de un sector sustraído a la influencia prevalente del Yo-narcisista, la defensa maníaca en lugar de tranquilizarse causará estragos. Solamente está ahí para taponar una brecha que está abriéndose en el Yo-narcisista, por el mismo hecho de la utilización del vínculo con el objeto para envolver la fragilidad del Yo. Se trata pues, cada vez más, de instalar en la psiquis una línea que divida en dos zonas la influencia, de tal forma que, poco a poco, lo que muere en un sector no perturbe de forma catastrófica la existencia del otro.

Vamos a ser testigos del comienzo de la construcción de esta línea de división en la serie clínica siguiente que voy a presentar.

Capítulo II

El principio de integración de la ruptura

Sesiones 27 a 52

Querría extender este capítulo al recorrido de las veinticinco sesiones siguientes, basándome, para establecer este corte en la evolución del Yo-realidad de Didier, en el estudio de las formas que toma su defensa maníaca que se hace de pasada. Asistiremos a una explosión de estas últimas mientras que acompañarán, como de costumbre, a progresos fundamentales en el Yo-realidad.

Quiero precisar todavía que toda esta dinámica entre el Yo-narcisista y el Yo-realidad, solamente ocupa un lugar en las sesiones. Didier supo conservar fuera de alcance la turbulencia que describimos aquí, un sector de su vida psíquica en la que el Yo-realidad parece que ha impuesto su dominio y en la que los vínculos creadores que anuda con los demás no llevan consigo una amenaza para la fragilidad de su Yo-narcisista. Solamente podemos comprender este fenómeno por medio de la hipótesis de una escisión adentro-afuera, en la que las fronteras del marco analítico protegen el buen funcionamiento externo del Yo-realidad, mientras que en el interior del marco analítico asistimos a la modificación de esta escisión fundamental para la seguridad del conjunto del Yo.

Durante la *sesión veintisiete,* el Yo-realidad de Didier empieza a poner un nombre al proceso de escisión del que acabo de hablar. Observamos las primeras etapas en las que él tomará cada vez más importancia durante el tratamiento.

Esto empieza con una técnica de recubrimiento de superficies, como si el Yo-narcisista se asegurara una extensión de su propia formación englobante, o de su concha por encima de los elementos del Yo-realidad. El material básico de esta formación es anal, porque la producción anal es por excelencia la que mantiene la ilusión de la autofabricación. Didier empieza así regularmente sus sesiones «anunciando el color» en el dintel de la puerta: «¡buenos días mojón!», me lanza con un aire triunfal.

Cubre el autobús, su cesta de juguetes con los colores que tiene a su disposición.

No obstante, me parece que en lo que participa es en la función del englobamiento narcisista; igualmente participa en la función de un Yo-realidad que empieza a establecer una barrera en la psiquis. Abordamos este punto a propósito de la emergencia del plegado durante la sesión dieciocho: se crea un espacio hueco mínimo entre dos paredes que aún están próximas al movimiento que restablecerá su continuidad. Este espacio es el de una primera escisión al mismo tiempo que anuncia el de la represión: el corte organizado entre los círculos concéntricos que aparecieron durante la sesión diecisiete, daba ya forma a lo que constituye la ausencia de comunicación de los elementos escindidos. Pero la plegadura establece un futuro punto de contacto de los elementos escindidos: estarán al mismo tiempo separados y en potencialidad de comunicación, perteneciendo a la misma clase de organización de la represión en que las zonas de la psiquis están a la vez separadas y con susceptibilidad de comunicarse entre ellas por intermediación del punto de unión que constituye el Preconsciente. Pienso que esas reflexiones disminuyen la escisión metapsicológica que efectuamos nosotros entre el concepto de escisión y de represión.

He aquí algunos elementos de la *sesión veintisiete*.

> Embadurna con un rotulador la superficie del autobús.
> A veces, quiere tocarme y se sube entonces sobre un cojín que coloca cerca de mí.
> Pero tiene muchos momentos regresivos en los que se mete una «tetina» en la boca —una muñeca-lego pequeña— se acuesta en el diván; me da la espalda y pone un cojín debajo de él. Quiere que yo hable, porque si me callo durante mucho tiempo chilla demostrando que es como si cayera entonces de la

posición que ocupa. Representa esto muchas veces cayendo sobre el vientre.

Igualmente representa lo que llama «el fantasma»: retira la tetina de su boca y chilla muy fuerte, poniéndome en la incertidumbre de saber si Didier es el mismo bebé que chilla por haber sido retirado de su medio, o si chilla por ver otro bebé distinto a él.

Después de estos momentos es cuando aparece un intento de control anal: golpea con sus pies gritando «¡mojón! ¡mojón! ¡mojón!».

Finalmente dibuja el tema —que será recurrente— de la «excavadora» *(dibujo 9):* ahí, se trata de un pescado que tiene una «excavadora» a modo de boca. Tiene los dientes al lado de la cola, y le rodea una especie de camino. Corta en parte la hoja de papel por debajo del dibujo del pescado.

Dibujo 9 (Azul)

Este camino recupera el tema del recubrimiento porque envuelve la primera forma del pescado. La excavadora es el cuadrado que se sujeta por medio de hilo a la extremidad bucal del pescado. Esta formación «excavadora» tiene ángulos, y en esta medida ha integrado la fisura, la necesidad oral y el contraste con la dureza del objeto. Puede pues ser una representación del Yo-realidad, que se sujeta por medio de un hilo al pescado narcisista que solamente vive en el agua. Tendríamos pues aquí un Yo-realidad que empieza a rodear parcialmente al Yo-narcisista, aunque solamente existe como proyecto y en un mundo sin orientar. La función de la excavadora —que es la de huir del objeto y formar un agujero— crea, por definición, un mundo con dos paredes al mismo tiempo, que el espacio que separa. Este movimiento de recubrimiento del interior —se podría decir— se incorpora al movimiento parecido de recubrimiento del exterior, en el que Didier recubre el autobús con un fieltro al principio de la sesión.

El cuerpo de Didier representa con toda la complejidad que subtiende las situaciones, incluso las más primitivas, lo que ha retomado en su dibujo en un grado más abstracto de la escalera simbólica. Me da la espalda, la boca cerrada por una tetina, encerrado como un pescado en su mundo narcisista. Pero solamente puede mantenerse así en seguridad a condición que le sostenga así con el hilo de mi «excavadora», es decir, de mi propia boca o de mi propio Yo-realidad. Si me callo, todo sucede como si el Yo-realidad de Didier no pudiera hacerse cargo de la función que ha delegado en mí: no soy solamente el objeto que le nutre por medio de un mamelón o de un hilo umbilical. Soy también su propio Yo-realidad, su propio diente capaz de ahuecar activamente un espacio en el objeto, y su propia boca capaz de soportar este espacio.

Por ello, encontramos aquí lo que constituye la especificidad de la defensa maníaca: el paciente representa en general el papel del pescado que evoluciona sin dificultad en un medio sin coacciones, a condición de que el analista represente el papel de la «excavadora», y que le reenvíe sin cesar la certeza de que él se hace cargo del contacto con la dura realidad, la de un objeto que no es idéntico a él mismo, y la de sus pulsiones que están ahí para organizar el reencuentro con semejante objeto.

Cuando me callo, corto el hilo del pescado y la excavadora empieza a cortar quizás la misma carne del Yo-narcisista. Por ello, esta distancia asegurada por la defensa maníaca entre el Yo-realidad y el Yo-narcisista, como una barrera puesta entre el objeto y la demasiada gran fragilidad del Yo del bebé, es una necesidad. El analista que se encuentra en presencia de semejante fenómeno debe soportarlo: debe comprender que la excavadora excava su propia carne como excavaría la del pescado. Esto se manifiesta por la percepción de una excitación infinita. El analista debe soportar esto, mantener el vínculo y «tirar» poco a poco del pescado hacia él, como en la pesca. Lo que en esta representación imaginada de las cosas, quiere decir que debe, poco a poco, cesar de hablar en eco al deseo de su paciente y volverle a dar, de este modo, su «excavadora».

No obstante, una orientación del espacio se inicia en Didier porque me vuelve la espalda, con lo que puede permanecer tranquilo. En lugar de nutrir sin cesar una defensa maníaca en la que el Yo-narcisista debe provocar continuamente al objeto, para que este último le asegure su existencia y por ello lleve bien el Yo-realidad del niño, el Yo-narcisista puede quedar en reposo bajo la cobertura del Yo-realidad, detrás de la espalda del paciente, y no solamente bajo la inutilización total de las percepciones externas en las que la encerraría la concha autística.

El tocar, que tiene tanta importancia en la vida de Didier es el punto de contacto entre los dos Yo, tal como está representado aquí por el hilo que une el pescado con la excavadora.

Pienso que la concepción del «fantasma» se inscribe en el cuadro clínico que bosquejo aquí, porque el fantasma en cuanto doble negativo, participa de ese desdoblamiento de las pieles, de ese recubrimiento, de ese hueco que taladra una envoltura de una parte y de la otra de la excavadora. Cuando Didier pierde el sentimiento de continuidad de su boca, por la caída de la tetina, se encuentra con un «fantasma» de tetina y no sin nada, para caer en un remolino sin fin. El alarido se endurece y le llena la boca, su caída se detiene en el suelo, sus pies le golpean y le aplastan como a un «mojón» que aparentemente rechaza pero que conserva de hecho como un relicario permanente que asegura su propia continuidad.

La cuestión de la relación entre el Yo-narcisista y el Yo-realidad en este momento se plantea en términos en que se le percibe como si fuera la fantasía del otro. ¿Pero cuál ocupa este lugar? Pienso que en este principio de la evolución del Yo-realidad en cuanto salida fuera del Yo-narcisista, es el primero el que se vive como el fantasma del segundo. Con el crecimiento progresivo de la potencia del Yo-realidad y la organización de la experiencia según una jerarquía que hará prevalecer la prueba de la realidad, será el Yo-narcisista el que se vivirá como el doble fantasmático del Yo-realidad. Se reprimirá el Yo-narcisista bajo el Yo-realidad siguiendo una representación de la realidad psíquica que obedecerá a los principios de la gravitación universal. Se reprime al uno «bajo los pies» del segundo.

La *sesión veintidós* que corresponde a la última sesión anterior a Navidad, dibuja lo que llama «el camino de papá Noel» *(dibujo 10)*. Volvemos a encontrar la forma del recubrimiento de un elemento por otro y la de la plegadura. Como en el tema de la «excavadora», podemos distinguir una pequeña formación que prolonga la forma envuelta que se une por medio de un hilo a la forma envolvente, a la que se adhiere también por su extremidad caudal, lo mismo que la cola del pescado anterior se adhería por formaciones dentadas a su envoltura. El Yo-realidad naciente se encuentra ya emparejado con su objeto, de la misma forma que el Yo-narcisista lo es con el mismo Yo-realidad. Esto conduce precipitadamente a Didier a la representación y por ello a la concepción de un vínculo entre dos formaciones claramente separadas y trabajando en pareja, según el modelo de las dos ruedas de

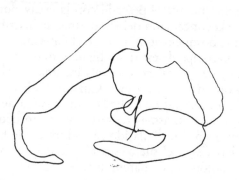

Dibujo 10 (Verde)

una bicicleta que dibuja a continuación *(dibujo 11)*. Pero está como asustado por un movimiento que le lleva demasiado rápidamente

Dibujo 11 (Verde)

hacia un desarrollo de su Yo-realidad, y que resquebraja el equilibrio que debe mantener con su Yo-narcisista. Me planteo la hipótesis de que todo sucedería como si la rueda delantera de la bicicleta rodara más rápido que la rueda trasera desequilibrando el conjunto: la «excavadora» excava demasiado profundamente la realidad. La pulsión que lleva consigo el Yo-realidad en un movimiento de vida, corre el peligro de amenazar la estabilidad del Yo-narcisista —¡y Didier evocó al principio de la sesión el tema de la «olla a presión»! Es por lo que el tema del «fantasma» se recupera por asociación con el del «mojón»— que asocia con los «pequeños macabeos» que llama a los pequeños «mojones» con los que siembra su discurso, parecidos a pequeños cadáveres cuyo aspecto inanimado le tranquiliza. La función de esta analidad puesta al servicio del Yo-narcisista es la de recubrir, inmovilizándola, la conmoción que se instaura en la psiquis.

Así, el segundo dibujo está recubierto de unos garabatos que pretenden enmascarar la bicicleta subyacente. Así también recubre las formaciones de su discurso que toman el sentido en mí de un fraccionamiento y de una niebla, lo que me produce el sentimiento de que cualquier dirección significativa se ha perdido.

El tema del recubrimiento se afirmará cada vez más a la salida de períodos de aparente regresión. Son de hecho los períodos de reorganización los que llevarán hacia la instalación de una barrera de represión.

Después de las vacaciones de Navidad, parece que el principio de la integración del Yo-realidad y del Yo-narcisista, como lo expresa el tema del plegamiento y el de la «excavadora», está completamente puesto en tela de juicio, y el garabato domina las primeras sesiones. Pero esta regresión precede a un movimiento de integración nueva en la que los elementos duros y punzantes que forman parte del Yo-realidad, están asociados a los elementos curvos y continuos representados hasta aquí. Lo que me propongo examinar ahora es esta progresión hasta la sesión cincuenta y dos donde se afirma claramente la integración de este cruzamiento en una forma vertical.

El retorno de las vacaciones de Navidad le pone en presencia de un nuevo mueble en el despacho de la consulta —de lo que yo ya le había prevenido. Eso va a acentuar en él el sentimiento de que existe un espacio escondido y vínculos realizados por el Yo-realidad que escapan totalmente al Yo-narcisista. Traducirá ese sentimiento en la siguiente sesión diciéndome: «¿Qué es lo que hay detrás de esas puertas? ¿Misterios?...»

No existe diferencia de desarrollo, pienso yo, entre la pareja formada por el Yo-narcisista y el Yo-realidad, y la pareja formada por el Yo-realidad y su objeto de investimiento libidinal. Es lo que la imagen de la bicicleta y su principio de construcción nos sugería en la sesión veintiocho. Por ello, me parece importante comprender todo el material que va a presentar Didier ahora bajo ese doble registro. Evidentemente se trata de una preocupación agresiva que se refiere a la existencia de la pareja parental con la sexualidad creadora. Pero esta preocupación resuena en la psiquis de semejante niño haciendo vacilar el equilibrio frágil que se instaura entre los poderes del Yo-narcisista omnipotente, y el nacimiento del Yo-realidad a partir de él y en relación con él. Por otra parte, el Yo-realidad es a menudo representado —en algunos pacientes adultos e incluso en los niños— como el bebé recién nacido en relación con el «viejo» poder narcisista que representa el papel del mayor.

Esta puntualización plantea un problema técnico: pienso que es deseable intervenir solamente a nivel manifiesto que presenta el niño —o el adulto— dando completamente a nuestra interpretación el espesor de una reflexión sobre el nivel latente, es decir, sobre el que pone en juego las partes del Yo. Pienso que es deseable solamente, en raras ocasiones, interpretar el conflicto existente entre las partes del Yo, cuando se percibe la existencia bajo la incertidumbre de las relaciones con los objetos. ¿Por qué es esto así? Lo que me parece que es una regla técnica capital, afecta al manejo del mismo narcisismo: toda interpretación de la relación que existe entre un sector de la psiquis y su núcleo narcisista subyacente, tiene como efecto poner a este último en evidencia y, por ello, conferirle una potencia paralizante para la actividad del Yo-realidad en su relación con el objeto. Centrar su actividad interpretativa sobre el narcisismo del sujeto encierra al objeto en ese mismo narcisismo, y acarrea el que ese mismo objeto abandone, a pesar de él, la actividad del Yo-realidad que quería defender. Por eso es preferible tener en cuenta «en negativo» —en la forma que se conserva el negativo de una fotografía— al Yo-narcisista, para dirigir nuestra reflexión sobre el Yo-realidad, sabiendo que ese discurso tiene, en forma latente en él mismo, la dimensión narcisista, y ayuda así al paciente a escucharlo también en él mismo en forma latente.

Durante la *sesión veintinueve,* Didier desea ese nuevo mueble
que representa un bebé pero también una nueva capacidad de
aprehender la realidad por medio de su Yo. Sabe decir «caca» de
forma repetida, mas da un poder destructor a una palabra que
forma parte del bagaje de su Yo-realidad; teme el impacto que esa
palabra tendría sobre mí y sobre él. Por ello, se detiene en medio
de su agitación hostil y me dice súbitamente: «*¿Puedo decir as-
queroso?*»

Me gustaría retomar la reflexión técnica que he mencionado
anteriormente en favor de dos elementos de ese material.

> 1/ Recorta la forma de un huevo en cartón y en seguida pro-
> cede a recortar nuevamente: da a esta concha la forma de cáscara
> de la peladura de una fruta —que representa singularmente la fi-
> jación de un movimiento giratorio en el recorte de un capara-
> zón— y la introduce en el espacio estrecho situado entre la mesa
> y el nuevo mueble.

Desde el punto de vista de las relaciones del Yo-realidad con
su objeto, es posible comprender que se trata de un ataque contra el «huevo» fabricado detrás de las puertas en las que se es-
conden los «misterios» de las relaciones de la pareja parental,
como lo evocará en la sesión siguiente. Didier quiere mortificar
a ese recién llegado con un tratamiento tal que ya no turbará la
seguridad que quiere conservar el ser el único poseedor del objeto materno. Para ello lo envía a las «mazmorras» —término que
utilizará mucho más tarde— y lo entierra entre las paredes de los
muebles.

Detrás de esta interpretación se sitúa otra que asocia el envite
narcisista primario con lo que se juega a nivel secundario. He subrayado cómo Didier representa su sentimiento de caída turbulenta en la concha del huevo recortado. Me parece que la percepción de la existencia de la actividad del Yo-realidad, como la
del recién llegado, la vive como una amenaza para la coraza defensiva del Yo-narcisista: ¿en qué se convierte un huevo que ya
no tiene concha? No obstante asistimos a la reconstitución del
aglomerado narcisista cuando Didier encierra la concha recortada
entre las dos paredes. Reforma por presión lo que había sido cortado. Esta capacidad de cerrar los bordes de una cicatriz con los
medios que pertenecen a la vez al mundo narcisista primario (ya
que se trata de un aglomerado y no un vínculo que integra la dis-

tancia entre el yo y el objeto), y al mundo de las relaciones de objeto (ya que utiliza dos objetos —la mesa y el mueble— para sentirse contenido bajo su compresión), afirma una transformación posible de las relaciones entre el Yo-narcisista y el Yo-realidad. El primero se reconstituye apuntalándose en el segundo. El segundo relativiza la vivencia catastrófica que le hace experimentar el primero.

Pienso que es preferible intervenir a partir del contenido manifiesto a nivel de las relaciones de objeto, teniendo en cuenta la angustia asociada con el narcisismo herido. Así, si se le dice al niño: «Entonces ¿ha sido necesario que el pequeño huevo desaparezca? ¿No crees que simplemente está escondido ahí?», se le sugiere que se presta atención a su angustia de desaparición, considerando que se trata de un huevo y quizás de otro niño, el cual no se deja aniquilar tan fácilmente, ya que solamente está disimulado en un hueco.

> 2/ Rompe un lápiz en dos, lo lanza contra el mueble nuevo después, pasado un tiempo en el que hace rodar los coches lentamente sobre el tapiz del diván, atento en aplastar bien las ruedas sobre esta superficie, aplasta estos mismos coches con sus pies. Después, por primera vez en las sesiones, los lanza al aire como si no fueran más pesados que el haz de chispas que lanza un fuego artificial.

Asistimos aquí a la expresión de la voluntad del Yo-narcisista de atacar los vínculos que le punzan: el lápiz se ha roto en dos cuando podía pinchar la paredes del mueble, como la de la concha. Hasta ahora el aplanamiento del movimiento consecutivo a este ataque parece que ha sido suficiente para no sentir ya la amenaza de conmoción del Yo-narcisista o de su agrietamiento. Pero ahora la afirmación del Yo-realidad y de la herida que amenaza con imponer al Yo-narcisista, no se deja reducir a la nada, así momentáneamente: el pinchazo debe intensificarse ya que se manifiesta la necesidad no solamente de aplanarlo sino también de aplastarlo con el peso de todo el cuerpo, con un movimiento más activo. Aparece también la necesidad conjunta de verificar el resultado de semejante proceso: los vínculos han perdido su peso y el Yo-realidad su coherencia. Flotan como briznas de paja en el aire que les rodea.

Aquí también me parece que en lugar de intervenir —si se juzga bueno— a nivel del conflicto intrapsíquico directamente, y de forma que no haya duda posible en la mente del niño del contenido de nuestro propósito, es preferible adelantar una relación de objeto que mantiene en segundo término la presencia de la herida narcisista. «¿Pero qué es lo que te ha hecho este coche? se podría decir, ¡si no son más que briznas de paja no corres el peligro de que te aplaste!»

Haciéndolo de este modo tocamos a la vez el nivel en el que el niño quiere aplastar todo lo que representa el coche —el rival y la pareja de los padres en movimiento— y el nivel en el que, para realizarlo, utiliza los mecanismos específicos para la protección del Yo-narcisista: priva a los vínculos del Yo-realidad de su potencia de anclaje en la masa del objeto y del peso consecutivo que le impone por su pertenencia a la gravitación terrestre. Por ello, la imagen de la «paja» es pertinente, y la referencia que implica la historia familiar de los «Tres cerditos». Esta historia traduce tan bien la problemática del niño maníaco que a menudo se la encuentra como base de apoyo del material en este tipo de niños a lo largo de todo el tratamiento —porque la defensa maníaca puede silenciarse pero no desaparece.

La imagen de la casa de paja sobre la que sopla el lobo corresponde a la representación de un yo que ha perdido sus capacidades de vinculación flotando sin consistencia bajo el impacto del soplo de las pulsiones. Cuando la casa de paja se convierte en una casa de ladrillos, es menor la amenaza del lobo: puede contener sus pulsiones. Semejante versión interpretativa no da cuenta de lo que hace la especificidad de la defensa maníaca: el ataque contra los vínculos, incluso su desmantelamiento, se esconde detrás del cuadro anterior. Dicho de otra forma, si el Yo-realidad se siente efectivamente frágil frente al rompimiento pulsional, posee *a minima* los mecanismos de vinculación y de defensa que le permiten tratar con la intensidad pulsional. Pero eso sería sin contar con el Yo-narcisista que pretende desembarazarse totalmente del peso de la realidad y de las pulsiones cuya existencia suscita. El arremolinamiento de las briznas de paja no se debe solamente a la acción del lobo —esta interpretación se sitúa solamente a nivel del Yo-realidad. Si adoptamos conjuntamente un «vertex» interpretativo teniendo en cuenta el conflicto Yo-realidad/Yo-narcisista, ese arremolinamiento procede de una defensa que sale del Yo-narcisista de tal forma que el lobo (la pulsión) no encuentra ya otro objeto que el Yo-realidad, y como consecuencia, en esta estrategia el Yo-realidad no entra jamás en contacto con el Yo-narcisista. En esta perspectiva podríamos decir que es el arremolinamiento sin peso de las pajillas lo que inflama la excitación del lobo: todo sucedería como si la presentación ficticia de los elementos desmantelados del vínculo al Yo-realidad, suscitara la aceleración de este último preparado para todos los furores con la finalidad de parecerse a él mismo. Quizás se verificaría que es pertinente la comparación con la escisión del núcleo atómico: la pulsión y su objeto podrían separarse de la misma forma que pueden separarse las cargas positivas y negativas del núcleo atómico, llevando consigo la formación de un arremolinamiento de electrones en torno a un centro que los atrae, sin que puedan jamás reunirse con él. Yo solamente utilizo esta metáfora con la finalidad de subrayar cómo el movimiento pulsional que habita al analista en la defensa maníaca únicamente toma la apariencia de un intento de reencuentros con un objeto de deseo. Se trata, desde mi punto de vista, de la puesta en movimiento de una pulsión cuyas condiciones mismas de existencia han sido tocadas. No es cuestión de una subida pulsional por tal o cual objeto. Es la activación pulsional suscitada por una distancia que se introduce en el interior de la misma pulsión. Una distancia que es lo que hace que el coche pueda rodar, o que se propulse la pulsión. Didier nos lo muestra con imágenes: aplasta el vínculo con el peso de su cuerpo —utilizando de este modo la fuerza gravitatoria contra el Yo-realidad que lo había integrado—, y lanza como fuera de la órbita terrestre los elementos de ese vínculo. Los trozos que flotan son como los cerditos que se ríen dentro de la casa, o como las briznas de paja que vuelan al viento. Restos del vínculo desmantelado, no permanecen en absoluto en el suelo, en un mundo en el que la tensión es tanto mayor en cuanto pretende llenar la que falta totalmente a su otra «mitad».

Esto forma un sistema cerrado: cuanto más sople el lobo sobre la paja ésta volará más —confirmándola en su capacidad de provocar el rompimiento con una fuerza que ella no posee. Pero cuanto más se agita la paja tanto más se excita el lobo. El papel del analista que corre detrás de su paciente «como un lobo» y «sopla» detrás de él, es el de salir de ese círculo vicioso, de callarse y proporcionarse de esta forma un peso y una profundidad a la superficie que danza ante sus ojos.

Porque, todo sucedería también como si en el aplastamiento del coche bajo sus pies, Didier pretendiera, asimismo, suprimir los vínculos que el Yo-realidad construye entre superficie y profundidad. El mundo en tres dimensiones en el que vive el Yo-realidad no es un mundo que ignora la bidimensión. Es un mundo que integra las relaciones excitantes entre superficie y profundidad, mientras que el mundo narcisista primario a lo más solamente conoce la superficie.

Durante la sesión veintinueve, Didier llega a expresar con el ejemplo de la cáscara del huevo cortada en filamentos y la del coche aplastado, el impacto que tiene sobre el Yo-narcisista el Yo-realidad aún no suficientemente escindido del primero para que sus movimientos no le hieran. Hemos visto cómo el Yo-narcisista que se ve amenazado de desintegración, coagula una vivencia de caída en remolino en la superficie de su concha, y cómo suscita el desmantelamiento por compresión de los vínculos efectuados por el Yo-realidad. Esos vínculos han sido los elementos «punzantes» de la realidad que han cortado el sentimiento de identidad fundada, en el Yo-narcisista, en el «dulzor» de una continuidad que no los ha integrado.

En la sesión siguiente, la *treinta,* Didier va a representar en un dibujo los dos elementos de esta confrontación.

Llegando a esta sesión es cuando, considerando las otras puertas, dice: «¿Qué es lo que hay detrás de esas puertas? ¿Misterios?» Al entrar en la sala de juegos empieza a dar alaridos como para tantear el límite del espacio con esos gritos.

Tendrá momentos de regresión menos profunda que de costumbre y caídas menos espectaculares. Quizás es en esta medida en la que, en algunos momentos dados de la sesión, representa la secuencia siguiente: escondiéndose detrás de la cortina de la ventana, se pega al cristal para representar una escena primitiva cuyo «misterio» yo debería adivinar. Hace que se hinche la cortina delante de mis ojos que deben sorprenderse al observar el exterior, la transformación del vientre materno. Otro misterio.

Retoma esta escena, como para darme una explicación oral, a nivel de la boca: recorta diferentes tiras de papel de diverso grosor según los miembros de la familia que representan, si ellos mismos han comido más o menos. Porque va a meterlos dentro de su boca, amasarlos uno a uno con agua, subirse sobre la mesa, y desde ahí expulsarlos como mojones. De paso, señala que ha cortado la cabeza de Carolina una de las niñas de la casa.

Saca punta a un lápiz y dibuja *(dibujo 12):* una especie de camino largo, flexible y replegado, súbitamente, con pinchos que golpean el espacio que él rodea. Coloca la hoja contra su mejilla

y yo me doy cuenta cómo con ello ha sentido el pinchazo de los
pelos de papá. En un acceso de fuerza no controlada, hace que
pase de una parte a otra de la hoja la punta de su lápiz. Inmediatamente Didier deja el lápiz clavado en la hoja y considera que
ha fabricado un avión.

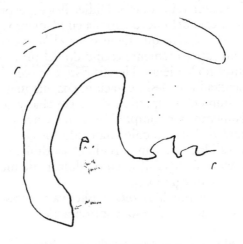

Dibujo 12 (Marrón)

Esta sesión nos ofrece todavía una posibilidad de interpretar a
un doble nivel el material de Didier. Se trata primero del nivel
«secundario» de la representación de los vínculos con los objetos:
Didier representa las relaciones sexuales que existen entre la pareja de sus padres, pegándose contra el cristal, como para traducir así la transparencia deseada de la pared de la habitación parental y la satisfacción inmediata de su curiosidad. A continuación
representa la formación de un embarazo que me hace ver y la
concepción en cuanto proceso de ingestión alimenticia. Se traga
una gruesa «tira» —que en esta perspectiva representa un gran
pene con el que el cuerpo entero se ha identificado— y se la
amasa para volverla a escupir en forma de una bola, pensando
que, por esa estancia en la cavidad bucal, se ha transformado en
un nuevo estado: el de un bebé listo para salir de un cuerpo como
lo hacen todas sus producciones corporales, sin distinción entre
lo que no es bueno y que debe ser tirado y lo que vale la pena
ser conservado, entre el desperdicio y la vida.

La continuación de la sesión puede interpretarse siguiendo esta misma línea: centra su actividad en una identificación con un padre que posee un «avión» o un pene capaz de representar su papel en la escena primitiva muy presente hasta el final de la sesión.

Detrás de esta interpretación secundarizada del material de la sesión, se sitúa otra que pone en juego el eterno diálogo que tiene lugar entre el Yo-narcisista y el Yo-realidad.

Es solamente en mi mirada que debe ocupar un lugar la percepción de una profundidad plena de «misterios», inflados bajo el vínculo que se instaura —no solamente entre la pareja sexuada de padres— sino entre el Yo-realidad y el objeto. Este vínculo que es a la vez creador y creación, el Yo-narcisista cuya organización está aún mal separada del Yo-realidad es percibido como punzante. Ese hinchamiento debía irritarme los ojos como pincha la piel de Didier. La capacidad de dibujar y de representar en una permanencia lo que el Yo-narcisista no puede captar, certifica la interiorización por Didier de mi propia capacidad de mirar. Todo sucedería como si esta última se construyera para Didier en cuanto «tela de fondo» —la hoja de papel— sobre la que se dibujaba la escena que acababa de representar ante mi.

La superficie de las representaciones que solamente se inscriben en un espacio de dos dimensiones, se diferencia no obstante de las representaciones de superficie que Didier expresa primero ante mi mirada, pegado al cristal, como si formara parte del ojo que mira, incapaz de ver él mismo lo que muestra. Esta construcción de un fondo de las representaciones a partir de la concepción y de la retención de apariencias, que estarían por otra parte sin mantenimiento y fluctuantes como «formas blandas» (F. Tustin, 1984), nos introduce al mismo tiempo en el corazón de la comprensión del mecanismo de la defensa maníaca. Lo que Didier representa ante mí participa esencialmente del aspecto bidimensional de la máscara: una máscara a la que no se incorporaría ninguna profundidad, y que solamente sería «transportada» por la mirada que pongo en él. Es así como Didier puede mimar el juego del punzón sin pincharse. En sus «vuelos maníacos» puede representar el que se desengancha de la gravitación terrestre sin experimentar la angustia de cualquier caída. El que asiste a este «espectáculo» es el que tiene que darle un sentido y cargarlo, como consecuencia, de las angustias que se le asocian. Cuando Didier representa el hinchamiento de la cortina ante mi mirada, él mismo no se siente «hinchado» de nada. No lleva nada. Toda significación es rechazada como un desperdicio, como las bolas de papel que escupe en la papelera. Me toca a mi recoger la significación despreciada y apreciarla, sabiendo que pone la expresión de despreciar también mi aprecio.

La finalidad de todo este proceso es la de permitir igualmente que se instaure una escisión mejor entre el Yo-narcisista y el Yo-realidad, de tal forma que Didier confirme la seguridad de que le es posible estar acompañado de cualquiera que lleve permanentemente, en su lugar, el peso de la realidad. Cuando una duda se instaura en él a este nivel, su defensa narcisista se siente agujereada —como la hoja de papel— y vuelve a montarse inmediatamente en su avión maníaco. Abandona la tierra con sus pinchazos, y levanta el vuelo. El recortar la hoja de papel revela de este modo que ésta no retoma solamente la función psíquica de fundar una distancia (a medida de la anchura de las tiras de papel recortadas como yo lo ponía de relieve más arriba), entre la realidad de la cosa y su representación, sino que funda también una distancia entre el Yo-narcisista y el Yo-realidad. Cuando la hoja es agujereada, el Yo-realidad pierde su base de apoyo mientras que el Yo-narcisista pierde su envoltura protectora. Sólo le queda a Didier transformar todo en un vuelo maníaco fuera de la esfera, o la distinción Yo-narcisista y Yo-realidad que toma un sentido.

En esta perspectiva es como uno se encuentra en el juego maníaco, como en el reír de los cerditos de la historia, una representación evanescente y sin peso, a menos que el Yo-realidad, que la observa, la recobre. Entonces se construye de nuevo un plano de representación, que da a esas huellas de superficie el estatuto de una apariencia vinculada con los hilos invisibles de una profundidad dotada del calor de una corriente pulsional.

El rechazo de las tiras amasadas en bolas reenvía, en esta perspectiva, no solamente el deseo de cortar —como la cabeza de Carolina— el vínculo entre los dos Yo, sino también el de aplastar —como los elementos de vinculación del coche, en la sesión veintinueve—, esos mismos elementos de vinculación en el interior del Yo-realidad. Entonces se transforman en elementos para escupir, de la misma forma que las partes del coche solamente podían expulsarse en un haz evanescente.

Aquí incluso pienso que la formulación de las interpretaciones debe seguir la expresión de una secundarización de superfi-

cie que tiene en cuenta el nivel del conflicto narcisista subyacente. Así es como se pueden hacer pequeñas puntualizaciones
con valencia significativa bastante amplia, permitiendo al niño
sentirse él mismo referido a dos niveles de funcionamiento de su
vida psíquica. Es posible decirle, por ejemplo: «¿Te das cuenta de
lo que sucede?» (cuando me muestra de forma unilateral el hinchamiento de la cortina), «¿en qué se va a convertir eso?» (cuando
escupe sus bolas), «eso pinchaba mucho por eso ha desaparecido»
(cuando hace el avión). Esas puntualizaciones le ayudan, desde
mi punto de vista, a disminuir la amenaza de lo «punzante» interpretativo, porque el Yo-narcisista no se siente perseguido por
los colmillos del lobo (la boca del analista a menudo se vive en
su concreción como la de un lobo que va a morder al niño). Solamente en esta medida el Yo-realidad puede reconstituir el universo que es el suyo, el de los vínculos.

La línea continua, tal como está trazada en el dibujo de Didier, reenvía primero al Yo-narcisista y a la necesidad de la presencia continua del objeto con el poder de ser totalmente inconsciente de su existencia. Pero esta línea continua reenvía
también al modo de identificación adhesiva con el objeto: el objeto es percibido como una superficie de continuidad por un Yo-
realidad todavía mal diferenciado de la periferia del Yo-narcisista.
Pero a diferencia de este último, cuando la continuidad del Yo-
realidad se rompe, puede situar un sistema de vínculos que reconstituye esta continuidad mientras que el Yo-narcisista —cuya
influencia sobre el funcionamiento del Yo-realidad aún no es despreciable— es despojado de toda concepción según la cual la su-
pervivencia es posible fuera de la presencia de un objeto cuyo status, como consecuencia, jamás es reconocido como tal.

Esas reflexiones se aplican también a las observaciones que rea-
lizamos aquí. En efecto, lo «punzante» de las pulsiones y particularmente de las pulsiones orales, es por excelencia lo que fisura
la percepción de una continuidad de superficie. Pero la integración de esta fisura, el hecho de sentirse siempre a sí mismo a pesar de la fisura, trabaja en el sentido de la constitución de los
vínculos. La piel se suaviza. Ahora bien, otra corriente la recupera. Se trata de aquel que lleva consigo un efecto inverso al anterior: en lugar de que la piel integre en ella lo que rompe su continuidad, y de este modo se transforme, ella impone —querién-
dolo aplanar y dar un carácter adhesivo a lo que no lo es— su
carácter de continuidad sin falla a lo que quería dominar. En lu-

gar de calmar la virulencia de las pulsiones orales, semejante proceso desemboca en su efervescencia.

Otra manera de expresar la cosa, más simple pero muy restrictiva en relación a lo que quiero elaborar, sería decir que la piel continente está aún frágil para retener las pulsiones orales. Pierde así su carácter de continencia para dar lugar a una actividad oral continua que nada puede detener. En todos los casos se trata de las relaciones entre una adhesividad puesta al servicio de la constitución de una piel —lo que pertenece a nivel del Yo-realidad— y de una adhesividad que, utilizada como defensa, aplasta a este último.

Así Didier, en este punto, representa al ogro de forma desenfrenada; todo vínculo de sentido que pudiera emerger —tal como un pelo «que pincha» sobre la piel— es inmediatamente rasurado. La función de los dientes que debería permitir, a nivel psíquico, que aparezca una escisión en el Yo, entre el Yo y el objeto y entre las cualidades del objeto, es aplastada de esta forma. Esto está bastante bien expresado por Didier durante la *sesión treinta y dos* en el momento en el que se protege por un vuelo maníaco contra la subida pulsional asociada a la percepción de los límites que le impone la realidad. «¡Empuja de ahí!», había dicho al cristal.

> Durante esta sesión intenta reconstituir un pequeño rincón regresivo: se tumba sobre el diván dándome la espalda, después de haber dicho que era un avión que vuela, o más bien que planea, en ese lugar. Se ha construido una barrera que le separa del resto de la habitación y hace como si durmiera con su muñequita. Ahora bien, acompaña su pseudoadormecimiento con una mecedora particular que sirve para repetir —desde mi punto de vista— la barrera que se ha constituido para proteger el reposo de su Yo-narcisista: canta sin cesar, es decir, sin permitir el menor fallo de dejar pasar lo «punzante» de la realidad, que sería en ese momento la realidad de su apetito: «¡Te llevo en la sangre León! ¡Te llevo en la sangre León!...»

La continuación de la sesión permitirá asociar ese «León» a un «león» que, por el fulgor de su apetito, empuja a Didier a refugiarse de nuevo en el diván. Pero ahí, hay una reacción claustrofóbica y envía a pasear a la muñeca por la habitación, como si este objeto le evocara una situación en la que se ahogaría en el interior de una piel convertida en perseguidora.

La repetición cantada, la formación de un ritmo más o menos

golpeado o murmurado e insidioso forma parte del arsenal de la defensa maníaca que de esta forma sirve de continencia primitiva para cicatrizar las heridas experimentadas por el caparazón del Yo-narcisista.

Veamos aquí cómo la aparición de los dientes en cuanto elementos duros y punzantes susceptibles de pinchar al Yo-narcisista, es recuperada por la de una función adhesiva que los mete «en la piel». Como consecuencia, si el fulgor del león es más inofensivo, la excitación de la piel, por el contrario, corre el peligro de tomar del león su primera función de paraexcitación. Al final de la sesión, Didier lanza lejos todo objeto que le recuerda que no está en su refugio narcisista absoluto, sino en un objeto que pretende llenar esta función y que le amenaza, por ello, con atenazarle como entre los dientes de un león. Ese león que ha pasado dentro de la piel, transforma momentáneamente toda situación de envoltura en una amenaza en la que se asocian los aspectos angustiantes de la adhesividad y de la fisura; una fisura o una picazón continua de la que solamente se podría deshacer por la regresión más absoluta en el seno del Yo-narcisista. Este aspecto de las cosas debe constituir un elemento importante de toda situación claustrofóbica.

No obstante, la evolución de las sesiones pone en evidencia una transformación positiva de la integración de la adhesividad y de la mordedura, de tal forma que el sentimiento de identidad obtenido por la cohesión de elementos en continuidad, se transforma: la percepción de la identidad propia permanece, a pesar de la intervención de una discontinuidad asociada con la fisura. El juego que se instaura entre los dos permite a la piel tener una suavidad y constituir de este modo una verdadera envoltura continente. La actividad gráfica de Didier da testimonio de que proporciona otro sentido a su cantinela: «¡Te llevo en la sangre León!» Vamos a ver cómo los dientes penetran la línea continua de la piel para llegar a la sesión treinta y cinco y situarse en la envoltura continente. Es solamente ahora, me parece, que el bosquejo de un mundo interno a nivel del Yo-realidad se hace posible y que la escisión entre los dos Yo se instaura con más solidez. El aspecto duro y cortante de los dientes no está verdaderamente integrado «dentro» de la piel para darle a ésta una cualidad: la de separar el adentro del afuera del Yo, sin perder su suavidad y su continuidad.

La actuación maníaca de una perpetua fisura se traduce a todos los niveles: todo lo que se mueve se muerde; la menor emisión de mis palabras se gratifica con un «¡cállate!» inmediato; juega al ogro que, buscando la «carne fresca» va a comer con su pareja una sarta de niños. Solamente el pequeño Pulgarcito puede hacer fracasar esta pulsión dándole de comer piedrecitas: semejante es también el papel de esta oralidad-anal que empuja a Didier a comer los mojones de su nariz mirándome de frente a los ojos y lanzándolos: «¡Levanta la cola y después se va!» repitiendo mis palabras cada vez que hablo, de esta imitación del escupitajo.

Empiezo a retener mejor mis palabras detrás de mis labios o «detrás de mis dientes» y, en la *sesión treinta y cuatro,* aparece en su actividad gráfica *(dibujo 13)* la conjunción sobre una misma hoja de la línea continua, curva, suave, y la discontinuidad ya no de puntos o de pinchos, sino de ángulos, de «dientes de sierra» que se unen o empiezan a ser incluidos en la curva. La «piel de León» integra las puntas y transforma así lo que agujerearía la continuidad de la hoja en su concreción, o de la línea —que no obstante se curva ya en un «ángulo suave»— en un escalonamiento, un aplanamiento de la punta que confiere a ésta última un carácter lineal. Esto produce líneas en zig zag que se aproximan a la línea continua. Un bastón en lo alto del dibujo forma un vínculo entre la línea de los dientes y la de la curva. Indica

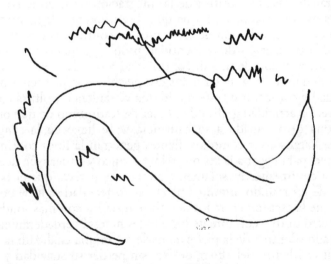

Dibujo 13 (Violeta)

cómo la integración es cruzamiento de dos elementos o de dos caracteres diferentes. Y asistimos de esta forma a la coexistencia del carácter primero de la curva, y de su aspecto transformado por la integración de lo punzante. Esta coexistencia da nacimiento a un principio de interiorización representado por el trazo que ocupa en el espacio de la curva, y nos invita a pensar la relación y la diferencia entre los procesos de asimilación y de incorporación. Con la asimilación de los elementos punzantes en los elementos suaves y continuos, se opera una transformación en el Yo-realidad que permite que la piel se constituya en cuanto barrera más sólida que la película primitiva, pero también más suave que el caparazón del Yo-realidad. En consecuencia, permiten la coexistencia de dos mundos y se instaura en cuanto barrera de escisión y, más tarde, de represión entre estos últimos. Mantiene pues una dualidad y reúne los elementos, manteniéndolos a distancia. En este sentido es en el que instaura un espacio de continencia y un juego entre el adentro y la periferia. En sus principios, pienso que la relación entre el adentro y la periferia es de doble sentido: se trata de un elemento frágil protegido por un contorno más sólido, que reproduce el esquema de representación del Yo-narcisista; pero al mismo tiempo se trata del paso al nivel del Yo-realidad, de la interiorización de un elemento duro que sirve de futura columna vertebral o de centro organizador sólido, a los elementos más frágiles situados en su periferia. Es lo que a menudo se ha descrito como el paso del mundo de los invertebrados al mundo de los vertebrados.

Es interesante considerar cómo la envoltura puede convertirse en un orificio enteramente dentado *(dibujo 14)* antes que reintegrar la diferencia entre la línea suave y la línea quebrada, una ocupando al final el interior de la otra *(dibujo 15)*. Didier se pone entonces a cortar los ángulos de la hoja como si la mordedura y el pinchazo de la pulsión, debiera retomar la concreción ante la percepción de una envoltura cerrada.

En la *sesión treinta y cinco,* la intensidad ardiente de la defensa maníaca se acrecienta en la medida, diría yo, de la cerrazón del Yo-realidad cada vez más sobre sí mismo. Esta capacidad constituye un ángulo que tropieza con el Yo-narcisista. Todo aquello que limita el sentimiento de una expansión infinita de este último, le hiere. Por ello, el desarrollo del Yo-realidad y de sus capacidades, debe realizarse con las precauciones que ponen a distancia al Yo-narcisista de estas percepciones.

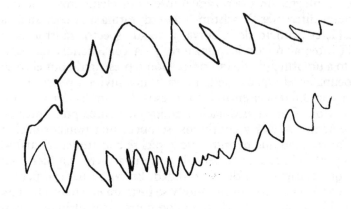

Dibujo 14 (violeta)

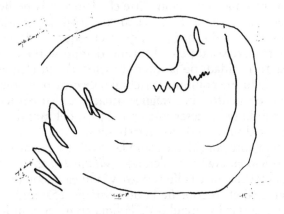

Dibujo 15 (Violeta)

Así, en esta sesión treinta y cinco, mientras tiene la actitud de un ogro y de una excavadora, mientras lanza gritos estridentes y golpea con sus pies sobre la puerta, no hace nada: su Yo-realidad prosigue su trabajo y, después el *dibujo 16* que retoma los elementos anteriormente descritos del pliegue, del hueco que empieza a insertar un trazo, del vínculo dentado, Didier produce finalmente *(dibujo 17),* un continente cerrado con un nudo y que llenan no solamente las líneas quebradas de los elementos pun-

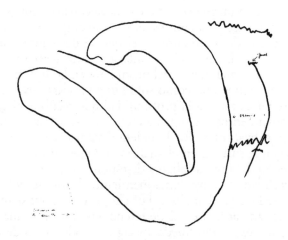

Dibujo 16 (Amarillo-Naranja)

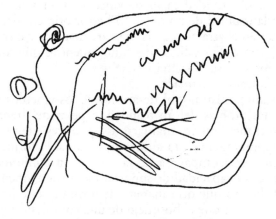

Dibujo 17 (Amarillo-Naranja)

zantes, sino también un repliegue amarillo en la parte de abajo. El dibujo entero es naranja. El color amarillo traduce la excitación que quema a Didier cuando semejante movimiento de integración aparece. Pero la capacidad de expresar gráficamente por medio de un color, en lugar de hacer que explote por una agitación maníaca, es ya una manera de contenerla.

¿Por qué esta misma continencia lleva consigo semejante excitación? Todo sucedería como si el vínculo empezara a hacerse ardiente a partir del momento en el que su desmantelamiento ya no era posible. La reacción maníaca es una reacción que desmantela el funcionamiento del mismo Yo: en la superficie del Yo-narcisista se representa, como sobre una máscara cuyas expresiones no se vincularían a la profundidad que recubre, el conjunto de los movimientos que normalmente serían la consecuencia de pulsiones subyacentes. En la defensa maníaca, lo que mima el niño pretende suscitar en el analista el despertar de pulsiones de las que el Yo del niño se aligera de esta manera. Se trata también del Yo-realidad, de cuyo funcionamiento el niño se descarga haciendo que lo lleve el analista. Por ello, la contratransferencia del analista es tan «ardiente»: debe retener en él mismo una pulsión que ninguna expresión puede apaciguar. Todo deseo de vinculación con un elemento externo se quiere oponer con la finalidad de no recibirla por la máscara maníaca que le protege del Yo-narcisista. El niño —o el adulto— en este estado rechaza ser el poseedor de un Yo-realidad capaz de vincular su movimiento pulsional con la realidad de un objeto. El error primero del analista es el de caer en el atractivo de la máscara maníaca y creer que es un objeto para el Yo-realidad del niño, mientras que solamente tiene relación con su Yo-narcisista.

Esta es la trampa maníaca.

No obstante, asistimos al desarrollo de los vínculos y de las integraciones propias del Yo-realidad, a pesar del frenazo que constituye el movimiento maníaco. Es entonces cuando la percepción de una quemadura aumenta, como si la formación de todo vínculo se acompañara de la formación conjunta de un continente cuya capacidad de soportar ese mismo vínculo fuera aún frágil. Pienso que otra manera de formular este fenómeno es la de considerar que el bosquejo de una continencia o de una vinculación de la pulsión, somete a ese vínculo a una fuerza que está en el límite de la suya propia. La formación de un vínculo permite contener lo que él suscita en un estado de equilibrio frágil.

En la sesión siguiente, la *treinta y seis,* asistimos a la aparición de un cruzamiento en forma de raíles *(dibujo 18),* y este elemento constituye tal progreso en los procesos de vinculación que primero lo dibuja solamente en amarillo, por el calor que suscita. En seguida será borrado de sus dibujos durante numerosas sesio-

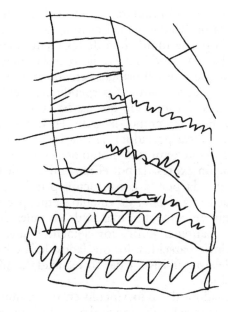

Dibujo 18 (Amarillo)

nes, y solamente reaparecerá ocho meses más tarde para integrarlo de forma permanente en la constitución del continente.

Precisa que un grueso estómago no es un vientre; después se desenfrena: rueda su cabeza sobre el diván, como para encontrar un apaciguamiento. Pero no puede permanecer dos minutos en el lugar. Grita, golpea los pies contra el muro. Vocifera que no es él el que se encuentra «en la pecera», y parece que designa el lugar que se encuentra detrás de la pared del muro. Se parapeta en el diván como para encontrarse precisamente en semejante pecera. Esgrime una muñeca-lobo diciendo: «¡No hable del lobo!» Después juega al ogro comiéndose los mojones de su nariz.

Súbitamente se levanta y toma la abrazadera que retiene la cortina para ponerla alrededor de su cuello. Dice que es su corbata, y va en seguida a jugar a hacer con ella los molinetes en la habitación rozando en su excitación el borde de mi falda e intentando producir un viento que la levante.

Después dibuja esta corbata dándole la forma de una escalera posada sobre un continente dentado alrededor del cual forma una torre y precisa que esa torre es también él «como la corbata», dice.

A través de este dibujo captamos cómo la función de vinculación le lleva a la de la adhesividad cuando la continuidad de la
piel está cortada por la mordedura de los dientes, así como Didier lo expresaba cuando decía: «Te llevo en la sangre León.» El
vínculo-corbata que rodea al orificio dentado es el mismo que la
escalera que, vertical, se mantiene perpendicularmente a este orificio. Una pareja se ha formado que asocia la forma fálica de la
escalera y el orificio femenino dentado, en horizontal. Pero el
bosquejo de esa pareja portadora de una excitación ardiente en
su cruzamiento —que retoma el dibujo de la cruz en alto a la derecha— (excitación expresada por el movimiento de los molinetes), está subtendida por la constitución primitiva de un elemento duro que toma el valor de vínculo ya que permite (a nivel
de la escalera que se convertirá más tarde en raíles de tren), a la
vez separarse y mantener juntos los elementos que, por el momento, son todavía parecidos: los dos lados de la escalera, como
las dos pieles del Yo-narcisista y del Yo-realidad, lo mismo que la
del *Self* y del objeto.

La cruz fundadora de todo vínculo en un mundo tridimensional, porque mantiene un movimiento de interpenetración,
permite que se bosqueje un desdoblamiento en el Yo-realidad entre el Yo y el objeto, como lo representa el *dibujo 19:* una línea

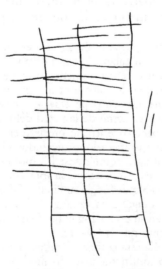

Dibujo 19 (Amarillo)

mediana separa dos escaleras en una pared medianera y las barras, elementos de sostén y de vinculación, perteneciendo, en el presente, a cada organización en curso de separación.

Tal es el punto culminante que Didier va a alcanzar, por el momento, en lo que se refiere al soporte que la representación gráfica aporta a la constitución de su Yo-realidad. Hará falta esperar una quincena de sesiones antes de que el grafismo salga de una decadencia en la cual aparentemente va a enligarse: se trata de una desorganización que pone en latencia los elementos trabajados hasta aquí, con la finalidad de una reorganización futura. Ese tiempo de latencia es primordial y equivalente a una especie de digestión de los elementos nuevos. La particularidad del proceso en curso es que él mismo pone en reposo lo que se hace manifiesto, para proseguir su curso de forma escondida. Por ello, seguiremos su evolución en otro plano distinto al grafismo.

La concepción de un doble espacio y de un espacio escondido, lleva consigo una curiosidad «ardiente»: la cubeta de la que quiere sacar el agua para «refrescarse» ella misma estaría «ardiente». Quisiera todavía retener ese movimiento pulsional bajo la red de un grafismo, pero pronto se siente desbordado y murmura a un niño imaginario, que vendría a perturbarle en el momento en el que él quiere hacerse el «grande»: «¡No me molestes Didier!». Escucha cuando quiere tocarme el vientre o los pechos, —y yo lo escucho con él— una voz interna que todavía le cuchichea: «¡No hagas eso Didier!»

Esta restricción de su libertad pulsional que sale de una auténtica voz superyoica en él, retoma el trabajo de limitación de su espacio de juego representado por sus dibujos: la corbata —por añadidura paterna— rodea el orificio dentado. En el interior de un continente (sesión 35) los bosquejos de objetos internos flotan de forma desorganizada. Es así como los fragmentos de frases vienen del interior de Didier, para recordarle la presencia de un parecido objeto interno que da a su Yo-realidad la permanencia de una estructura, que no se deja fácilmente borrar.

Didier empieza a desarrollar una actividad oral castradora: empieza por la mordedura de la pata de una pequeña cebra, pero se prodigará cada vez más durante meses de tal manera que no le queda nada que sobresalga (cola, patas, cuernos...) en el conjunto de los animales de su caja.

La misma existencia de esta solidez acrecentada en la organización del Yo-realidad desencadena un crecimiento conjunto de la defensa maníaca. He subrayado ya que a la encapsulación pulsional correspondía el encapsulamiento del Yo-narcisista, inconsciente en su fragilidad de la existencia de cualquier límite, y reposando enteramente sobre la invulnerabilidad de su caparazón. El Yo-realidad es por definición una organización que permite, gracias a un apuntalamiento en superficie, después en profundidad sobre el objeto, constituirse una piel en la que los constituyentes complexifican poco a poco su textura, de tal forma que se encuentra en condiciones de contener la animación de los movimientos pulsionales. Cuanto más importancia toma la organización del Yo-realidad frente al Yo-narcisista, el peligro de desbordamiento pulsional «ardiente» está más presente, no tanto —como ya lo he subrayado— para el Yo-realidad en sí mismo, sino para un Yo-realidad que asume como si fuera suya, la angustia del Yo-narcisista que no está en condiciones de vincular ningún movimiento pulsional. Por ello, la llama maníaca llega a su mayor actividad cuando asistimos a la construcción progresiva de la estructura del Yo-realidad.

La reacción maníaca perderá su importancia, cuando una escisión se haya instaurado mejor entre los dos Yo, y cuando una jerarquía de funcionamiento solicite de golpe al Yo-realidad antes de que el Yo-narcisista haya sido alcanzado durante la instauración de un nuevo vínculo entre el Yo y el objeto. En mi experiencia, semejante decadencia solamente llega muy tarde en una cura, si llega. Lo que quiero decir es que la llamarada maníaca, y lo que ella implica de la tendencia del Yo-narcisista a que prevalezca su modo de ser sobre el del Yo-realidad, está siempre presente quedamente. Aunque el trabajo analítico le haga pasar sobre la prevalencia del Yo-realidad, podemos pensar que —semejante material reprimido como Freud lo ha puesto en evidencia— su mantenimiento en segundo plano del Yo-realidad exige de este último un gasto de investimiento no despreciable. Veremos al final del tratamiento de Didier, que un conflicto es siempre posible entre las dos organizaciones psíquicas, y que la defensa maníaca amenaza siempre con aplastar un Yo-realidad cuya fuerza y la complejidad no tiene medida común con la que poseía al principio.

Las sesiones, hasta la cuarenta y ocho, están ocupadas por una inflación de las pulsiones orales canibalísticas: Didier tiene una actividad de mordedura incesante. Todo sucede como si el refugio en el cual se metía para evitar su contacto, fuera recuperado por ellas. Así, si juega a volar en un avión que le llevaría hacia el cielo, o si se refugia en un pequeño escondrijo detrás de las barricadas, las tijeras, los dientes del cocodrilo, las garras del gato vienen a despertarle y a hacerle caer.

Pongo de relieve, a pesar de todo, que aparece la idea de un tobogán que suaviza la brutalidad de la caída de los choques maníacos en las realidades terrestres.

En la *sesión cuarenta y ocho* aparece el concepto de «depósito de lana». Es una imagen que tiene un valor en sí misma. Está allí para dar sentido al garabateo con el que recubre el dibujo, cuando no constituye una actividad gráfica en él mismo. Ese «depósito de lana» puede ser pinchado en un punto que transforma el movimiento giratorio de la lana en el de la hélice de un helicóptero. Eso permite nuevamente al niño, encerrado en su capullo, mezclar en un mismo acto fundado en un movimiento giratorio, la formación de un caparazón que coagula ese movimiento, y la abstracción fuera de toda pesantez gravitatoria.

Aporto los elementos de la *sesión cincuenta y una* porque retoman, profundizándolos, los elementos de las sesiones anteriores, y desembocan en la recuperación de un grafismo que libera la estructura de lo que se convertirá en el dibujo de un hombrecillo, tal como lo presentaré en el capítulo siguiente.

Dibuja de golpe *(dibujo 20)* un «avión», dice, pero lo hace cuadrado como una casa o como un coche, lo dota de ruedas. Una de ellas es más grande que las otras y, si se le da una posición vertical al dibujo, se ve que súbitamente representa el bosquejo de un hombrecillo pillado por la parte de abajo del coche. Él puede

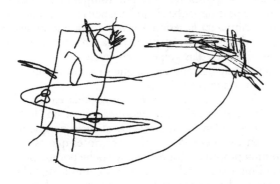

Dibujo 20 (Azul)

considerar que solamente un poquito de ese avión se ha estropeado, así no estallará enteramente.

Asocia el humo que sale del avión con el «depósito de lana» del que me habla en cada sesión.

Toma las tijeras y corta agresivamente una hoja de papel; todo estaba asociado a un ataque del vientre materno —en la realidad su madre esperaba un bebé. Piensa, no obstante instantáneamente, que él tiene otro vientre, «completamente nuevo»; de este modo los resultados de su violencia fueron inmediatamente borrados. Es la primera vez que le he visto efectuar tan claramente semejante escisión.

Sin embargo, niega totalmente que eso es él que va a nacer, y cuando dice: «¡Dentro de cuatro meses, algo va a separarse!», tiene muy bien en su cabeza que es él el que va a nacer en el centro de este acontecimiento. Evoca su aniversario.

Cuando emerge una duda en su mente, se precipita hacia el cubo de agua y empieza a lavarse la cabeza, o más bien «los pensamientos», como dice. Percibo bien que solamente utiliza el agua para tranquilizarse con la limpieza. Esta es tan radical, que así puede decir él mismo que ya no tiene pensamiento y que entonces es ¡«fuerte»!

Llama a la servilleta con la que seca su «¡meu!», después retoma, de forma compulsiva, una actividad de «limpieza» —secado... y yo pongo fin a esta repetición. Entonces mete la cabeza debajo del hule lanzando alaridos.

Finalmente emprende un juego: el autobús representa a un avión que conduce el padre; la madre está al principio situada al lado, después detrás de él. Expulsa en seguida a la pareja de padres y se representa en forma de perrito pequeño que conduce solo este «avión». Debajo de este avión se encuentra una «aguja»: es un lápiz clavado en la parte de abajo del autobús. Empieza a hacer «danzar» a este «avión» sobre su «aguja». Pero el salto repetido sobre la punta termina por romperla. El movimiento del avión que pasa de arriba abajo hace pensar en el choque de la realidad, y empezará la sesión a partir de ese momento, no con un «buenos días mojón», o «buenos días mi abogado», sino con un sonoro «¡buenos días golpe de choque!»

Juega a este descenso, en el que su avión-autobús cae sobre las tijeras que están sobre la mesa.

El lápiz-aguja se transforma en seguida en un tubo que permite llenar el «depósito de gasolina», y ya no de lana. De este modo, descendemos cada vez más al suelo porque todo se transforma en un coche de limpieza, como el que está en las calles. Pero muy pronto desconfía de este coche porque podría proceder a una limpieza radical —tan radical como la que él efectuaba en su cabeza: el tubo podría llegar a aspirarlo a él mismo. No obstante, cada vez se mantienen más cosas bajo el coche.

El «golpe de choque» que retoma el dibujo es el que instaura el cruce del avión y del autobús, como en su juego, el de la aguja y el autobús. En la condensación extrema que contiene ese dibujo, podemos observar que la plantación de las agujas en la parte de abajo del autobús, corresponde a la formación de dos brazos sobre el cuerpo de un hombrecillo cuya cabeza está constituida por la calle delante del coche, y la columna vertebral por lo que sería el techo del vehículo.

El «golpe de choque» es el que reciben las defensas maníacas cuando no frenan ya el impacto de este mismo golpe de choque sobre la defensa narcisista.

El lado del avión que ha recibido el «golpe de choque» corresponde al lado del coche que forma su base. Cuando el Yo-narcisista toma contacto con la realidad y resiste a ese «choque», se transforma en un Yo-realidad que debe integrar la energía residual que se consume en parte cuando establece ese contacto. Es la inercia de la pared continente que provoca ese «choque». Por ello, de la misma forma que el avión debe poseer un margen suficientemente grande en tiempo y espacio, antes de pararse totalmente, de la misma forma, el Yo-realidad, animado por semejante densidad motriz, debe apuntalarse sobre un continente suficientemente flojo para que la percepción de un límite demasiado rígido no le hiera de forma traumática. La turbulencia maníaca es —como lo he sostenido más arriba— una forma vacía, mientras que el analista se hace el portador de las pulsiones que podrían llenarla. Si el analista no juega el juego maníaco, si no se mueve y si encarna de esta forma esta fuerza de inercia representada por el suelo para el avión, el Yo-narcisista empieza a transmutarse en parte en Yo-realidad y la forma vacía empieza a llenarse de las pulsiones que no hacía más que mimar. Pero, lo mismo que el contacto con el sueño debe hacerse suavemente en un proceso de frenados autorregulados, de la misma forma la relación entre el analista y su paciente debe permitir que una parecida autorregulación se instaure y que el paciente vuelva a tomar posesión de su bagaje pulsional.

En un estudio anterior (1987) he subrayado que la adquisición de la verticalidad psíquica se construye a partir de la interiorización de un fondo para las percepciones, que se convierte en una base horizontal de apoyo. Así, la base del coche se convierte aquí, a la vez, en el soporte de ramificación de dos líneas perpendiculares que dan la dirección vertical, y la línea vertebral de un cuerpo erecto sobre un lado del ingenio. El avión maníaco podía muy bien adoptar una posición vertical pero, para hacerlo, no se apoyaba en nada. La restricción impuesta por las coacciones terrestres obliga a apoyarse sobre un elemento —en principio móvil, como el coche, para que se conserve *a minima* la ilusión de un objeto cuyos movimientos se adhieren a los del *Self*—, inmóvil después.

El aspecto inerte del continente es lo que provoca el «choque» de una diferencia de organización. De la misma forma, la inercia de un Yo-narcisista que percibe la autonomía de movimiento del Yo-realidad o del objeto, reconocido por ello como extraño a su mundo, lleva consigo este mismo «choque» de la diferencia. Todo proceso defensivo a este nivel, pretende borrar la autoorganización del Yo-realidad y del objeto con el que está en relación. Esta autoorganización se manifiesta por una ausencia de perfección en la sincronía del ritmo de vida de los dos Yo.

Retomo aquí el comentario de esta sesión cincuenta y una. Vemos que el «depósito de lana» —que se convertirá al final de la sesión en un «depósito de gasolina»— está constituido por un hilo de humo que se enrolla sobre él mismo. La referencia a la producción maníaca de una autocontinencia es pues directa. En esta perspectiva el concepto de «golpe de choque» solamente sigue un poco al de «depósito de lana»: es en este depósito en el que se han coagulado los pinchazos del lápiz, de la misma forma que la elevación narcisista ha sido alcanzada por el peso de la gravitación terrestre. En el momento pues en el que una amenaza de transformación aparece, aparece al mismo tiempo una defensa que puede amortiguar el «choque». El «depósito de lana» permite que el avión —o el Yo— no «arda».

Didier llega pronto a desviar sobre una relación de objeto lo que ocupa de forma subyacente el campo de la dinámica intrapsíquica entre los dos Yo. No es otro el que ocupa el centro del «depósito de lana», o del capullo constituido por el vientre materno, es él mismo. Toda salida fuera de este lugar le hace caer por debajo de una ilusión maníaca según la cual él no es otra realidad que la del Yo-narcisista. La perforación impuesta por la realidad que «choca» el avión, se percibe como una intrusión de láminas violentas en el interior de un capullo: esas son las puñaladas con las que Didier golpea el vientre. Antes de ser la traducción de un ataque contra el otro, esas puñaladas son la manifestación del trauma vivido por el Yo-narcisista, que continúa pretendiendo que el objeto no es más que un simple capullo enroscado alrededor de sí mismo. El cambio radical de perspectiva que daría un sitio al objeto y depositaría el avión en el suelo debería acompañarse del pensamiento según el cual el capullo ya no es una autoproducción, y que tiene en él los medios de vivir sin él. Como consecuencia, ese mismo capullo puede abrigar otra vida distinta a la suya.

Semejante pensamiento es para «lavar» con el fin de preservar la unicidad del Yo-narcisista. El ciclo obsesional que entonces toma un lugar, me evoca el del hilo del «depósito de lana» que se enrolla hasta el infinito al servicio de su inmovilidad. Por ello, le pido detener este ciclo. Semejante intervención es una actuación que solamente utilizo para centrar otra actuación. Si no intervengo, vive mi mutismo como una prueba de mi incapacidad real de intervenir. Sin embargo, pienso que ese tipo de intervenciones son para utilizar con parsimonia, y en circunstancias en las que la actuación maníaca se convierte en una actuación obsesiva. Cuando uno se las tiene que ver con una actuación maníaca al contrario, la no-intervención se vive como una puesta en duda de la omnipotencia de la defensa que el niño utiliza.

El juego que instaura al final de la sesión se sitúa principalmente a nivel del Yo-realidad del niño, aunque todo se repita siempre con una interpretación de esclarecimiento narcisista del problema. El avión se vuelve a atar a la tierra por una «aguja» colocada en su base. Golpeando sobre la «aguja», intenta suprimir ese vínculo con la realidad que dirige al avión hacia una transformación en coche. Pero también intenta suprimir lo que «pica» su Yo-realidad cuando percibe la existencia de una pareja combinada, cuya existencia intenta expulsar fuera de su Yo. Solamente quiere conducir su ingenio, o su objeto.

La función de este objeto se transforma, ya que al final concibe la necesidad de la existencia de un resurgimiento energético. Pero la incertidumbre de una escisión claramente establecida entre los dos Yo, como entre la doble utilización de una misma función, lleva consigo el peligro de vuelco peligroso: la fuerza de la aspiración que pretende sacar un consuelo del objeto llenando su propio «depósito», cambia bruscamente de orientación, y se convierte en una fuerza que vacía hasta la muerte ese mismo «depósito». Lo que se ha puesto al servicio del Yo-realidad y a su vínculo con el objeto, se pone brutalmente al servicio del Yo-narcisista. El tubo que nutre se convierte en un tubo que limpia. La misma limpieza radical que vaciaba la cabeza de todos sus pensamientos amenaza ahora con llevarse la misma cabeza de Didier, es decir, su Yo-realidad.

Terminaré la presentación de esta serie de sesiones con el dibujo efectuado en la *sesión cincuenta y dos (dibujo 21)*.

Reconocemos en lo que dibuja como la representación de un avión que recibe lateralmente los «golpes de choque», desembocando así en la formación de un «tubo de riego», la forma erecta del dibujo 20, separado de la base del vehículo con la que se confundía. Esto introduce el dibujo del hombrecillo que pronto aparecerá.

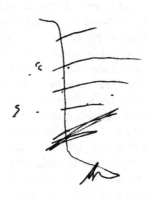

Dibujo 21 (Rosa)

Capítulo III
El nacimiento de una línea de escisión

Sesiones 53 a 95

Esta serie, que comprende una cincuentena de sesiones, debutará con la verbalización de las diferencias y la emergencia del dibujo de un monigote. Ahí se afirmará cada vez más el concepto de plegadura que permite la articulación futura de dos mundos diferenciados. La línea de la plegadura es comparable a esta columna que mantiene erecto el cuerpo del monigote. Confiere a la piel la flexibilidad de su función en cuanto barrera entre el mundo interno y externo. Protege un mundo interno en el cual se instala ahora un núcleo duro, y Didier va muy pronto a llamarme «¡mi abogado!» abordándome en el dintel de la puerta.

Al mismo tiempo que esta progresión del Yo-realidad prosigue, la defensa maníaca causa estragos.

Intentaré describir, sin embargo, el movimiento que hace que Didier pase entonces de un mundo psíquico sin «jerarquía» o sin orientación, hacia un mundo psíquico en el que el sentido de la gravitación se pone al servicio de esta «jerarquía psíquica», en la que las líneas de fuerza organizan no solamente la estructura del Yo-realidad, sino también la relación entre el Yo-realidad y el Yo-narcisista, manteniéndose el primero debajo del segundo pero apoyándose también en él.

En la *sesión cincuenta y tres* aparece el dibujo de un monigote

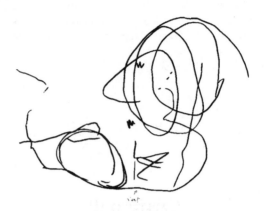

Dibujo 22 (Verde)

(dibujo 24) después de que en un primer dibujo representó *(dibujo 22)* «el camino de Pedro», su hermano mayor, sembrado de velas, posteriormente dibuja *(dibujo 23)* «un castillo».

Captamos cómo el «ovillo de lana», que evoca todavía al principio de la sesión ese arremolinamiento del dibujo 22, se vuelve a encontrar en el dibujo 23 en forma cuadrada de una especie de cometa señalando la puerta del castillo, para, finalmente, con-

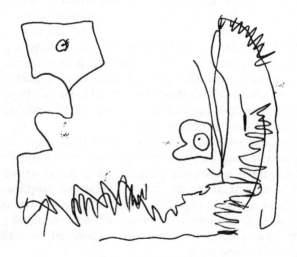

Dibujo 23 (Verde-Rosa)

vertirse en la cabeza del monigote *(dibujo 24)*. Cada uno de esos elementos se sujetan a la tierra, ya sea por una línea vertical —recuperada por la de las «velas»— y horizontal del camino, bajo el arremolinamiento, ya sea el hilo angular de la cometa, o que finalmente sea la derecha dispuesta a clavarse en el suelo (cuyo exterior está desplazado a la izquierda) y a organizar la separación del esquema corporal en dos mitades articuladas una con otra.

Dibujo 24 (Naranja)

Es pues interesante considerar aquí que el frenazo del movimiento arremolinante en espiral ha desembocado en la introducción de una discontinuidad. Todo sucedería como si el bucle de la espiral se aplanara sobre el sueño y retardara de este modo su remontada. Este movimiento se traduce por la marca de una atadura sobre la primera espiral, o por el recorte del camino que frena el movimiento de una bola de la que se percibe el bosquejo. En el dibujo 23 esta curva de frenado es recuperada en un movimiento de escisión izquierda-derecha: a la izquierda se encuentra la subida del cuerpo de la cometa (rosa) cuyo hilo se ata al suelo dentado que prosigue el movimiento descendente de la formación de la derecha (verde). Un cruce de colores se encuentra abajo, mientras que algunos trazos verdes se encuentran a la izquierda y algunos trazos rosa a la derecha. La escisión que se instaura entre las cualidades del Yo y del objeto se repite, con una escisión necesaria, en el interior del mismo Yo: una mitad se mantiene en un estado de pesadez mientras que la otra permanece atada al suelo, a la realidad y a las pulsiones que graban la existencia.

Finalmente en el dibujo (24) la línea de escisión está dibujada en cuanto tal, compartiendo el Yo en dos mitades distintas.

Favorecida por el próximo nacimiento de un bebé en la casa, la concepción de Didier se hace con un continente susceptible de apuntalar la imagen que tiene de su Yo-realidad que se precisa: es un «núcleo», el del «abogado» —nombre con el que me designa—, que forma el centro. Los dibujos efectuados durante la *sesión cincuenta y cuatro* nos ofrecen todavía el ejemplo de un doble nivel de lectura para un mismo contenido manifiesto.

Solamente puede comentar el *dibujo 25* hablando del encuentro violento de dos nubes que hacen truenos, que llevan consigo la muerte. «¡Cuando uno se muere se convierte en polvo!», dice. Y dice que el punto grande naranja de abajo es un muerto.

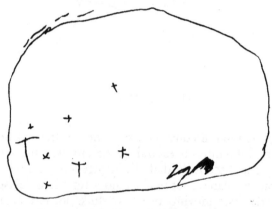

Dibujo 25 (Naranja)

En cuanto al *dibujo 26,* se trata de un árbol del que se ven las ramas, después un helicóptero.

Es fácil comprender cómo, a nivel del Yo-realidad, su fantasía corresponde a la de una escena primitiva que, en lugar de dar la vida, da la muerte. Transforma primero así el continente materno en un pequeño cementerio *(dibujo 25).* Pero en el dibujo 26 vemos, asimismo, cómo un árbol ha llegado a crecer y a resistir el rayo que podría haberlo abatido.

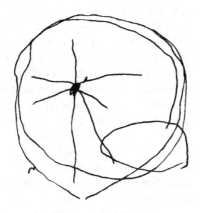

Dibujo 26 (Naranja)

Una interpretación que tiene en cuenta la dinámica intrapsíquica Yo-realidad/Yo-narcisista pone el acento en la formación de las cruces en cuanto huellas de introyección del vínculo entre el Yo y el objeto, permitiendo que uno y otro se constituyan en cuanto entidades separadas. El fulgor del rayo y del encuentro interpenetrante está aquí fijado en la marca de ese cruce. Podemos hacer la hipótesis de la existencia de un núcleo como de encuentro de las dos líneas perpendiculares. Solamente captamos en el dibujo 25 el proyecto de la relación que se establece entre el núcleo y su envoltura, como entre las partes cruzadas. Pero todo sucede como si esos elementos se desarrollaran conjuntamente: algunos trazos que duplican la envoltura continente en el dibujo 25 llegan en el dibujo 26 a formar una segunda envoltura. Se trata primero de un apuntalamiento adhesivo del Yo-realidad sobre el objeto, que se vive como una piel cuya continuidad no tiene fallo. No obstante, en el lugar del nudo es donde la línea continua se cierra, y donde permanece la huella de una cicatriz y también donde se desarrolla el bosquejo de otra envoltura. La observación de los lactantes en familia (E. Bick, 1964, 1968) permite dar toda su importancia a la constitución de la primera forma que toma el Yo-realidad: la de una piel que se apuntala por trozos sobre la continuidad de la piel materna. Las rayas que se perciben en el dibujo 25 reenvían a la existencia de ese proceso, mientras que en el dibujo 26 vemos mejor cómo la envoltura yoica no está so-

lamente constituida con una mejor continuidad alrededor de la
de su objeto, sino también cómo —en una doble perspectiva—
es el mismo objeto el que se encuentra enclavado en una envoltura yoica conservando sobre el costado la huella de su atadura
al objeto primario (cf. la pequeña atadura abajo a la izquierda).

La lectura de los dibujos de niños —como la de los sueños—
puede dar lugar a desarrollos de una infinita complejidad. Pero
se capta aquí la dinámica que hace que se pase de la relación
Yo/objeto a la relación Yo-realidad/Yo-narcisista. Es fácil considerar que este último se toma por el objeto, dado que, para él, el
objeto no existe en cuanto tal, sino solamente en todo lo que corre peligro de hacerle perder una posición de centro a partir de
la cual irradia toda percepción, toda acción, todo «objeto». Solamente todo se hará y se deshará a partir de él. Semejante nudo
del mundo, centro de narcisismo absoluto, podría parecer que no
vive bajo un caparazón. Pero nada ha cambiado, pues si sus
«antenas» lo alcanzan todo, nada que no sean ellas les afecta. En
semejante mundo, donde nada se percibe como una organización
propia, y donde todo se absorbe por el sistema narcisista, con lo
que se mueve de su propia dependencia es rápidamente asimilado en el círculo narcisista.

En el dibujo 25, las pequeñas huellas epidérmicas del Yo-realidad, que se constituyen en apuntalamiento sobre el objeto, pueden considerarse en esta doble perspectiva como elementos del
Yo-realidad que escapan a la organización narcisista de la cual se
despegan, para constituirse en una organización en la que el objeto tiene su lugar. Y en el dibujo 26 puede verse al Yo-realidad
enteramente despegado de un Yo-narcisista que le rodea; el apén-
dice, abajo a la izquierda, recuerda la realidad de esta primera fisura, que le reenvía a la que le separa del objeto. El Yo-narcisista
central, a semejanza de la formación radial de algunas estructu-
ras vivas primitivas, está construido de tal forma que su núcleo
conserva un sentimiento de inmovilidad total. Pero ya he sugerido,
estudiando el dibujo de la araña hecho por Didier *(dibujo 6),*
cómo las patas, esas formaciones radiales, son también los órganos de un despegue reciente en relación con el suelo. Los elementos radiales que encontramos aquí pueden pues aprehenderse
en una doble perspectiva: pueden ser las antenas de un núcleo
narcisista inalterable, o bien los elementos introyectados de un
Yo-realidad que empieza a separarse del Yo-narcisista y que tiene
en cuenta, en ese movimiento, la separación parecida que le man-

tiene a distancia del objeto. Esta separación está mantenida y marcada por la forma oblonga de la derecha de la figura: es un elemento de vinculación que toca las dos hojas del Yo y del objeto, y así la une a las radiaciones centrales.

El doble nombre que Didier da a esta formación central traduce la doble perspectiva que evoco aquí. Si se trata de un árbol, nos encontramos con el ejemplo de un Yo-realidad enraizado en el objeto y formando vínculo entre el mundo interno y el externo. Entre lo alto y lo bajo, mientras que su tronco estaría atravesado por una doble pareja de brazos. Pero se trata de un helicóptero, ese cruzamiento se «recupera» en un Yo-narcisista que se apoya en él para volar por encima de la realidad del enraizamiento terrestre o del Yo-realidad. Con el arremolinamiento y la abstracción fuera del mundo de la gravitación, nos encontramos con uno de los aspectos característicos de las defensas maníacas. Ya no estamos en el mundo del enraizamiento y del vínculo, pero nos servimos de los vínculos para abstraernos. Ahora bien, es un vínculo que no se «recupera» por el sistema narcisista: es la formación de la derecha —una especie de «abogado»— cuya función es la de unir las dos hojas; a cualquier altura que nos haga subir el helicóptero, el peso de esos vínculos le atan siempre a la tierra.

Por ello, el analista no debe «subir en el helicóptero» maníaco y mantenerse en la función del «abogado». Es decir, que no debe ignorar su propia organización narcisista en provecho de la del niño, que tiene tendencia a colapsar las dos. Uno de los medios técnicos para alcanzar este fin consiste en no compartir ni los movimientos ni el ritmo del niño, en la medida en la que éstos habrían surgido de un núcleo narcisista que pretende envolver al analista en su remolino. Resistir a esta inducción (que se apuntala en las identificaciones proyectivas masivas e intrusivas) permite separar al Yo-narcisista del Yo-realidad como en el dibujo 25 o en el dibujo 26, poniendo una distancia entre la ligereza del helicóptero y el enraizamiento del árbol.

Muy pronto Didier es capaz de vincular el núcleo del abogado con los procesos introyectivos: «¡Me como todos los núcleos!» dice *(sesión cincuenta y cinco)*. Concibe un proceso de caída incluso si esta última se vive como una ruptura: la grúa que le mantendría en las alturas le deja súbitamente en el bosque en presencia del lobo. No posee flexibilidad para pasar de la altura maníaca a las pulsiones orales, pero establece un vínculo que es

constitutivo del Yo-realidad y que prepara la existencia de una futura flexibilidad cuando me dice: «¡No es lo mismo pensar con
la cabeza que con la boca!»

En efecto, en una escisión masiva que se ha mantenido entre
la cabeza y la boca, los pensamientos son imaginados como elementos autoproducidos permitiéndole separarse del suelo con la
cabeza triunfante en el arremolinamiento de las nubes. Hemos
visto que un palo clava esta cabeza, como el árbol de la sesión 54,
en el suelo, y que lo que sucede en la cabeza se une también con
lo que sucede en el cuerpo, y por ello en la boca. No es lo mismo
pensar con su cabeza y pensar con la boca, pero Didier empieza
a pensar con su boca.

La caída es a la vez la decadencia de una defensa y de un continente del cual Didier percibe el fondo como una base de apoyo.

El fulgor de la caída hay que ponerlo en paralelo con el fulgor de una subida pulsional: Didier juega al tigre que brinca súbitamente y sorprende como un rayo cuando saca sus garras.

La llegada de un nuevo bebé a la casa, bien aceptada desde
fuera, da lugar, en las sesiones, a la explosión de una agresividad
contra él. Esta destructividad recupera la forma que toma cuando
se ataca al Yo-realidad que intenta afirmar su existencia a pesar
del dominio narcisista. En un corto instante en su juego concibe
que «cada uno tenga su casa». Pero muy rápidamente, envía todo
a paseo por el suelo, como bajo el impacto de un viento violento
y ardiente que lo habitara. La abertura de mi boca y mi propio
soplo son susceptibles de despertar este ardor; también debo callarme y dejar que se encierre en un mundo de historias que forman un caparazón que me prohíbe tocar. Todo lo que podría decir y que conllevara un significado se vacía de este último después
de haber sido fraccionado, como si la percepción demasiado
grande de «unidad de sentido» fuera a desencadenar en él un ca-
taclismo cuyos efectos serían irreparables. Haciéndolo así, todo
sucede como si delegara en mí, para de esta forma hacerle experimentar sus propias capacidades de «pensar con la boca», y que
él mismo se refugiara en su defensa maníaca donde solamente rei-
naría el único «pensar con la cabeza».

En la sesión, Didier da el ejemplo de la imposibilidad de encontrar un rinconcito tranquilo donde reposar verdaderamente.
Un niño maníaco —ya lo he puesto de relieve— aparentemente
duerme en su juego. No puede «tomarlo en serio» y dormir verdaderamente. Tengo, en mi contratransferencia al final de la se-

sión, la impresión muy desagradable de que no queda nada del tiempo que hemos pasado juntos. Todos mis intentos de construcción significativa han sido arrancados como por un maremoto: me corta la palabra y quiere evacuar inmediatamente lo que le ha penetrado. Para ello, quiere ir a hacer pipi, o bien abre y cierra los ojos, como si fueran tijeras susceptibles de cortar en minúsculos fragmentos la luz que han captado. También puede dislocar el vínculo, sin por tanto cortarlo sino ablandarlo, volverlo a aplastar, y, de esta forma, hacerle perder toda potencialidad de sacar fuera de la esfera narcisista los elementos del Yo para anudarlos en una significación. Entonces me mira fijamente un corto instante, como para cogerme en su «órbita» narcisista y procede a exploraciones oculares: sus dos ojos, como los limpia cristales, efectúan de derecha a izquierda y de izquierda a derecha movimientos regulares, monótonos, destinados a desnudar de una significación cualquiera, no solamente mis palabras, sino lo que su Yo ha captado. En lugar de que el funcionamiento de los dos ojos se efectúe de forma que mantenga una separación de profundidad entre dos puntos de vista, en una binocularidad garante de la existencia del vínculo, Didier desmantela ese vínculo calcando el funcionamiento de un ojo sobre el del otro. Reduciendo su visión a los movimiento de un solo ojo, Didier reduce, de la misma forma, la relación que su Yo-realidad ha creado con un objeto: se limita a aquellos que su Yo-narcisista impone a sus percepciones. De esta forma solamente tendrían un origen único: él mismo, y todo lo que iría al encuentro de esta perspectiva no tendría más consistencia que un líquido justamente bueno para fluir fuera de él, como su orina, o la superficie de su defensa narcisista.

Los niños gozan a menudo con esa finalidad de estar con su cuerpo completamente mojado en el mismo momento en el que el analista habla. Se dejan escurrir de su silla y piensan mágicamente ablandar así de la misma forma el mantenimiento de las palabras del analista. El nerviosismo contratransferencial, aunque inevitable, se refiere a la creencia, que se mantiene en sí misma, de la omnipotencia de esos mecanismos. El analista cree, durante un momento más o menos largo, que el niño puede verdaderamente aniquilar su capacidad de pensar. El nerviosismo constituye un principio de lucha contra un enemigo imaginario. Didier utiliza ampliamente semejante medio de presión —no para que me calle— sino para hacerme creer que su Yo-realidad y el del analista no resistirán a semejante procedimiento. La acción defensiva simultaneada pretende una transformación simultánea de lo que el niño percibe como habitando al analista: así cuando yo hablo, él transforma en el mismo momento mis palabras en imitación de pedos. Para ello infla sus mejillas y golpea debajo para que se asemeje a peer. También hace como si eructara. Toda la consistencia de un alimento sólido se evapora en la vanidad de una simple flatulencia.

Es ahí donde encontramos lo que constituye la especificidad de la defensa maníaca: la ligereza extraterrestre, es decir, la abstracción fuera del campo de la gravitación terrestre, obtenida a partir de un vuelo en un avión o en una navecilla que el mismo niño ha fabricado, a partir de algunos elementos del Yo-realidad cuyo funcionamiento se recupera para esto, mientras que en el autista el Yo desmantelado no se mete al abrigo de semejantes elementos de la realidad. Ese detalle muestra la pertenencia de las defensas maníacas a los grupos de las defensas que permiten salir de mecanismos puramente autísticos que no participan en al Yo-realidad.

Sin embargo, según una ley que me parece intrínseca al mismo desarrollo de la psiquis, existe un equilibrio entre el desarrollo del Yo-realidad y la necesaria «recuperación» narcisista que acompaña a las defensas que parecen deshacer los vínculos que precisamente se están constituyendo. Este es el sentido que doy a la oposición entre el aspecto «positivo» y el aspecto «negativo» de los vínculos.

Así, en el momento mismo en el que las defensas maníacas causan estragos, en el que habla de «tormenta», en el que su Yo-narcisista es como un gatito susceptible de caer desde arriba en un lugar lleno de clavos o de alfileres, Didier es capaz de presentar a nivel de su actividad gráfica, un desarrollo cada vez más pronunciado de su Yo-realidad. En la *sesión sesenta y tres,* dibuja dos continentes cuadrados *(dibujo 27)* —cada uno tiene un contenido— que se unen a otro por un punto. Retenemos el intento de barrer esta nueva forma bajo un garabateo. Lo mismo sucede en el *dibujo 28* en el que se ve cómo el intento de afirmar la existencia de una estructura cruzada que posee una línea mediana organizadora de simetría y de verticalidad también está garabateada.

A partir de la *sesión sesenta y cinco,* desarrolla el tema del «mapache» asociado al tema del saber y de la adivinanza.

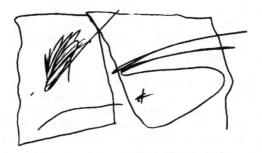

Dibujo 27 (Naranja)

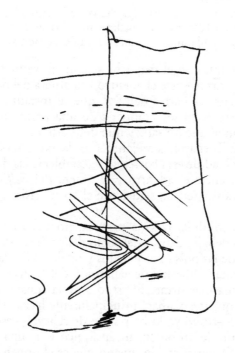

Dibujo 28 (Naranja)

Cuando introduce al «mapache», éste se convierte en un ogro. El miedo de una represalia por parte de este último hace que Didier tome su «pequeño avión»: se desliza sobre el hule que recubre la mesa de juego, para volar.

> En la sesión siguiente, *la sesenta y seis,* pone a un monigote en un autobús. Todo se agita y se prende fuego. Inmediatamente pone un coche rojo debajo del autobús; un monigote está dentro. Todo se detiene. O bien, pone dos monigotes y el coche rojo debajo del autobús, y todo se embrolla en una agitación extrema. Hace que venga el león para comerse al monigote, después lanza lejos al león, hablando de tirar sus pensamientos.
>
> Le viene entonces la idea del Pr. Tornasol con sus bolas de cristal. Afirma que no piensa. Por otra parte, para intentar no pensar, se hunde en su butaca y pretende dormirse completamente lanzándome: «¡Mapache! ¿Sabes lo que es esto?»
>
> Corta tiras finas de papel, se pone furioso cuando las reservas se han terminado y me lanza todavía: «¡Tamawak! ¿Sabes lo que es Tamawak?»
>
> Mete una da las tiras que ha cortado entres dientes moviéndola de un lado a otro. Finalmente habla de Davy Crocket que no teme a nada, mientras que a mí misma me trata de «¡gallina!»

Me parece que con el mapache se constituye una línea de separación más firme entre el adentro y el afuera del *Self,* así como entre las diferentes partes del *Self,* que se instaura. Por ello, la llegada de este tema se acompaña de una pretensión de saber, por oposición al que no sabe y que debe adivinar lo que se le esconde. El Pr. Tornasol, semejante a un lactante sabio, ha suprimido la opacidad de esta barrera que establecía las diferencias de organización entre el adentro y el afuera del *Self.* Vive en un mundo de transparencia, semejante al Yo-narcisista, frágil como el cristal.

La vida escondida, la vida privada, no se sitúa, de entrada, adentro sino debajo: debajo del suelo del coche es donde se sitúa la agitación de las pulsiones y de los vínculos. Un plano, una barrera que limita la libertad de expansión del Yo-narcisista, se instaura de forma más firme. El estudio de la constitución de esta barrera es el que me ocupará principalmente hasta el final de esta obra ya que —como ya lo he puesto de relieve— esta barrera es el fundamento de un orden intrapsíquico y de una articulación Yo-realidad/Yo-narcisista, lo mismo que es el origen de todas las escisiones, después de las represiones. Didier construye este irremediable límite desde los orígenes de su Yo-realidad: ya he subrayado el desarrollo, a pesar del frenazo proporcionado por las defensas maníacas. Me parece que ahora, en un movimiento que se afirmará cada vez más, esta «columna vertebral de la vida psíquica» —tal como se ha enderezado para mantener derecho al hombrecillo que ha dibujado, y para instaurar una línea de división en la simetría— ya no puede borrarse por medio de los mecanismos que pretenden solamente conceder un *status* a un elemento a condición de poder retirárselo, bajo el mandato de la reversibilidad de todas las cosas.

En el momento en el que Didier percibe que no le es posible hacer transparente la realidad externa e interna del objeto y del Yo-realidad que lo reconoce, es cuando encuentra en él mismo el concepto de transparencia y que puede representar la omnipotencia de su narcisismo en forma de la «bola de cristal» del Pr. Tornasol. Las pulsiones epistemofílicas se lanzan para penetrar en la opacidad del objeto, a partir del momento en el que el saber que el niño posee sobre esta opacidad no puede desaparecer.

Las expresiones como las que relato más arriba —«sabes qué es esto... mapache... tamawak...»— solamente aparecen ahora en el material de Didier. Esto nos da una indicación de las condiciones de emergencia de las pulsiones epistemofílicas: le es necesario, como para toda emergencia pulsional, que se instaure una separación en la bidimensionalidad primitiva y en lo que ella implica de la ilusión de una transparencia rápidamente reencontrada. Pero también es necesario que subsista la creencia en una posibilidad de reducir la opacidad del objeto para hacerlo transparente. Dicho de otra forma, con las pulsiones epistemofílicas, la satisfacción pulsional que toma su fuente en el Yo-realidad puede no obstante dejar un sitio de pleno derecho al Yo-narcisista. Este último no está herido por el ejercicio de esta pulsión porque —cuando el Yo-realidad empiece reconociendo su imposibilidad de ser el objeto aunque intente conocerle— el Yo-narcisista nutre esta pulsión con su único proyecto: el de suprimir todo obstáculo a la afirmación según la cual ningún vínculo resiste a su investigación, ya que ningún vínculo existe que él mismo no haya creado.

Didier nos hace asistir al paso de la rabia que habita al Yo-realidad, cuando se da cuenta de que sus vínculos se le escapan bajo el suelo del coche, a la serenidad del Pr. Tornasol, para quien el mundo es transparente. El mantenimiento de la preocupación por la realidad en el ejercicio de las pulsiones epistemofílicas depende pues de un equilibrio, se podría decir, entre la rabia del león, presente en la sesión y que quiere devorar todo para en seguida ser rechazado, y la serenidad de Tornasol. Entre la mordedura ardiente que inflige la percepción de lo desconocido y la nitidez narcisista.

Por ello, me parece que la aparición del «mapache» no es anodina en esas condiciones. Asocia en un mismo ser la intensidad de la pulsión oral y lo que puede enfriarla. No consolarla por su mismo ejercicio, sino enfriarla por otro agente que él mismo: el agua.

La pulsión epistemofílica que se apuntala en el instrumento de las pulsiones orales que constituyen los dientes puede dar lugar a una llamarada intolerable y Didier puede tener tendencia a rechazar lejos el conjunto de esas pulsiones. Rechaza al león que quiso devorar la escena inalcanzable que él no podía penetrar. Todo sucedería como si Didier hubiera creído que esta incorporación le permitiría dominar lo invisible y poseerlo mejor en la medida en la que este invisible se encontrara en el interior de él. En este punto se ha apoyado en el principio de adquisición de una función continente todavía no plenamente capaz, no obstante, de soportar la dependencia de los vínculos sin sentirse arder en el interior.

La concepción de un «mapache» asocia al ejercicio de sus pulsiones la de un «lavado» y por ello de un refrescamiento del ardor que ellas implican; permite mantener así el funcionamiento del vínculo. Ya no nos encontramos en el tiempo en el que las pulsiones canibalísticas se mezclaban con la captura bidimensional del objeto, de tal forma que se incrustaban en la piel y en el que el juego proyectivo era una traba. Didier ya no canta: «¡Te llevo en la sangre León!»

Pasa entre sus dientes la fina tira de papel que acaba de cortar, asimilando el espacio muy apretado que controla en este lugar con la dureza de la barrera dental. Entonces los dientes ya no son más los agentes de una intrusión, sino los que, por el contrario, limitan la acción.

A imagen de lo que se llama «esquema de acción» para el niño pequeño, podríamos aquí evocar un «esquema fantasmático», entendiendo con ello el racimo de significaciones asociadas a una representación, siendo cada una difícilmente aislable de las demás a este nivel. Así la tira de papel que Didier pasa entre sus dientes representa a la vez muy concretamente el pene de su padre, portador de una tercera función que Didier querría morder —y que se transformaría en esta perspectiva en «mapache», en órgano que muerde. Pero representa también lo que constituye una barrera para esta mordedura: una tercera función que los dientes no han fraccionado. Desde el punto de vista de la constitución progresiva de una escena primitiva, representa el pene que se inserta entre las partes del órgano femenino, dentado aquí. Pero reenvía también una acción que impide la penetración del pene ya que Didier no le imprime un movimiento perpendicular a la boca, sino que lo mantiene en un frotamiento de superficie. Al mismo tiempo hemos visto que a un nivel primitivo ese frotamiento, que hace que el objeto que lo efectúa participe de la naturaleza de los elementos frotados, envía a la solidez de la constitución del vínculo: separa y une. Une los elementos diferentes; separa los elementos parecidos. Asegura el funcionamiento de la pulsión y la estabilidad de una escisión intrapsíquica.

Este pequeño resumen del racimo de significaciones que subtiende al mismo tiempo este «esquema fantasmático» debe permitirnos reconsiderar nuestra forma de escuchar o de leer el material de un paciente, niño o adulto. Tomada la decisión interpretativa se debe seguir una línea de abstracción sacada de un número inconmensurable de datos inconscientes y preconscientes, en los que los dos funcionamientos psíquicos del paciente y del analista se entremezclan. Por mi parte pienso que, a pesar de la enorme complejidad de las dinámicas de las que nos ocupamos, existe una línea de desbloqueo de un sentido, a partir de los múltiples recortes a nivel del preconsciente del analista, de la sucesión de los «esquemas fantasmáticos» del paciente.

Así, en el caso de Didier ahora, me parece importante poner en evidencia —en la medida en la que su defensa maníaca nos permite hacerlo— la idea de una coacción (así: «No se puede penetrar por donde se quiere», «una barrera nos impide cerrar los dientes»), asociada a la idea de un consuelo («los dientes no han mordido completamente la tira», y «nos queda pues una tira», «como el mapache, la tira puede utilizar el agua para refrescarse»). Una «buena» interpretación debe, me parece, respetar la complejidad de un «esquema fantasmático». Haciéndolo así, ésta constituye la línea —aquí la de la frase interpretativa— no del lugar de un despojo, sino el de un borde que anuncia la entrada en un continente.

El trabajo de esta limitación del espacio y del tiempo propio del Yo-realidad sigue su camino en Didier. Solamente captaré de forma clara las huellas, en sus representaciones gráficas, en una buena quincena de sesiones. Pero esos juegos son el testimonio de la inscripción cada vez más firme —a pesar de los «vientos y las mareas» de la defensa maníaca— de una línea de escisión, línea portadora de todos los duelos futuros, pero también de reparto de las cualidades opuestas que atraviesan la experiencia del Yo y del objeto. La tira de papel, a pesar de su fragilidad, mantiene un espacio entre las masas dentales. De la misma manera, se afirma la existencia de un mundo en tres dimensiones donde el duelo y la tristeza encontrarán su lugar, donde su valor junto con la del vínculo que atraviesa el espacio se mantiene, a pesar de la tentación mágica. La defensa maníaca me ha parecido, efectivamente, cada vez más parecida a una droga, cuya utilización podía ser necesaria al principio, pero cuya potencia de dominio ha superado en seguida los límites permitiendo al Yo-realidad la consecución de su desarrollo. La liberación del dominio narcisista está amenazada en todo momento de que este último la recupere. El analista, en su función de objeto, se sitúa de pronto en esta perspectiva del lado del Yo-realidad.

Didier se aproxima a las vacaciones de verano que ponen fin a un año de tratamiento. Vuelve después de una semana de ausencia anterior a esta separación importante, desarrollando —lo que más nos sorprende— paralelamente a la integración de esta «fisura» la furia de su defensa maníaca.

Sesión sesenta y ocho:
Aunque me parece que está mejor, me doy cuenta con cuánta destreza destruye todo lo que yo puedo decirle, dejándome después con el sentimiento de que no queda nada de lo construido en la sesión. No obstante, lo que persiste de la integración de su Yo-realidad ha salido de la permanencia del ejercicio de mi capacidad de pensar en él —como si esta capacidad debiera arrancarse de una convicción contratransferencial.

Canta —porque le gusta mucho cantar— la canción del sol y de la lluvia. Y también de la tormenta acompañándola con una repetición «Lo que esto quiere decir...»

Puede hacer que degenere esta canción en un ruido que no llegará a transformarse de nuevo en melodía.

De la misma forma, cuando canta la canción de «Emilia bonita», se esconde detrás de la hoja para aparecer de nuevo, en una especie de juego de cucú; yo interpreto finalmente que esto tiene que ver con el hecho de marcharse y volverse a encontrar como lo acaba de hacer, esgrime sus tijeras, dice que son un águila, y corta enteramente la hoja que le ha permitido establecer ese juego entre nosotros.

Pero el juego del equilibrio entre el Yo-realidad y el Yo-narcisista retoma sus derechos. Cuenta un «sueño» que ha tenido —sueño que me parece trasplantado de una película que ha debido ver: está en el aeropuerto. Su madre toma el avión pero, súbitamente, se da cuenta de que ella se ha subido sin él. Felizmente, tiene compañeros y con una varita mágica, va a buscar a su madre en todos los aviones y ¡termina por encontrarla!

Las tijeras cumplen nuevamente su oficio: pone cara de devorar al avión.

Finalmente se establece un diálogo entre el lápiz que coloca debajo del autobús, perpendicularmente a él. El autobús se disculpa por aplastar el lápiz haciendo presión sobre él: «¡No es culpa mía, soy ciego!» dice.

Cuando evoco la función de ese lápiz que forma una punta que le separa del contacto con el sueño, pero que, por otra parte, como el ojo permite tocar a distancia, ataca mi intervención haciendo, como de costumbre, que caigan los objetos en el momento en el que le hablo, como si fuera un enganche del sentido de mis palabras a su Yo y a mi propio Yo que se rajaba así. Se corta también las uñas con los dientes en el momento en el que le hablo, y las aplasta.

No obstante, lanza de pronto al final: «¿Tienes un hijo que trabaja?»

A pesar de todos los intentos a los que ha recurrido para no tener ya conciencia de esta pared que le separa de su madre, su conciencia los recupera, tales como las tijeras que alcanzan el vuelo del avión que la contiene y que él quiere atrapar: es a su madre y al avión a los que quiere tragar para no perderla. Pero perfora, al mismo tiempo, su propio vuelo por encima de las realidades terrestres. Quiere cortar lo que le separa de su objeto, ya sea esta hoja que instaura un espacio escondido, ya sea ese lápiz que sujeta su autobús a la tierra, pero que posee una punta como su uña que quiere cortar, aplastar, ya sea esta melodía que se transforma en ruido, ya sea finalmente el trabajo que «quiere decir...» algo porque todo pensamiento que tiene sentido, en su «armonía» propia, le corta también del *continuum* que quiere instaurar entre él y su objeto.

En la realidad externa, viene de pasar algunos días de vacaciones con su madre. En su realidad interna, siente que la pierde si se construye un vínculo con ella. La pared de la que se trata aquí es la que permite que se establezca, con la escisión de las cualidades del objeto, el vínculo con él. En efecto, el objeto no existe en cuanto separado del *Self,* en cuanto que no es aprehendido desde dos ángulos diferentes. Tan pronto es la «canción del sol», como la «de la lluvia». O, más bien, es la «canción del sol y de la lluvia». Es esta vivencia de los contrastes la que da relieve al objeto y como consecuencia con la rabia narcisista que he evocado. También hay «tormenta».

Este punto nos permite reconsiderar el *status* de la Posición esquizo-paranoide en relación con la Posición depresiva. Mientras que en la descripción que hace Melanie Klein el objeto y el Yo se constituyen con las cualidades escindidas antes de que sean integradas —aunque ella vuelve sobre el rigor de este punto y considera que los lactantes, en la gratitud que experimentan por su primer objeto, están ya habitados por las primicias de la Posición depresiva—, podemos preguntarnos, en favor de la reflexión precedente, si algunos elementos de la Posición depresiva están en juego para que se constituya la Posición esquizo-paranoide misma.

El sentido del concepto fundamental de Posición depresiva está incluido en esta proposición: el objeto —y el Yo— continúa existiendo aunque ausente. Existe una dependencia, un ir y venir. A este mundo se opone el del Yo-narcisista, en el que toda dependencia de un objeto en relación con el Yo es insoportable y sinónimo de desintegración total. Por mi parte, yo tendría pues tendencia a considerar que la constitución del Yo-realidad se efectúa bajo una égida «depresiva»: en efecto, es para mí sinónimo de la constitución del vínculo, y por ello del trabajo de reconocimiento *a minima* de un objeto separado del Yo. La construcción de una envoltura continente —tal y como aparece en los dibujos de Didier—, de una pared que separa el adentro del afuera, después las cualidades positivas de las negativas, es intrínseca a la misma construcción del objeto. Esta pared mantiene junto lo que separa —que es lo propio de lo que se juega en la Posición depresiva.

Es pues difícil considerar la existencia de una Posición esquizo-paranoide que no se apoyara sobre lo que funda el movimiento depresivo y el Yo-realidad. Pienso que la precisión que sigue es necesaria para comprender mejor esta articulación: hay que distinguir la misma constitución del objeto, y por ello la escisión Yo/objeto o Yo-narcisista/Yo-realidad, antes de considerar la escisión que existe entre las cualidades del objeto y las del Yo, esta última escisión solamente se sitúa en la órbita del Yo-realidad. M. Klein no ha profundizado en el estudio de la construcción del Yo en el espacio, o más bien, en la construcción del espacio por el Yo y, como consecuencia, la evolución de las formas que puede tomar en función de esta construcción. De entrada, los movimientos defensivos permiten al Yo anular la percepción del espacio separándolo del objeto. Este es todo su estudio de la identificación proyectiva. Es pues normal que haya comprendido como formando parte de una misma constelación, el movimiento que pretende anular el espacio entre el Yo y el objeto (y a recrear así una unidad yo/objeto idealizada) y el movimiento que pretende escindir esta unidad de un objeto que acaba de ser percibido como separado del Yo y —por ello— investido de las pulsiones destructivas de ese mismo Yo. Esta es la descripción de la Posición esquizo-paranoide, en el fondo de la cual no se trata de volver a poner en duda la capacidad del Yo para mantener su sentimiento de identidad: aunque se fraccione, se escinda y actúe en las fronteras de las que posee más que nunca el control.

Parece pues que M. Klein haya desviado sobre la constitución de las escisiones entre las cualidades del objeto y del Yo un estudio que puede llevarse ahora a cabo sobre la constitución de la escisión entre el Yo y el objeto. En el fondo, el niño posee la posibilidad de retirarse en un refugio narcisista donde se ignora al objeto y donde todo juego proyectivo con él implicaría *a minima* la percepción de un espacio igualmente ignorado. Estas son las defensas del Yo-realidad que taponan esas fisuras. La constitución del Yo-realidad comprende como consecuencia *a minima* la del vínculo que permite que se perciba separado del objeto. En este nivel muy primitivo de la constitución del Yo-realidad nosotros estamos interesados en lo que M. Klein ha llamado Posición depresiva.

Para reunir nuestras ideas, podríamos decir que —en una perspectiva que tiene en cuenta la escisión entre el Yo-realidad y el Yo-narcisista— la sustancia misma del Yo-realidad se comprende como que ha salido de un movimiento depresivo parecido al que M. Klein describe en la Posición que lleva ese nombre. Pero nosotros diríamos, a diferencia con M. Klein, que las primicias de ese movimiento no se refieren a la oposición de las cualidades, sino a las de las identidades. La primera escisión no opone lo «bueno» a lo «no bueno» pero sí el «Yo» al «No-Yo». La constitución de esta escisión implica la actuación de los mismos mecanismos psíquicos de integración del vínculo, que se activarán más tarde, durante la instalación de una Posición depresiva que sucederá a la rigidez de la Posición esquizo-paranoide. El material que proporciona Didier nos permite captar mejor la constitución de las barreras de escisión, sobre las cuales se apoya esta última Posición, heredera, ella misma de los procesos de vinculación que parece le son extraños.

Precisando estos puntos, no disminuyo en nada la importancia del descubrimiento de M. Klein que se refiere a ese movimiento de sucesión de una Posición depresiva en relación con una Posición esquizo-paranoide: un proceso de vinculación solamente se instaura sobre una escisión o en relación con ella. Subrayo simplemente que la vida psíquica y la evolución del Yo-realidad tiene ya todo un pasado y que es más compleja de lo que pudiera prever M. Klein, en el momento en el que se instauran las barreras esquizo-paranoides. El gran crecimiento de gratitud y el prevalecimiento de los procesos de vinculación sobre los procesos de escisión —y no de desvinculación que surgen de los desmantelamientos ya evocados— dirigen al Yo-realidad hacia el amor del objeto más que hacia el que se profesa él mismo. Esto es lo que describe M. Klein. Algunas de nuestras reflexiones van en este sentido pero no hay que descuidar el considerar que la constitución misma de las barreras —y por ello de la Posición esquizo-paranoide— es el material básico del mismo vínculo.

Así, Didier canta la canción «del sol y de la lluvia» acompañada de tormenta. Así, el estudio de la emergencia de las defensas maníacas nos permite darnos cuenta hasta qué punto toda vinculación posee cualidades «depresivas» y se efectúa a pesar de la tormenta que la acosa.

Está permitido considerar la posibilidad de que su madre desaparezca tomando el avión. Esta desaparición por las alturas nos evoca a la vez el camino tomado por la madre de un niño pequeñito —que se encuentra siempre por su tamaño y su posición por debajo de ella—, pero también el camino que toma el Yo que vuela hacia una defensa maníaca. La magia maníaca le permite encontrar esta desaparición por las alturas gracias a la «varita». Ésta se acompaña de una renegación maníaca implícita, ya que es esta misma varita con la que Didier se ensaña en cortar y aplastar cuando se coloca bajo el autobús y cuando le vincula al suelo o al mundo de las pulsiones administradas por su Yo-realidad.

No obstante, pongamos de relieve que esta varita aparece por primera vez, y que va unida a la idea de una pérdida reparable. Así, aunque tenga un poder mágico, participa, no obstante, del reconocimiento de la existencia del límite de ese mismo poder. Es la heredera de la tira fina de papel que Didier pasaba entre sus dientes en la sesión precedente.

El que prevalezca lo que, en esta línea de partición, separa los caracteres opuestos sobre lo que se abstraería para formar una sustancia mágica, aparece claramente en la sesión siguiente *(sesenta y nueve)* donde se afirma el concepto de línea mediana, de línea de plegadura.

> Manifiesta su miedo de quedar encerrado en el ascensor. Este mismo miedo lo representa cuando mete la cabeza dentro del cubo, o cuando hace que pase una muñeca pequeña por el asa de su cesta.
>
> El hecho de estar encerrado se prolonga en el de la fisura porque las dos partes del ascensor, aprisionándole dentro, se cierran como las dos partes de un torno. Quiere cortar el lápiz rojo, diciendo que el verde, «tiene derecho» a quedar entero. Asocia el verde con la muerte y el rojo con la vida.
>
> Quiere cortar una tira bastante larga como para hacer intrusión en su cesta, pero al mismo tiempo dice: «¡No hace falta hacer siempre lo mismo así hoy no hablo del mapache...!» Ahora bien, al mismo tiempo recorta en el borde de su hoja dientes muy pequeños.
>
> Continúa recortando hasta que transforma una de sus tiras en «tarjeta de crédito». Habla de «picsou», después de papá que utiliza su tarjeta de crédito introduciéndola en el distribuidor. Así obtiene dinero para ir a buscar comida.
>
> Pero, inmediatamente inventa una historia: se apodera de la tarjeta de crédito de su padre, va al banco y coge dinero. Si su padre le dice algo después, Didier le dirá que ha ¡tirado la tarjeta de crédito a la basura!
>
> Se puede hacer un pliegue en medio de la tarjeta de crédito e intenta también cortar esta línea mediana.
>
> En mi contratransferencia esta sesión me ha dejado una impresión de somnolencia.

Quisiera dar algunos elementos de las sesiones siguientes que prolongan esta aparición de la línea mediana, en cuanto línea de escisión.

En la *sesión setenta,* vuelve sobre la idea de una barrera asociada a la de una pinza que no solamente muerde (coloca el cocodrilo sobre su pene), sino que de la misma forma encierra. Así, piensa todavía en la vivencia de estar encerrado en un ascensor, detrás de las puertas que se cerrarían como una pinza. En la *sesión 71,* esta pinza se asimila a la pata bífida de un cangrejo, lo que provoca en él el deseo de hacerlo picadillo.

Paralelamente a esta vivencia de fisura retenida por un vínculo —por definición la pinza está formada de dos partes escindidas pero al mismo tiempo unidas una a la otra— se desarrolla, lo vemos, una vivencia claustrofóbica de encerramiento entre las partes apretadas de la pinza. Representa también esto con los coches que se abren y se cierran, como las puertas, o que no pueden pasar porque dos casas representan esa función de barrera.

En la *sesión setenta y cuatro* esto se convierte claramente en una «prohibición de pasar» que se verbaliza como tal.

Conjuntamente con esto se establece un bosquejo de juego proyectivo: Didier empieza a tirar sobre mí ya no solamente su Yo-realidad en una defensa maníaca, sino los objetos en un movimiento que no pretende solamente desembarazarse de estos últimos sino también penetrar al objeto por la proyección y hacerse como él. Se trata de una identificación proyectiva.

Es este movimiento de identificación proyectiva naciente el que nos permite comprender la vivencia claustrofóbica de Didier y su miedo de quedar encerrado en el ascensor. Colorea su defensa maníaca con este mismo movimiento.

Juega a montar en un cohete, subrayando que se encontraría ahí como en el interior de un padre o del pene de un padre muy poderoso. La propia identidad del padre es al mismo tiempo vaciada de su autonomía, ya que juega paralelamente a las escenas en las que al padre que conduce un autobús se le tira debajo de éste, amenazado de ser aplastado, finalmente remonta para solamente encontrarse detrás del vehículo, vestido como un «gemelo» para hacerle compañía, mientras que Didier conduce delante, triunfante.

En este caso yo diría que el Yo-realidad se ha reunido con la defensa maníaca protectora del Yo-narcisista: efectivamente, la omnipotencia del Yo-narcisista ya no se encuentra por medio de un desmantelamiento de los elementos del vínculo, sino por medio de una identificación proyectiva con un objeto cuya estructura mantiene. Es esta la defensa maníaca habitualmente descrita por M. Klein, en la que las partes del Yo investirán un objeto omnipotente relegando al objeto real a una función que debe soportar la debilidad del *Self* infantil despreciado.

En estas condiciones podríamos hablar de una defensa maníaca de tipo primario, por oposición a una defensa maníaca de tipo secundario.

Pienso que a nivel de Didier —como es el caso de muchos niños— el tipo primario de defensa maníaca persiste durante mucho tiempo, si es que desaparece, mientras que el tipo secundario se utiliza además en el momento que está disponible.

La línea de escisión que separa las cualidades del objeto es la que constituía la tira de papel insertada entre los dientes, en longitud. Ahora mantiene un espacio de juego entre los elementos diferenciados por el mismo hecho que no están en continuidad uno con el otro. La tentación de recrear una continuidad absoluta empuja a los dientes a apretarse, como el hocico del cocodrilo está colocado sobre el sexo de Didier. La angustia de estar ahora en la posición de una línea susceptible de que este empuje primario la aplaste, se traduce en una angustia claustrofóbica y ya no en una angustia de aniquilamiento. El hecho de que el límite —y lo que representa— continúe existiendo a pesar de esta presión mantiene, al mismo tiempo, la angustia de la duración. Ya no se trata ahora de licuefacción sin fin, de aspiración por los tubos que vacía al Yo de toda sustancia. Se trata de un «mapache» que no utiliza el agua para evacuar sus pensamientos, sino solamente para lavarlos. Queda algo de pensamiento en el Yo después de semejante proceso, lo mismo que queda algo de la identidad propia del Yo cuando se proyecta en el objeto: las escisiones han mantenido en su lugar los vínculos en el interior de las partes escindidas.

El concepto de intermediario que permite obtener lo que se quiere utilizando un objeto, pasa por el reconocimiento de este mismo objeto, y por el del tiempo y del espacio que separa el deseo de su realización. Hace falta que Didier utilice una tarjeta de crédito para obtener el alimento deseado. Hace falta pues pasar por su padre —al que pertenece esta tarjeta de crédito. Así entra en un mundo en el que la desaparición ya no es absoluta. Si se apodera de la potencia de su padre, este último le pedirá cuentas, y si Didier piensa librarse pretendiendo haber tirado la tarjeta de crédito al cubo de la basura, se equivoca porque las cosas permanecen en el fondo de un cubo de basura. Así, la línea de mediación es la que instaura el límite contra el cual las cosas rebotan. Envía el Yo a la realidad de la acción cometida. Es la futura línea del Superyó. En la *sesión setenta y cuatro,* Didier habla «de prohibición» de pasar. Esta prohibición empieza a instalarse en él mismo como una exigencia de justificación. Cuando pone en práctica una acción agresiva, toma la delantera y pretende que no es él el que lo ha hecho... Se castra, por otra parte, de la real potencia que tuvo (pretende que es sordo y ciego) para «hacer mal», para evitar la dinámica de la represalia que reina en el Yo-realidad. En lugar de esto vuela hacia la omnipotencia de los mecanismos maníacos. Pero desde la *sesión ochenta y tres,* forma un bloque compacto con la iglesia y la casa: esto produce orden, dice, y llama a esto «el castillo de la ley». Ya no es posible que desaparezca su campanario tan fácilmente.

Las 28 sesiones que seguirán y que llevarán a Didier hasta el final del año profundizarán el movimiento anterior organizado alrededor de la línea de escisión. Todo este trabajo preparará la constitución, para el año siguiente, de una jerarquía entre los dos Yo, y la evolución de la barrera de la escisión en una barrera de represión de las características de vinculación más firmes.

> Poco después de su vuelta de vacaciones, en la misma sesión *(la setenta y siete)* en la que Didier hace la reflexión siguiente: «¡Te hablo dándote la espalda y tu me escuchas!», aborda el problema de las diferencias. Quiere hablar de dos montañas que encuentra «parecidas y no obstante no parecidas». Lo mismo que existe «una diferencia entre lo blanco y lo negro». Finalmente evoca: «Lo mismo y la diferencia.»
>
> Finalmente, dirigiéndose hacia un cacharro con agua, encuentra que es «amable» al dejarse beber pero, en lugar de beber, escupe todo lo que penetra en su boca como si fuera «asqueroso».

Aquí captamos muy bien lo que M. Klein describió como algo que corresponde al acercamiento de las partes escindidas del Yo y del objeto. Didier tomará conciencia de que la persona que él encuentra «asquerosa», que quiere escupirla, y la persona que encuentra «amable» y que quiere absorber son una misma cosa. Esta toma de conciencia se acompañará de una vivencia de pérdida del objeto «amable», en la medida en que diversos medios permiten hacerse la ilusión que siempre está a su disposición. Y Didier hace dos días que no deja de llorar, me dice.

Ahora bien, ese movimiento de «buena» cualidad depresiva no es más que la señal del precursor de un movimiento parecido, más profundo y más duradero que tendrá un lugar algunos meses más tarde. Aquí acompaña a la construcción de una barrera de escisión cuya primera función es la de separar al Yo-narcisista del Yo-realidad y, secundariamente, dentro del Yo-realidad, primero el Yo del objeto, después las cualidades diferenciales de ésos. Por ello, paralelamente a este esbozo depresivo, las defensas maníacas causan estragos y toman la forma primaria que describo: se tira pedos mientras yo hablo, parpadea para cortar toda continuidad significativa, representa los «limpiaparabrisas» con ellos, sacude la cabeza para evacuar sus pensamientos, canta, grita, y se balancea a un ritmo de rock endiablado, finalmente juega con una muñeca a la centrifugación de los contenidos psíquicos, cogiéndola por sus trenzas e imprimiéndole un movimiento de rotación desenfrenado. Espera que así su objeto ya no tendrá más consistencia que la estructura de una «casa de paja» cuya imagen aparece nuevamente: es suficiente soplar encima para que sus ataduras vuelen como ligeras briznas de paja.

Que Didier pueda verbalizar su capacidad de mantener un vínculo con su objeto a pesar de la pérdida de este último, estaba ya representado en su trabajo gráfico. Recordemos que en la sesión cincuenta y cuatro esbozó la constitución de una doble pared continente. Eso empezó por pequeñas rayas —especie de «briznas de paja»—, partes del Yo que solamente se constituyen en identidad estando en continuidad adhesiva con la superficie del objeto. Esos vínculos no hubieran resistido mucho tiempo los movimientos del objeto, no más que las «briznas de paja» bajo el soplo del lobo, si estuvieran no solamente extendidos para formar una superficie cuya continuidad duplica la del objeto, sino que estaban también «cruzados» con él, haciendo pasar esta continuidad del afuera al adentro: el Yo que apuntala su identidad de superficie sobre la del objeto, hace que este último pase al adentro de él encontrándose así dotado de un funcionamiento interno, y de un motor cuya representación de la cruz en un continente muestra su existencia.

Pienso que un movimiento semejante está representado por la facultad que tiene Didier de «cruzar» ahora la percepción que

tiene del objeto de frente y de espalda, cuando está presente y
cuando no lo está. Le dice: «¡Te hablo vuelta la espalda y tu me
escuchas!» Me habla sin verme y tiene la certeza de que mi escu
cha continúa existiendo para él. De la misma forma continúa es
cuchando mi voz en él —o más bien un funcionamiento psíquico
de la que ella es el vehículo— mientras que yo le doy la espalda
o que él no puede verificar en la superficie de mi rostro dónde
van mis pensamientos.

Es importante considerar este punto para comprender mejor
la técnica necesaria que hay que adoptar con un niño maníaco.
Si el analista examina su contratransferencia, no dejará jamás de
observar hasta qué punto su capacidad de hablar es captada por
las manipulaciones del niño. Todo sucede como si el analista qui
siera explicar todo a un niño que supone capaz de comprender
todo y en cualquier momento. Corre detrás de una mente que
huye, sin darse cuenta de que se trata de una huida, y se agarra
a la trampa de la creencia que el niño le inspira: si llega a dejar
salir de él mismo una interpretación mejor que las anteriores
—las cuales se han atropellado ellas mismas para atrapar a un pa
ciente que siempre da la espalda—, cuando este remolino infer
nal finalmente se detiene. Haciéndolo así, el analista no se da
cuenta de que el niño es capaz, como lo dice Didier, de escuchar
al analista «aunque le dé la espalda». Lo que quiere decir no so
lamente que escucha los propósitos del analista en el mismo in
terior de su torbellino maníaco, sino también que el silencio del
analista es necesario para la realización de esta experiencia.

Por ello, desde un punto de vista técnico, es imperativo para
un analista callarse y medir en cada sesión el peso de las palabras
que va a pronunciar. Deben contener vínculos sólidos, tanto
como su silencio, de forma que él mismo no se transforme en una
simple brizna de paja.

Esta actitud técnica supone que el analista sea capaz de dotar
a su paciente de las capacidades depresivas que he descrito más
arriba. Que sea capaz de no absorber en él mismo el Yo-realidad
de su paciente, y no jugar así el juego de la defensa maníaca.

Me parece que cuando empecé a callarme, Didier pudo en
contrar en él mismo su Yo-realidad que la defensa maníaca tenía
como fin evacuar en mí. Esto constituye la base de un sentido
nuevo que se puede dar a su frase «te hablo de espaldas y me es
cuchas»: cuando Didier se encierra e intenta encerrarme en su de
fensa maníaca, a pesar de todo le escucho, es decir, que le atri

buyo a pesar de todo la posesión de un Yo-realidad susceptible de escucharme a mí misma.

La pérdida del uso de la primera Tópica freudiana en la práctica analítica ha hecho también que se pierda, para algunos analistas, la capacidad de dotar al paciente de una capacidad de escucha preconsciente. Cuando olvidamos esto, caemos en una especie de trampa maníaca, y esperamos sin cesar la confirmación, paso a paso, de que el paciente nos ha escuchado. Olvidamos que su Preconsciente nos escucha, aunque su Consciente no nos dé la certidumbre inmediata de que es así. La primera Tópica nos enseña a tener paciencia.

Quizás, empujado por una técnica que es menos complaciente con su defensa maníaca, Didier, a partir de la *sesión ochenta y cuatro,* empieza una notable serie de dibujos en los que su Yo-realidad manifiesta que continúa existiendo aunque yo «le dé la espalda».

En la sesión 84, recuerda que, en la última vez, le he pedido que se pusiera él solito el abrigo —de lo que es perfectamente capaz. Hoy pretende que su maestra se lo ponga siempre. Como cada vez me doy más cuenta que soy tratada como una marioneta, subrayo que tiene capacidades que no utiliza. Sentado en su butaca me mira desafiante y dice que va a comerse las uñas ¡hasta hacerse sangre! Uno esta actitud a su deseo de suprimir todo lo que es duro o que pincha, que podría exigirle un trabajo o permitirle sentir que tiene también, en él mismo, capacidad para trabajar. Después me callo.

Se vuelve hacia mí y me ordena que hable: «¿Te callas? ¿Eres muda?»

Entonces dibuja y retoma la formación de la escalera, del caracol, del cuadrado. Pero todo da una impresión de fraccionamiento que empieza a ordenarse en un dibujo que reproduzco aquí *(dibujo 29):*

Dibuja un «sol» en la esquina de la derecha. Algunos de los rayos dividen el espacio en sectores. En uno de ellos se encuentra un caracol. En el otro las líneas cortadas, trazos ondulados y el bosquejo de unas ruedas. Esos cortes son para él una manera de «poner orden», dice. Asocia esos trazos a las fechas de aniversario.

Una gran línea de escisión está formada por la bisectriz de un ángulo recto cuyo vértice está ocupado por el círculo solar, abajo, a la derecha de la hoja. Yo haría la hipótesis de una representa-

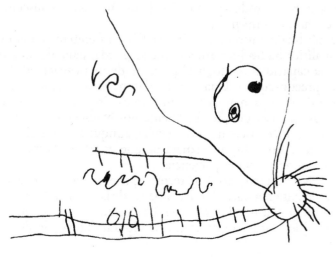

Dibujo 29 (Marrón)

ción de la bipartición del mundo interno, mientras que el conjunto de los rayos solares se volvería hacia el lado externo. En el mundo interno, el Yo-narcisista es este caracol replegado en su concha, mientras que el Yo-realidad que integra la discontinuidad de los cortes integra igualmente ahora el ángulo de la curvatura, el cuadrado y el círculo.

Los palotes que cortan la línea básica están destinados a «poner orden» y, según su expresión, cada vez más a «frenar» lo que se deslizaría sobre la continuidad de esta línea.

Pienso que es mi técnica la que pretende poner una barrera en la continuidad que quiere imponer, entre nosotros, la defensa maníaca que desemboca en esta representación de la «puesta en orden», como él dice. Las líneas de escisión corresponden a las separaciones que se imponen entre él y yo, pero también entre diferentes sectores de su personalidad.

La *sesión ochenta y seis* presenta una evolución notable en tres dibujos. Entonces una llamada de teléfono del padre me confirma la evolución positiva de Didier; este último le comunica su deseo de no venir o de venir menos veces a sus sesiones.

Su primer dibujo *(dibujo 30)* representa a un monigote cuya columna vertebral tiene esta forma de serpentina que se ve: la cabeza está doblada hacia el borde de la hoja y los pies están solda-

Dibujo 30 (Marrón)

dos de una parte a otra de esta línea mediana en una base que ocupa toda la longitud de la hoja. Sin brazos, pero se diría que la línea del cuerpo se repliega como un caracol a nivel del abdomen, como si tomara sitio el inicio de una digestión y por ello de una integración a nivel del Yo-realidad.

En segundo lugar, hace los dibujos de los raíles de forma circular, y la del tren, destinado a rodar sobre ellos, en forma vertical, pero representado al lado de ellos *(dibujo 31)*. Como si aún

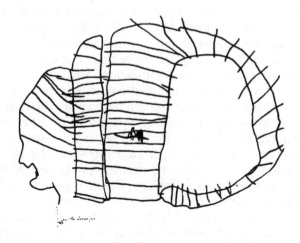

Dibujo 31 (Marrón)

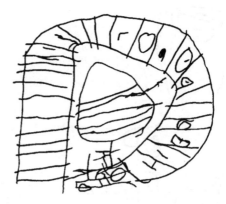

Dibujo 32 (Marrón)

se evitara la interpenetración. No obstante, evoca la idea del frenado, por el agujero que ocupa un lugar no lejos del tren sobre los raíles. Hace que frene si no va a «estallar».

Finalmente en tercera posición *(dibujo 32)* el dibujo representa la interpenetración de los raíles por el tren. Todo se ve como en un corte horizontal y los elementos entre las barras de los raíles siempre son elementos de frenado.

Se puede poner de relieve en el dibujo (32) el espacio de discontinuidad que se ha instaurado entre la punta de los raíles y la parte que monta de estos últimos. Este espacio toma el valor del que separa la parte central de la periferia. Es el espacio de una continencia, el bosquejo de una transformación del Yo-narcisista cuyo interior está vacío (31), en Yo-realidad que empieza a mantenerse de pie gracias a una organización interior.

El concepto de «freno» es capital porque permite vivirse dentro de un espacio que ofrece una resistencia a la caída. Esta resistencia es primero la de la realidad; esta última consiste, en principio, primero en adaptar la posición del cuerpo para encontrar un asidero en el objeto, es decir, un apoyo sobre el suelo. Ponemos de relieve el ángulo derecho formado por la línea horizontal de los pies y el principio del cuerpo. Podemos pensar que las barras de frenado sobre el suelo y sobre los pies permiten, a estos últimos, resistir al contacto fulgurante que se toma con el suelo cuando la gravitación terrestre aflora al Yo-narcisista. Cuando un avión aterriza, debe poseer también un sistema que proporcione los efectos del frenado. La percepción del «agujero» o del orificio esfinteriano es también un sistema de frenado, cuando el trayecto al centro de un «yo-tubo» vuelve a tener en cuenta la resistencia del espacio gravitacional. Eso conduce a la percepción de los objetos internos representados en el dibujo 32. Tenemos ahí también un número de elementos que son la marca de un trabajo del Yo-realidad en el interior de un continente. Ese continente no es pues el protector de un enclave narcisista primario.

Didier observa que sin los frenos «el tren podría no detenerse». Si volvemos al primer dibujo *(dibujo 30),* sería un mundo en el que los pies ya no serían necesarios.

> El dibujo realizado durante la *sección ochenta y siete (dibujo 33)* nos da una idea de la evolución que se está realizando en la estructuración del espacio: vemos, en la punta, a la derecha que es donde hay más electricidad, dice. Otro tren se sitúa verticalmente a la derecha.

La forma de la derecha no es redonda como la de un caracol. Se repliega en forma de puente sobre una base horizontal. El conjunto da la impresión de dos raíles que se despegan uno del otro y se distinguen en una discontinuidad que ya no se borrará. Didier observa que, por otra parte, en el momento en el que el tren gira —se refiere al elemento superior— es cuando corre peligro

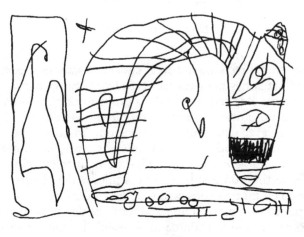

Dibujo 33 (Marrón)

de caer en el agujero central, a diferencia de un tren anteriormente descrito y animado por un movimiento circular perpetuo.
El espacio no está vacío: se abre para que una pulsión lo atraviese:
la electricidad es la que puede agitar la cabeza del tren. Una cruz
situada entre el elemento vertical y el «puente», recuerda que esas
dos formaciones pueden cruzarse.

> En la *sesión ochenta y ocho*, representa el puente que evocaba
> *(dibujo 34)*, ya que dos pilares sostienen una barra horizontal que
> se une a ellos. Los elementos de unión flexible unen también el
> cuerpo de los dos pilares que hacen pensar en dos piernas.

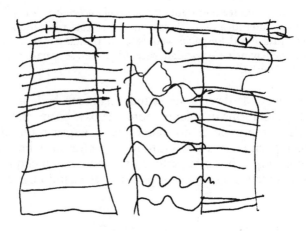

Dibujo 34 (Marrón)

Ahora bien, precisamente en el curso de esta sesión es cuando
las manifestaciones maníacas se recrudecen. En el momento en
el que el dibujo da testimonio de la evolución de su Yo-realidad,
es como si no quisiera que yo le de fuerza. Me empuja a precipitarme hacia él para llamar la atención. Yo sola debo darme
cuenta de sus aptitudes, mientras que él se conduce como si las
desaprobara. Quiere tener aptitudes, pero sin restricción, y sin
fiarse del testimonio que le reenvía la mirada del objeto.
Cuando en mi tesis considero que, en la defensa maníaca, el paciente presenta —como en un mecanismo de desmantelamiento—
la superficie de la realización de su Yo-realidad, dando al analista la
tarea de soportar su profundidad, pienso en lo que Didier intenta

representar cuando realiza un dibujo —testimonio irrefutable de su contacto con la profundidad de su vida psíquica y de su capacidad de darle una forma simbólica. Complica esta realización, me la da para llevarla en la totalidad del sentido que la subtiende, mientras que él mismo se sirve de ella como de un incentivo susceptible de provocar mi trabajo psíquico. Por ello yo decía que el niño da al analista, para que lo lleve, su propio Yo-realidad, mientras que él solamente mima su apariencia o su superficie. Cuando me callo y no participo en este juego, el incentivo se desarma y el sistema pierde su poder: el niño debe recuperar su Yo-realidad. Pero cuando hablo —empujada por su inducción— su reacción no tarda nada en manifestarse: agita la cabeza de derecha a izquierda, pone los ojos en blanco y me da el espectáculo de una evacuación inmediata y concreta del sentido que sería susceptible de penetrar en él.

La *sesión ochenta y ocho* nos permite reflexionar sobre la relación entre la percepción de una separación conjunta con la del vínculo de interpenetración y la percepción de una quemadura.

Una serie de tres dibujos que solamente comenta brevemente nos permite seguirle en este movimiento.

El primer dibujo *(dibujo 35)* es bicolor en un sabio juego entre el azul que calma y el amarillo que quema. La estructura de un círculo de raíles al que se ata a la izquierda una forma de raíles, amarillos, en escalera, es habitual. Pero ahora mientras que los bordes de los raíles son uniformemente azules, los raíles son amarillos a excepción de los de la parte interior derecha en los que al azul está atravesado por un tren amarillo. La forma de este tren está retomada en sus grandes líneas en el centro del círculo por la situación de una «estación», lugar en el que los trenes se detienen.

Pienso que en este dibujo Didier integra por primera vez en una forma circular continente un elemento de una cualidad diferente. El contorno de su Yo-realidad empieza a identificarse con el mío, que le contiene para apaciguar lo que arde en él mismo: sus pulsiones, como el tren que recorre los raíles, pero también la irritación que repercute en su Yo-realidad, salida de la herida provocada por el contacto con esas mismas pulsiones. Todo el movimiento de transformación de una parte del Yo-narcisista que he evocado más arriba, y que es la causa de esta irritación, empieza a integrarse en el interior del Yo-realidad. Las barras de los raíles que Didier ha considerado siempre como los frenos para el

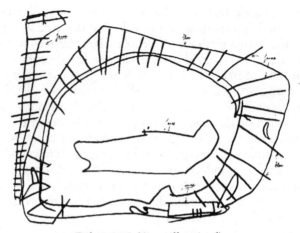

Dibujo 35 (Amarillo -Azul)

avance del tren pueden verse a la vez como lo que reprime el fulgor de la pulsión y como lo que frena la tendencia a que los raíles se acerquen, así como dos elementos concebidos primero
como debiendo estar soldados, en adhesividad total. Así lo serían
los dos labios de un orificio antes que sus barras, tales como los
dientes, no los separen fuertemente. Un mes más tarde, Didier
representará y hablará del palo capaz de mantener abierto el hocico del lobo, poniendo así un freno a la satisfacción inmediata
de su pulsión oral por una cerradura que no soportaría ningún
retraso a esta satisfacción. Esta reflexión permite tender un
puente entre los dos movimientos que ocupan un lugar en la psiquis: se trata primero del despegue del *Self* y del objeto, primera
condición de la creación de un espacio en tres dimensiones; la
tercera dimensión está representada por esta barra de los raíles
que frenan la intensidad del movimiento inverso, que consiste en
volver a encolar las superficies. Se trata después de la transformación de esta pulsión que consiste en volver a encolar las superficies —y por ello en anular las tensiones creadas por su separación— en una pulsión cuyo trayecto va a precipitarse en el
espacio así creado. Dicho de otra forma, si retomamos el vocabulario de Freud, la tensión hacia el punto cero, la pulsión de
muerte, debe delegar una parte de su energía a la pulsión de vida:
esta tensión, base de todos los vínculos, se inscribe en un espacio en tres dimensiones.

Sobre el dibujo de Didier —cuyo análisis podría ser tan largo como el de un sueño—, los raíles solamente se han vuelto más azules en el tramo en el que pasa sobre ellos el tren amarillo. Ese cruce de colores muestra todo lo que implica un trabajo con la tercera dimensión: la continencia, el movimiento, el vínculo entre los elementos diferenciados, la existencia de la pareja finalmente. Cuando las barras de los raíles se dibujan en azul, pienso que la tensión que se enfoca al acercamiento de los bordes toma la retaguardia en relación con la fuerza inversa que asegura la separación. Soportar separarse, soportar esperar, restaura la calma por oposición a este fulgor pulsional que, en lugar de ponerse al servicio de un retorno integral al estado inicial, se utiliza en el interior de un marco nuevamente creado. En el interior de los raíles corre el tren, pero en el interior del círculo de raíles, se encuentra la estación, de forma inmóvil, ahí donde se detiene el tren, lugar que puede asimilarse al mismo tren. Pienso pues, que la dinámica que permite, en el interior del Yo-realidad, separar la imagen de los raíles azules sobre el dibujo de Didier, el mundo bidimensional del mundo tridimensional, el *Self* del objeto, se articula con la dinámica que permite en el interior de la psiquis separar también el Yo-narcisista del Yo-realidad. Es ahí donde, según mi tesis, se inscribe también la defensa maníaca. En el interior de la psiquis de Didier, una doble envoltura permite al Yo-narcisista mantenerse ahora en el interior o debajo del Yo-realidad. Bajo su cobertura, podríamos decir. Los vínculos que les atan uno al otro aún no son todos «azules», y la violencia de mi vivencia contratransferencial es testimonio, me parece, de ese vestigio «amarillo»: tengo tendencia a precipitarme del lado del Yo-narcisista y hacerle el juego, como tengo tendencia a reaccionar sin retroceder frente a la máscara maníaca que Didier agita ante mí. Pero mi técnica de «no-respuesta» a sus incitaciones crea las «barras azules» y el paso de un tren, como de un sentido.

El segundo y tercer dibujos *(dibujos 36 y 37)* permiten aproximar la evolución de esta estructura. Didier habla muy poco del dibujo 36: son todavía los trenes. Distinguimos, no obstante, un tren en marrón a la derecha que se hunde perpendicularmente al suelo, siguiendo la dirección de las barras del raíl representadas a la izquierda. Sobre los raíles de la izquierda, se sitúa otro tren. Pero una discontinuidad se ha instalado entre ellos, esta masa de tachaduras centrales. El dibujo 37 retoma esta estructura haciéndola más compleja: a la derecha aparece un barco que, esta vez,

Dibujo 36 (Ocre)

Dibujo 37 (Naranja)

se hunde en el agua porque zozobra. A la izquierda una casa y, debajo, una gota de fuego que cae en la chimenea.

Hemos pasado a los dibujos monocolores, aunque la dualidad esté representada en el mismo dibujo. El tren que pasa sobre los raíles conduce a un mundo de interpenetración ardiente —la gota de fuego que pasa por la chimenea—, mientras que el vehículo que toma una dirección perpendicular a los raíles conduce hacia el barco que se hunde en el agua. Se estructuran dos mundos en paralelo, con cualidades diferentes: lo caliente asociado a los vínculos y lo líquido asociado quizás a lo que puede apaciguar. Dos Yo probablemente: el que se apoya en la firmeza de un suelo y de una realidad, y el que se difunde en el agua.

Las semanas que siguen van a permitir que ocupe un lugar —a partir del principio de escisión al que asistimos aquí, no solamente en el interior del Yo-realidad, sino en la psiquis, como lo he señalado desde que percibí su proyecto, igualmente entre el Yo-realidad y el Yo-narcisista— la transformación de la escisión en una bisagra. Se trata de una organización entre esos dos Yo en el que uno va empezar a mantenerse por encima del otro en la formación jerarquizada de la que he hablado más arriba. Pienso que es importante observar que la complejidad de la estructura que se desarrolla en el interior del Yo-realidad repercute en el conjunto de la psiquis donde las bisagras se organizan de la misma forma. Esta forma de concebir el desarrollo psíquico permite leer el material y la producción gráfica de Didier a un doble nivel. A este propósito evocaré la *sesión noventa y dos*:

Parece más calmado y me pregunta si puede dibujar. «Inventa», dirá más tarde, las letras que reproduce Didier a su manera sobre el primer dibujo.

No obstante, toda la sesión está sembrada de reflexiones que sitúan el presente sobre un eje que lo coloca en perspectiva con el pasado y el futuro.

Apenas inicio un paralelo entre su deseo de fabricar letras y la fabricación de bebés por su padre a quien atribuye a menudo una actividad de escritura muy fértil, cuando me lanza una andanada de palabras indecentes, retomando un juego con sus ojos que se balancean de derecha a izquierda con la finalidad de evacuar la imagen o la concepción que han aprehendido. Pero rápidamente a esto le sigue la reflexión siguiente: «¿Te acuerdas cuando te decía "buenos días caca"?... ¿Por qué ya no puedo decir buenos días caca?»

Es verdad que ya no me aborda en el dintel de la puerta con esta interjección pero continúa acogiendo mis interpretaciones de la misma forma, transformando mi actividad de pensamiento en una evacuación inmediata. Si mis palabras ya no se tropiezan con una máscara maníaca que me las reenviaría con fulgor, tropiezan, a pesar de todo, con una mecánica que solamente las absorbe para rechazarlas, sin conservar la sustancia a su paso. Didier tiene la voluntad de mostrarme esto, lo mismo que en la defensa maníaca el Yo-narcisista se protege detrás de una máscara, que estimula la actividad del Yo-realidad proyectado al afuera, pero no soporta ningún retorno.

Ahora bien, a pesar de la existencia de esta rotación «absorción-evacuación», permanece una impresión, una diferencia, una impotencia para dar al tiempo una forma perfectamente circular. Se organiza en linealidad, de la misma forma que los dibujos que analizaba más arriba donde el espacio ya no estaba encerrado en el círculo de raíles, sino frenado, después cortado y habitado por dos vehículos. Así, Didier traduce cierta verdad psíquica cuando pretende que ya no puede decir «buenos días caca». Ya no está apto para manipular el espacio y el sentido de las palabras como si se encontrara en el interior de un Yo-narcisista donde el espacio y el tiempo se ignoran totalmente. Semejante retracción, en una proyección masiva del Yo-realidad en el interior de su objeto, ya no es posible. Didier debe conservar en él mismo las huellas de su Yo-realidad. Ya no puede negar totalmente su existencia. Eso nos compromete en una reflexión sobre la naturaleza de la renegación: vemos que la formulación de Didier —que aparece en el momento en que me trata como un mojón— se apoya en una capacidad de efectuar un retorno hacia atrás. Se trata de un retorno temporal («te acuerdas...»; «ya no puedo...»), pero también de un retorno de sentido (esto sucede en el momento en el que Didier está afirmando una omnipotencia anal que pretende haber perdido). Estos pocos elementos nos permitirían, pienso, comprometernos en una reflexión sobre las condiciones de instalación de la renegación, que numerosos autores afirmaron que era una parte intrínseca de la defensa maníaca. Me pregunto a la luz de lo que observamos aquí, si la renegación no tiene necesidad, para instalarse, de apoyarse en el inicio de un espacio lineal en relación con el cual la ida y vuelta entre la afirmación y su renegación puede ocupar un lugar, a imagen de la simple ida y vuelta sobre la imagen de una línea. La diferencia entre esta operación y el retorno al punto cero en el recorrido de un círculo sin fin consiste en una inversión. Que sea física o conceptual, semejante inversión supone la aprehensión de una resistencia. Sin ir más lejos. El cuerpo o el pensamiento se detiene y después se invierte. Vuelve sobre sus pasos o reniega de su recorrido. El trabajo de la resistencia de la realidad, o a la realidad, es menor o diferente que el que ocupa un lugar en la represión donde la multiplicación de los vínculos tiende un puente sobre los elementos escindidos y renegados. Veremos que en los mismos dibujos Didier representará el paso de un mundo cuyas partes están separadas por una renegación, un mundo en el que lo son más por una represión, en cuanto los vínculos que les unían contribuyen a la formación de una barrera de contacto, estanca sin ser rígida.

Didier, en su segundo dibujo *(dibujo 38)*, instala claramente la base de un soporte. Se trata de un camión que contiene las piedras que transporta y que un ladrón ha escondido. Se trataría de hecho de los tesoros de una casa.

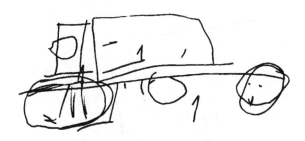

Dibujo 38 (Naranja)

Pienso que es importante considerar aquí la evolución de la forma de los raíles. Todo sucedería como si Didier no hubiera conservado más que una sola línea de raíles para hacer una base de verticalidad: efectivamente, si la línea de base del camión es horizontal, el conjunto se ve en una perspectiva vertical, a diferencia de los raíles que hasta ahora estaban dibujados como si se vieran de plano, a partir del cielo. No obstante, los últimos dibujos empezaban a oponer, a semejante perspectiva, la de un hundimiento en una profundidad. El raíl «inferior» habría sido suprimido aquí para solamente dar lugar a un raíl «superior», que sirve de base de apoyo al cuerpo del camión. De la misma forma, una articulación —concepto que solamente parece que puede nacer con el de una verticalidad naciente— entre un delante y un detrás, se observa a nivel de lo alto del mismo camión.

De esta articulación hablaba yo más arriba con ocasión de la linealidad temporal.

En una tercera producción gráfica *(dibujo 39),* Didier dobla primero su hoja en dos. En lo alto dibuja «la lluvia» que cae, dice, sobre los «charcos de agua». Al mismo tiempo, piensa que esos trazos que despuntan hacia abajo se parecen a los dientes.

Reconocemos aquí todavía una bipartición del espacio y del espacio psíquico en dos mundos: el de los «charcos de agua», horizontal, y el de la caída que corresponde a los elementos verticales. La base de recepción y el trayecto a lo largo del eje de la tercera dimensión. El Yo-narcisista que no puede despegarse del

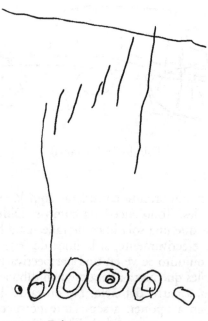

Dibujo 39 (Naranja)

suelo y el Yo-realidad que aprende la dinámica y la depresión asociada a esta tercera dimensión. La línea de plegadura que Didier
ha impuesto a su hoja antes de efectuar su grafismo es la de la
bisagra que evoco desde hace algún tiempo entre el mundo de lo
alto y el de lo bajo, el mundo que en el interior del Yo-realidad
se separa en espacio de dependencia y en base de apoyo, o en el
interior de la psiquis por completo, en Yo-realidad donde la depresión, la caída, la separación, se reconocen como fundamento
de un enderezamiento o de una reconquista del Yo, y en Yo-narcisista donde esta misma separación sería el origen de un derrame
«en charco». Pero se puede observar que esos charcos tienen una
estructura concéntrica. No realizaré aquí, el análisis fino por
miedo de alargar demasiado mis comentarios, pero me gustaría,
no obstante poner de relieve que esos charcos participan a la vez
de la representación de la concha, de la piel de cebolla, y de un
principio de formación del núcleo. Nada se lee en la psiquis de
forma univalente. Un eco del mundo fuera del cual se pensaba
encontrar para siempre en el mundo donde se cree estar.

A esta línea de plegadura corresponde la articulación entre un
mundo en el que la simbolización ocupa un lugar, y un mundo
en el que se la ignora. Así, Didier me dice: «¡Cuando digo lobo,
es justamente para hablar!»

El concepto de suspensión junto con el de retención se instala
en él durante las sesiones siguientes, como si esta capacidad para
representarse los dos planos de una caída, paralelamente a la
representación de los dos niveles de existencia del Yo, permitiera
al niño descansar, apoyar la solidez de un nivel sobre otro, en una
jerarquía que se encuentra en el Yo-realidad. En estas condiciones, Didier se duerme durante diez minutos durante una sesión
(la noventa y tres). La defensa maníaca cede entonces y, en lugar
de volar por encima de la realidad del tiempo, la aprehende.
Es durante esta misma sesión cuando me anuncia: «Cuando se
crece, se muere. Cuando se es pequeño, se tiene mucho tiempo
antes de morir. Pero mamá, es más grande, entonces tiene menos
tiempo.»

Captamos mejor a través de semejantes formulaciones cómo
la defensa maníaca de tipo primario que corta al niño de su Yo-
realidad le corta también la percepción del tiempo lineal, es decir, de un tiempo que incluye el final de todas las cosas. El Yo-
narcisista percibe el final como una muerte, aquella cuya
presencia se menciona en su toma de conciencia. Pero el Yo-rea-

lidad, que acepta esta ley del tiempo, esta cuarta dimensión, recibe como retorno la convicción de la duración: de la misma
forma que el espacio se abre y ofrece una separación entre dos
puntos, un hueco donde reposar, de la misma forma el tiempo
ofrece la prolongación de una duración. Por ello, Didier puede
dormirse un momento durante la sesión. Quisiera «ser grande y
no pequeño», dice. Y justifica su necesidad de sueño con cierto
cansancio: «Es porque estoy cansado. Como cuando subo, y
subo... ¡entonces tengo necesidad de sentarme en un banco!»

Yo diría que en esta detención puede olvidar, por un momento, la defensa maníaca, la salvaguarda consciente de la existencia de su Yo-narcisista. Ya no tiene necesidad de mantener su
Yo-realidad lejos de él, proyectado en el objeto. La reintegración
de este último corresponde a la reintegración de un vínculo *Self*-
objeto que permite al primero caer con confianza en los brazos
del segundo, de «sentarse sobre un banco» en lugar de mantenerse solo. De la misma forma el Yo-narcisista puede abandonar,
un momento, la preocupación por su protección a la organización del Yo-realidad.

Durante esta misma sesión noventa y tres, Didier efectúa el
dibujo siguiente *(dibujo 40)* en el cual aparece claramente el doble nivel que he evocado y la capacidad de retener —en esta es-

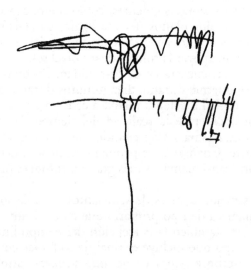

Dibujo 40 (Naranja)

tructura cruzada— los trazos que caían en los charcos durante la sesión anterior. El dibujo del monigote que surgirá durante la sesión noventa y cinco se inicia aquí.

En el intermedio *(sesión noventa y cuatro)*, Didier recupera el trabajo de despegamiento de las envolturas del *Self* y del objeto. Me previene: «¡Voy a dibujarte algo que aún no te he hecho!» Pretende que es un nabo en el que la cola es la raíz, «y dentro hay cosas...» *(dibujo 41).*

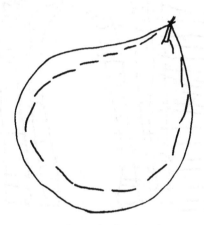

Dibujo 41 (Naranja)

Si consideramos la relación entre el Yo-realidad y el objeto, ese dibujo ofrece una bastante bella representación del apuntalamiento adhesivo de ese Yo —en forma de las rayitas discontinuas— sobre la continuidad de la envoltura objetal. La «raíz», como la llama Didier, de ese doble «nabo», pienso que corresponde al vestigio psíquico del cordón umbilical. Por otra parte, las dos raíces están, cada una, en situación de obtener su autonomía. En una problemática oral, la lengua del bebé empieza a distinguirse del mamelón del pecho.

Si consideramos la relación entre el Yo-realidad y el Yo-narcisista, podemos ver que este último empieza a despegarse del dominio del Yo-realidad. Se enrolla en el adentro de él, en la forma en la que los objetos internos van a habitar el interior del *Self.*

En un segundo dibujo *(dibujo 42)*, durante esta misma sesión, Didier retoma los elementos constitutivos del «nabo», pero le

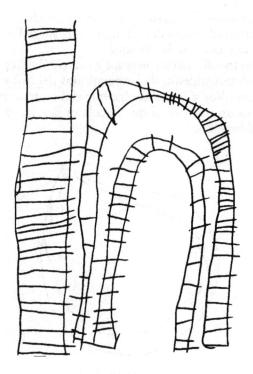

Dibujo 42 (Naranja)

hace falta representar un papel en una dinámica que presupone
un juego en un espacio en tres dimensiones: las dos envolturas
encerradas una en la otra se han convertido en dos «soportales»
franqueando el uno al otro sin confundirse con él. Pienso que la
columna de la izquierda, cuya presencia se descubrió hace mucho tiempo en los dibujos de Didier, aparece claramente como la
recuperación de la «raíz» del nabo anterior. Pero esta raíz ya no
tiene la función de que se hunda la identidad del *Self* en este objeto. Por el contrario su función es la de separar las identidades
y mantener el espacio abierto. Por otra parte, Didier lo formula
muy bien: «¡Es un palo que sirve para mantener abierto el hocico
del lobo para que no muerda!»

La mordedura del lobo nos envía no solamente a la fisura, sino
a una cerrazón del espacio bucal, inmediata, como si no se man-
tuviera el tiempo de una espera. Como si la «suspensión» de un

deseo —para referirnos al aspecto suspendido del «nabo» o al «suspenso» del primer dibujo— no se pudiera tolerar. Mantener abierto el hocico del lobo por un palo de ese género es mantener en el centro del orificio bucal una distancia que hace que se pase de un trabajo con la bidimensionalidad a un trabajo con los orificios y su investimiento pulsional. La barra del raíl, cuya existencia se reconoce aquí, impedía que las dos superficies se colapsaran. Esta barra —convertida en una tercera dimensión de pleno derecho— empieza a asumir una función independiente, origen de lo que se atribuirá a la función paterna, cuando la problemática edípica en sus primeros lineamentos, ponga en juego a una pareja sexualmente diferenciada.

En la *sesión noventa y cinco,* aunque él la llama «manzana», reconocemos la forma del «nabo» precedente *(dibujo 43).* Pero este

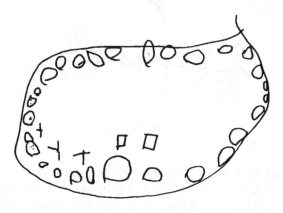

Dibujo 43 (Naranja)

saco yoico está ahora poblado de objetos internos diferenciados. El cruzamiento —también representado— del palo y del círculo forma el cuadrado. Observamos dos que ocupan el lugar central. Podemos también observar que esos objetos internos —tratados de forma muy superficial por Didier que solamente habla de «decoración»— no se alejan todavía demasiado del contorno. Porque no tenían suficiente fuerza para poder pasar de un apuntalamiento narcisista al funcionamiento del objeto externo. Sin embargo este rosario se despega de este objeto para desembocar en una representación del Yo-realidad integrando el trabajo an-

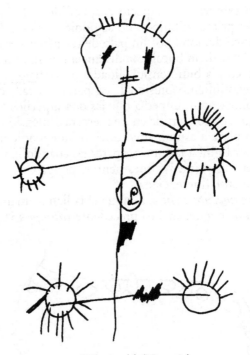

Dibujo 44 (Naranja)

teriormente realizado. El dibujo del monigote *(dibujo 44)* está hecho de cruzamientos y de discontinuidades. A un sistema lateral casi perfecto corresponde una simetría entre los miembros superiores e inferiores. La mirada, aunque tachada, a pesar de todo la llevan los ojos que se sitúan en la cara. Pero todo sucedería como si, en una simplificación reductora, Didier hubiera trazado esta forma casi esquelética a partir de sus nuevas concepciones sobre el valor del cruzamiento en el Yo, y entre los espacios internos y externos de este último.

Muy rápidamente esta figura es atacada: se trata de una «mamá», según él. Una piedra le aplasta el pie, el vientre. Ella sangra. Nosotros podemos pensar que también los ojos han sufrido un ataque. Detrás de una interpretación que pone en evidencia el vínculo con el objeto y la agresividad contra una madre que puede llevar un bebé, que puede irse, o que puede perseguirle con la mirada, yo consideraría sobre todo los ataques contra la imagen en construcción de un Yo-realidad —que el mismo objeto lleva, como yo lo pretendo, en la defensa maníaca— que puede mantenerse de pie, poseer un espacio interno —a nivel del vientre— y que se atreve a ver claro o a aprehender la realidad del día que amanece, el de la separación.

La defensa maníaca en la que Didier se fuga muy pronto va en ese sentido. Busca interminablemente los dos trozos de un lápiz que anteriormente había roto, lo cual tiene el poder de poner tensión en el ambiente. ¿Por qué sentirse tan excitado cuando el niño es tan lento? Todo sucede como si estuviéramos al cabo de una acción que no termina jamás. Como si, llevando su concepción, quisiéramos hacer caso omiso de su realización. Nos convertimos en maníacos nosotros mismos. Hemos absorbido tan bien el Yo-realidad del niño que nos hemos olvidado que nosotros poseemos uno.

El mundo está a la inversa. Se busca el «culo» arriba. Mientras reúne los dos trozos de su lápiz, Didier pretende que mamá es el trozo pequeño, mientras que él es el grande. Aprieta finalmente los dos, como las dos «palancas» de un cohete, dice, y, con fuerza sonora, mima un vuelo en el espacio, con frenados aún más ruidosos.

Ahí ocupa un lugar, en mi contratransferencia, el apogeo de la defensa maníaca. Me siento a la vez excitada e impotente para retener este vuelo más allá de las leyes de la gravedad. Todo sucedería como si yo tuviera, más que a mí misma, que atar su Yo-realidad a su disfrute narcisista primario que le lleva lejos de lo que acaba de realizar conmigo: la imagen de un Yo capaz de reconocer las leyes del espacio y del tiempo.

En este sentido es en el que yo sitúo la defensa maníaca, en la bisagra del Yo-narcisista, a punto de su transformación parcial en Yo-realidad. La imagen de los dos nabos de la sesión anterior nos conduce a ese momento. La maduración de ese movimiento nos condujo muy rápidamente a la representación del Yo-realidad en forma de ese monigote. Pero la herida del Yo-narcisista se proyecta sobre los elementos que entrañan una disimetría fundamental entre el Yo-narcisista y el Yo-realidad: la aprehensión de la luz, del mundo interno y del movimiento (de ahí el ataque de la mirada, del vientre y de los pies).

Podríamos considerar, según la concepción clásica, que Didier abandona en mí la imagen de una madre mortífera tanto como la depresión, la desvalorización que la habitan, y de las que él huye en el espacio con una imagen materna idealizada. Esto se asociaría a la necesidad de invertir los valores y de situar el «culo» arriba y la cabeza abajo. Pienso que esta concepción de las cosas es exacta desde el punto de vista del tratamiento «secundarizado» de la defensa maníaca. Pero en lo que se refiere a la defensa maníaca llamada «primaria», la que da cuenta también del fulgor de mi contratransferencia, el desafío se sitúa entre el Yo-narcisista y el Yo-realidad. No solamente es el objeto mortífero al que se abandona «abajo» en la superficie de mi conciencia, es el Yo-realidad de Didier capaz de ver, de contener, de actuar. Se trata de una acción que lleva un sentido y no de una acción que pretende evacuar el sentido. La loca carrera en la cual siento el impulso de comprometerme para recuperarlo me empuja detrás de un señuelo, el de la máscara de un niño pequeño que quiere volar con su madre hasta el cielo y que deja al padre abajo, soplando de rabia, como el lobo contra los «Tres cerditos». La inversión de los valores y del sentido del espacio me conduce a pensar que el niño nos da el espectáculo de un vuelo en un mundo donde, más allá de la realidad paterna, está la realidad de la gravitación que se suprime y, con ella, el mismo peso del cuerpo, de sus pulsiones, del Yo-realidad finalmente. Por ello me comprometo en su persecución como si yo fuera aspirada por un «agujero negro». Creyendo verle caer, no me doy cuenta de que ha construido los medios para permanecer en su superficie, mientras que le empuja a perderme. Si se toma en serio semejante paripé, se deja uno el pellejo. Así, la técnica que permite confrontarse con las defensas maníacas consiste ante todo en reconocer lo verdadero de lo falso, el señuelo que no tiene peso de lo que sobrecarga al Yo-realidad. Es una gran victoria —sino un triunfo al revés— cuando se trata de las defensas maníacas, que de llegar a no hacer nada y a proteger, de este modo, con sus propias capacidades de pensar las capacidades nacientes del Yo-realidad del paciente.

La defensa maníaca pone a prueba al objeto y en este sentido, lo reconoce en su realidad. Pero le somete a tales tensiones que a menudo está muy cerca de sucumbir a la tentación de deslizarse en su torbellino. Considerar los envites primarios de esta defensa que pueden ayudar a continuar existiendo, analíticamente se entiende.

Antes de cerrar este capítulo, me gustaría evocar —si no el retorno del cohete a la tierra— por lo menos su vuelta al contacto con la atmósfera terrestre.

El frenado repetitivo se ha encerrado en una autoexcitación sin fin. Didier pasa de la concepción de un cohete a la de un globo. Una cuerda no sería suficiente para retener la barquilla porque con la tormenta, un rayo eléctrico podría cortarla. Considera la «profundidad» del espacio demasiado importante, el peligro de que el viento se precipite hacia el globo, le haga volcar y no lo invierta en ese mismo espacio.

Henos aquí de retorno en las turbulencias angustiosas de la atmósfera terrestre. Ya no estamos en el aislamiento de un cohete arrastrándome en su estela. Ya no me siento invadida por la locura maníaca. Los vínculos, las cuerdas, atan la realidad del Yo a la del objeto. Así atan a los dos Yo entre ellos, situando al Yo-realidad bajo el globo narcisista, a diferencia de lo que sucederá a continuación.

Son dos cuerdas, dos brazos, que atan el niño al objeto. Pienso que detrás está la necesidad de una cuerda de reemplazo, en el caso en el que una no estuviera ya disponible, se sitúa la verdad pulsional que Didier intenta aprehender, y con relación a la cual una «barquilla» constituye un bosquejo continente: la pareja y su electricidad desencadenan en el Yo una reacción tormentosa que corre el peligro de hacerle perecer. Todo el frágil conjunto de la psiquis en construcción corre el peligro de volcarse a su vez en el espacio. Las cuerdas que atan al Yo con la imagen idealizada que debe tener de él, tanto como de su objeto, también corren el peligro de romperse. Aún no es el tiempo de situar al Yo-narcisista bajo la protección del Yo-realidad. Éste tiene todavía demasiada necesidad de autodefensas, y el Yo-realidad es todavía muy frágil para no contar con la jubilación segura que le proporciona en todo momento ese Yo-narcisista.

Capítulo IV

La emergencia de la represión
y la depresión secundaria

Sesiones 103 a 122

Este capítulo que nos conducirá hasta la sesión ciento veintidós, nos hará llegar, al mismo tiempo, hasta el umbral del establecimiento de una depresión de tipo secundario.

Hemos visto cómo la separación del *Self* y del objeto suscita, no solamente en el Yo-realidad sino también en el Yo-narcisista, una reacción defensiva contra una angustia de caída. Al principio del tratamiento, a la vivencia de caída solamente se oponía la formación de un «nudo» que detenía la continuidad de un hilo. A lo largo de los capítulos anteriores hemos visto que la formación de «frenos» podía moderar el fulgor, no solamente de esta caída, sino de la crecida pulsional representada por la carrera de un tren.

He situado a la defensa maníaca como la bisagra entre un proceso defensivo del Yo-narcisista, que aligera la psiquis de su Yo-realidad en provecho del objeto para mantener al objeto atado a sí mismo, y un proceso de elaboración del Yo-realidad que se apuntala sobre el funcionamiento del objeto. No respondiendo a la excitación inducida por semejante defensa, el objeto empuja al paciente a la reintegración de su propio Yo-realidad, trasmitiéndole que solamente por el funcionamiento de este último podrá tener acceso al objeto. Fuera de esto, es apartado de todo y reducido a sus propias fuerzas, que son ínfimas. La técnica de no intervención, en este caso preciso, empuja pues al paciente a la reintegración de las partes escindidas de su Yo. Por estas mismas razones he situado la defensa maníaca como una espacio parcial de las defensas autísticas: la necesidad imperativa de una respuesta del objeto se manifiesta de la forma que acabo de recordar.

En la *sesión ciento tres,* que corresponde a la última del año, anterior a las vacaciones de Navidad, asistimos a un posible fracaso de su defensa maníaca:

Dibuja un coche *(dibujo 45)* teniendo cuidado de dejar un lugar entre las dos ruedas para un «depósito», precisando que un mecanismo permite cerrarlo. Asocia esta cerradura con un diente.

Dibujo 45 (Violeta)

El segundo dibujo *(dibujo 46),* realizado más tarde en sesión, deja también un lugar a lo que toma el relevo del «diente», el «clavo»: se trata de un castillo con sus torres, una puerta y una ventana. Para que esto esté bien atado, hace falta «un clavo».

La oralidad cortante, picante, la que se asocia primitivamente al corte del cordón umbilical, primer vínculo con la madre, y que amalgama en la representación del lobo, a la vez las propias pulsiones destructoras del niño y su proyección en una imago paterna, esta oralidad empieza a vivirse como una base de vinculación con un objeto capaz de socorrer al niño desamparado. El diente como el clavo pueden servir de punto de atadura y constituirse ellos mismos en cuanto objetos preciosos, que el niño no desea perder. Se trata del narcisismo secundario —cuyo prototipo es fálico— y ya no del que gravita alrededor del Yo-narcisista pri-

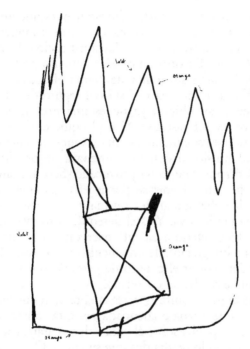

Dibujo 46 (Naranja-Violeta)

mario. Didier coge un conejito, ata un cocodrilo a su cintura y le hace «volar» como habitualmente. Lo que hoy es diferente, es el rechazo manifiesto por parte del cocodrilo de volar así y el deseo, como lo manifiesta Didier, «de no perderle».

A pesar de todo, cuando vuela, un grito atraviesa el espacio. Una huida no solamente física sino también psíquica de las ideas en proceso primario, hace temer a Didier un aplastamiento masivo contra un obstáculo. Quiere frenar. Habla de pegarse al suelo. Para eso le haría falta papel celo, y para ello utiliza la porquería de su nariz. Una analidad que no bloquea semejante impulso es reemplazada por un intento de evacuación de la percepción intolerable que le ha dado el sentimiento de vaciarse: grita, y se ríe del lobo, canta la canción del lobo como para encantarle o persuadirse de que ya no tiene miedo. Al final mira de derecha a izquierda para aniquilar el órgano o el Yo, en el origen de la percepción traumática para su Yo-narcisista.

Todo sucede como si su Yo-realidad y las pulsiones, los vínculos con los objetos que soporta, chocaran nuevamente —en favor de este acontecimiento en la realidad, está la interrupción de las sesiones— con su Yo-narcisista. La constitución de un vínculo hiere a este último. En otro tiempo, el conejito podía volar alegremente por los aires sin temor de perder el cocodrilo atado a su cintura. Ahora, Didier ya no está tan seguro de esta atadura: es posible perder su objeto, ya no es una prolongación de sí mismo. Es posible ser castrado. Si no lo quiere, sin embargo lo concibe. No se trata solamente de una vivencia de vuelo asociada a un orgasmo pulsional con una amenaza de pérdida, con el orgasmo, del órgano que lo ha provocado. Se trata también del sentimiento que un «clavo»: se puede efectuar una muesca en el interior de la defensa maníaca misma y en su vuelo. La omnipotencia se ha perdido ya. Y es el deseo de conservar su órgano, su pene, su objeto atado a él, que hace que lo pierda. Se trata también de la reintegración de un vínculo con su Yo-realidad. Didier ya no quiere correr el peligro de perderlo por su vuelo maníaco. No quiere perder su cocodrilo.

Pienso que lo importante es darse cuenta aquí que hasta ahora yo era la única que estaba preocupada por esta conservación: soy yo la que me precipitaba sobre él para volver a atar su «cocodrilo» a su cintura cuando lo perdía durante su vuelo. Quiero decir que soy yo la que intentaba siempre hacerle escuchar, con mis interpretaciones, la voz de la realidad. Haciéndolo así le privaba de la angustia de perder su «cocodrilo» o su Yo-realidad. Un cambio de técnica y el acontecimiento de esta separación inminente le permitieron reintegrar su angustia así como la posibilidad de utilizar su propio Yo-realidad, sus propios «dientes» y sus propios «clavos».

He citado esta sesión en parte porque me parece que anuncia la capacidad que va a nacer en los meses que siguen, y asegurar una continuidad en la separación. Paralelamente al apoyo sobre un terreno más estable, se designa una jerarquía entre los dos Yo, el Yo-narcisista se sitúa poco a poco por debajo del otro. Este es un movimiento que introduce el principio de una represión. Pero solamente es el principio de la serie de sesiones siguientes; a partir de la sesión ciento cuarenta y cuatro empezaremos a entrar en una depresión de tipo secundario, una depresión que asocia la pérdida a la tristeza y ya no a la angustia de una falla de la identidad.

Voy pues a intentar trazar las grandes líneas de la evolución de este año, tomando como puntos de referencia las representaciones cada vez más conscientes y precisas de los dos aspectos del Yo y de su situación separada en el interior del espacio psíquico.

Todo trabajo interior se traduce en Didier por una crecida de excitación al límite de lo tolerable —lo que se traduce en él por una sensación de quemadura. Sus dibujos se convierten entonces en un amarillo intenso, como si el soporte de su representación misma estuviera ardiendo. Se calma cambiando de color: el azul lo percibe como agua que «refresca», así es como lo dice él mismo.

He observado cómo el diente, el pincho, el pene eran vividos como los elementos que, primero cortaban el vínculo primitivo con el objeto, después perturbaban la quietud del Yo-narcisista. Estos elementos (cfr. la sesión ciento tres), son investidos inmediatamente como permitiendo al Yo-realidad recrear un vínculo con el objeto. El diente, lo hemos visto, ya no es solamente el que corta, sino el que permite, como el clavo, atarse sólidamente al objeto. A este nivel de transformación del vínculo primitivo, es cuando debe constituirse como puente que asume el espacio de una separación en lugar de ser solamente una prolongación del Yo-narcisista que la niega y donde se sitúa la explosión pulsional y la intolerable excitación de la que hablo. Esta irritación casi fisiológica, que evoca la de una piel expuesta a estimulaciones nuevas y todavía demasiado intensas para ella, es la que lleva el analista en la defensa maníaca. Es la de un Yo-realidad que pertenece al paciente, Yo-realidad que él mismo soporta los efectos del choque percibido a nivel de la superficie del Yo-narcisista.

La rabia castradora que, por momentos, se apodera de Didier, se sitúa en esta bisagra de la que hablo: muerde y rompe todo lo que sobresale del cuerpo de los animales que están en su caja de juguetes —dejando una hecatombe detrás de él— como si un proceso de involución le empujara a devolver la emergencia pulsional contra ella misma. Una especie de freno que permitiría al Yo-realidad no entrar en el círculo vicioso donde la satisfacción de la pulsión, en lugar de tranquilizarle, por el contrario le excitara. Así vemos nosotros a los niños que se encierran en el deseo sin fin de cortar lo que corta. A nivel secundario, se trata de proteger al objeto de los ataques castradores. Pero a nivel primario, se trata más de un proceso asociado a una escisión que se está realizando entre el Yo-narcisista y el Yo-realidad, es decir, entre una zona psíquica donde la excitación no se puede tratar de otra forma que por su evacuación

integral, y una zona psíquica donde esta misma excitación
puede transformarse, y el Yo descargarse. En el Yo-narcisista,
toda irritación que moviliza una actividad para simplemente
evacuarla, desemboca en un resultado inverso: una inflación de
excitación. En el Yo-realidad, sucede de otra forma: toda excitación que moviliza la actividad del Yo para descargarla dirige
la pulsión hacia el objeto y hacia un apaciguamiento, bien sea
duradero o momentáneo.

Todo transcurriría pues como si la formación del Yo-realidad
y su desarrollo alcanzaran aún al Yo-narcisista. Por otra parte ahí
se sitúa, como ya lo he señalado, la especificidad de las defensas
maníacas primarias, por lo que el Yo-realidad se proyecta en el
objeto. Parece no obstante, que el desarrollo pulsional, asociado
al Yo-realidad, se vive como una amenaza para el Yo-narcisista: la
serpiente se muerde la cola, la pulsión se vuelve contra ella
misma, el señuelo maníaco intenta irritar sin cesar al Yo-realidad
del analista, que intenta en vano alcanzar al del paciente, sin darse
cuenta de que él mismo lo lleva. Ese mundo que hemos visto en
la perspectiva de un distanciamiento del Yo-narcisista de las zonas de la psiquis vividas como peligrosas para él, las vemos aquí
como peligrosas en la perspectiva del apuntalamiento del Yo-realidad del paciente sobre el del analista, y así a la vez del trabajo
de vinculación y de separación que se debe establecer entre estos
últimos.

La *sesión ciento diez* ofrece una ilustración de lo que acabamos
de decir.

> Pretende que le he dado una nueva caja de rotuladores —lo
> que es exacto después de la última sesión— pero se apodera de
> dos viejos lápices rotos y los utiliza como dos palancas y se pre-
> para para jugar a los moteros, mientras que yo me siento en un
> estado contratransferencial inmediatamente insoportable: siento
> que algo hierve en mi interior, preparado para reaccionar a la me-
> nor incitación por su parte. Como si mi propio Yo-realidad, y el
> suyo, fueran a explotar bajo el impacto o en eco a los enormes
> ruidos de las explosiones de su moto. La gran velocidad de esta
> última ha tomado el relevo a la elevación de los cohetes de an-
> taño: va muy rápido, en lugar de elevarse muy alto. Pero está más
> cerca del suelo. Al no poder proteger más mi propio funciona-
> miento, le pido que se detenga. Inmediatamente —como si es-
> perara esto también, lo que es un rasgo característico de las de-
> fensas maníacas— se detiene y dibuja.

Esta reacción va en el sentido de la tesis que intento construir aquí: el paciente maníaco ha proyectado su Yo-realidad en el otro, de tal forma que toda su actitud se propone provocar la confirmación de esta proyección. Bajo su aparente actividad, el maníaco es muy «pasivo» porque no lleva en sí mismo la responsabilidad por su vínculo con el objeto. Está satisfecho cuando le doy la prueba de que soy yo quien decide que efectúe tal o cual actividad.

Por otra parte, también está aliviado porque no podría, por sí mismo, tomar contacto con la realidad: su moto, o su cohete, le han llevado muy lejos del suelo.

Tranquilizado, dibuja y, como si hubiera recuperado el contacto con su Yo-realidad, me expone gráficamente lo que se desarrolla en él: cómo su espacio psíquico empieza a estructurarse.

El primer dibujo *(dibujo 47)* es completamente amarillo. El espacio está estructurado de arriba hacia abajo y lateralmente; las líneas —que corresponden a cañas de pescar— delimitan esta estructura. A la izquierda descubrimos dos líneas horizontales que delimitan un espacio acuático mientras que por encima se mantiene un coche en un espacio aéreo. A la derecha también hay coches, las cañas de pescar se hunden en el fondo del agua y miden la profundidad. De cada lado de un pequeño «Mickey» central, dos enormes conchas están atadas a las cañas de pescar.

Esos largos hilos atan a los elementos de un espacio interno naciente, un espacio submarino, al Yo-realidad representado por el coche. A la vez que en ese mundo interno, dos conchas remiten a una pareja de padres en el centro de la cual se encuentra el niño —ese pequeño Mickey—: se instaura una oposición entre el Yo-narcisista protegido por una concha y el Yo-realidad más «humano».

Todo va a transportarse *(dibujo 48)* a un espacio aéreo. En lugar de estar debajo del agua, estamos en el aire. Didier habla de la formación que traza a la izquierda como de algo que permite ir bajo el agua y refrescarse cuando hace calor y volver a subir a la superficie cuando hace frío.

Las dos enormes conchas del dibujo anterior se han convertido en parte en dos mecanismos de regulación de la temperatura. Por otra parte, quedan restos de las huellas de la concha so-

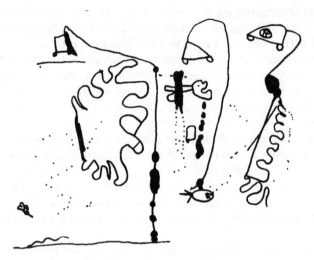

Dibujo 47 (Amarillo)

Dibujo 48 (Azul)

bre la rama vertical de la formación de la derecha. Ahí también el niño se encuentra atenazado entre las dos grandes escuadras, representaciones primitivas de objetos parentales parciales internos; a la derecha se bosqueja la flecha masculina y a la izquierda los pechos maternos. El conjunto se baña en un espacio aéreo refrescante, por oposición al espacio acuático ardiente del dibujo anterior. La línea del suelo se adivina a nivel de la base de la casa, del coche y de los raíles.

Me gustaría poner de relieve la importancia de la comparación de los dos dibujos, para captar mejor las distinciones que intento teorizar desde el principio entre el Yo-narcisista y el Yo-realidad. Las fuerzas de tracción y de vinculación se dirigen primero de arriba hacia abajo (dibujo 47), como para llevar hacia el espacio aéreo del Yo-realidad el espacio submarino del Yo-narcisista. He subrayado también la ambigüedad de esas representaciones porque, si en el espacio submarino se sitúan las conchas, que flotan y que solamente de nuevo han sido atadas por esos hilos a otro mundo, en este espacio se encuentran también los peces y la representación de un pequeño Mickey. Esto me ha permitido sugerir que el espacio del que tratamos aquí es el espacio psíquico interno, poblado de objetos internos —las dos conchas nos reenvía también a la pareja parental— y encima del cual reina el mundo de los coches y del Yo-realidad. Sugiero pues que el mundo interno es una transformación y conserva la huella, o deja un lugar al modo de defensa narcisista primaria propia del Yo-narcisista. Pero la representación esencial es la del corte que se instala en el *Self* entre el Yo y el objeto, de la misma forma que entre el Yo-narcisista y el Yo-realidad. Así vemos las dos manos de Mickey extendidas cada una horizontalmente hacia una concha. Esas dos conchas vuelven a tomar, por otra parte, en su dibujo, engrosadas y multiplicadas, la sinuosidad de los dedos. Se puede también verlas como dos manos cortadas, con un trazo vertical que separa la mano derecha de Mickey a nivel del cuerpo, de su mano izquierda despegada del cuerpo al final de un trozo formado por el brazo. La vivencia de continuidad absoluta entre el *Self* y el objeto, característica del Yo-narcisista, se ha roto. Lo que el niño creía poseer como si fueran las partes de su cuerpo, «manipulables» a placer, como lo serían sus propias manos, empiezan a verse como dos objetos separados de él. Se sitúa en el medio, los separa, pero empieza a concebirles y a concebirse, por ello mismo, como hilos de tensión.

Ahora bien, en el dibujo 48, la tracción, como lo indica por otra parte la flecha, ya no se dirige de arriba hacia abajo, sino a la inversa, de abajo hacia arriba. El espacio interno se sitúa por encima del Yo-realidad y del monigote, el cual está dotado de órganos perceptores a diferencia del Mickey del dibujo 47. Las dos manos del monigote ya no participan de las dos formaciones situadas de un lado al otro de él mismo. Por el lado izquierdo, la forma materna conserva el dibujo del vínculo primitivo umbilical, que ataría el brazo derecho del niño a su regazo. La fisura es clara y, como bajo el choque que hubiera acarreado, el niño inclina su cabeza hacia la derecha, encontrando ahí el «collage» que perdió en la izquierda, y taponando también el trauma auricular primitivo provocado por el corte del cordón. Pero, una vez que se ha cortado el cordón a la izquierda, otro cordón se constituye a la derecha en forma de una línea hecha de puntitos que ata el brazo izquierdo del niño a otra forma mamelonaria, la de la chimenea. Pero estamos sobre el suelo de la realidad y Didier solamente podrá reunirse con su objeto integrando la discontinuidad de todo vínculo con él.

Entre la inmensa riqueza que la comparación de esos dos dibujos revela, he elegido algunos elementos que nos permiten captar mejor los envites del paso de un mundo psíquico caminando por la «concha», hacia un mundo en el que reinan el Yo-realidad y los objetos internos en los cuales delega el papel de tirar hacia arriba. Se trata de un mundo en tres dimensiones en el que la vertical y la horizontal, el frente y el perfil (como los «pechos» del objeto materno de la izquierda), el niño y el adulto, lo femenino y lo masculino se articulan en el interior del mismo niño. Pero principalmente se articula el mundo de los objetos internos del niño, los que viven en su cabeza como en su cielo, y el mundo de los objetos reales, su casa, su camino, su «fusil». El niño «desciende» de un mundo inmenso e «ideal», para permanecer dentro de los límites de la realidad terrestre. He querido subrayar la existencia de zonas de «collage» y de diferenciación entre el mundo del Yo-narcisista, donde todo participa de una prolongación de sí mismo, y el mundo del Yo-realidad al cual pertenecen los objetos internos en cuanto elementos separados de sí mismos. Vemos que la separación aún no se ha efectuado bien entre esos Yo en la medida en la que el elemento paterno de la derecha *(dibujo 48)* conserva las huellas de la «concha».

La comparación de esos dos dibujos permanece, sin embargo,

como una fuente de reflexiones que se refieren a la relación entre el Yo-narcisista y el mundo de los objetos internos idealizados. Estos se han descrito a menudo como los objetos idealizados porque el *Self* los vive como no separados de él mismo. La franja que nos permite distinguir el «enconchamiento» narcisista primario que protege al *Self* de toda percepción objetal, y de los vínculos primitivos con los objetos internos idealizados. Pienso que asistimos aquí a una transformación de las líneas de fuerza que atan el Yo-realidad a su base de seguridad. En el dibujo 47 aparece la conciencia «ardiente» de la dependencia del Yo-narcisista a las líneas de fuerza del Yo-realidad: son los coches que sostienen con sus líneas (esos vínculos que se curvan y cuya forma será recuperada por las grandes articulaciones del dibujo 48), al mundo acuático subyacente. Se pasa del estadio de concha al de pescado, después al de Mickey y finalmente al de conductor del coche (cf. el coche de la derecha). Se trata de una progresión no solamente de tipo diacrónico sino también sincrónico ya que todos esos estadios coexisten en el *Self*.

En el dibujo 48, nos encontramos en el suelo y los vínculos están cortados por un mundo narcisista cuya fuerza de atracción solo puede habitar a los «objetos de arriba», los que se encuentran por encima del Yo en cuanto objetos de identificación. Del dibujo 47 al dibujo 48, el mundo ha cambiado de sentido: mientras que en el dibujo 47, el mundo narcisista primario se mantiene debajo del Yo-realidad que le atrae parcialmente hacia él y que lleva consigo su transformación relativa, en el dibujo 48 la fisura entre el Yo-narcisista y el Yo-realidad se ha transmutado en una fisura entre el Yo-realidad y los objetos internos idealizados. La afirmación de continuidad absoluta entre el Yo y el objeto, propia del Yo-narcisista, solamente se rompe transformándose ahora en un descenso de un objeto ideal hacia el cual se ha instaurado una tensión, que le lleva hacia una esperanza de identificación o de reencuentros, como en la etapa de la concha. Reconocemos aquí un movimiento ya descrito (J. Chasseguet-Smirgel, 1973) en el que el niño que se ha identificado primero con el Yo-Ideal, debe perder esta posición para atribuir este ideal a la posición del objeto hacia el cual, ahora, solamente puede tender en un movimiento identificatorio no inmediato. J. Chasseguet demuestra muy bien cómo el niño delega en su objeto la idealización que para él mismo ha perdido.

Pienso que una idealización que tiene en cuenta las defensas autísticas y su evolución permite comprender mejor este paso del Yo-narcisista (donde se encuentra el Yo-ideal en cuanto instancia narcisista) al investimiento de objeto. Es como si en la medida que se efectúa este movimiento, aparece la prohibición del Yo-realidad de refugiarse también inmediatamente en su retracción narcisista. Así se subraya la ambigüedad, si no la flexibilidad, de los movimientos psíquicos: el concepto de Yo-ideal no tiene en cuenta la rigidez de los mecanismos propios para proteger la vivencia narcisista primaria, como lo hacen el concepto de Yo-narcisista y la descripción de las defensas autísticas que le acompañan. Por el contrario, el Yo-ideal permite captar cómo la imagen de sí mismo idealizada, puede ser recuperada en todo momento por el Yo-realidad, cuando se siente demasiado golpeado por la realidad de sus objetos, que le ponen en un estado de necesidad o que le reenvían una imagen de él mismo demasiado poco valorizante. No he puesto de relieve hasta ahora este aspecto de las cosas. Sobre todo he puesto en evidencia cómo el Yo-realidad se separa del Yo-narcisista, y cómo ese movimiento corre el peligro de que este último lo viva como una herida, con todas las repercusiones que él hace que soporte el Yo-realidad. No he puesto en evidencia cómo el Yo-realidad, a su vez, inviste al Yo-narcisista como una instancia en la cual se refugia, como en una retracción, cuando la realidad a la cual pertenece es demasiado dolorosa para él. Pienso que ese movimiento —necesario para el equilibrio de la vida psíquica— es lo que justifica la protección de la que disfruta el Yo-narcisista. Ahora bien, en el movimiento que describimos ahora, tiene lugar un duelo fundamental que prohíbe al Yo-realidad, en transformación, refugiarse como en el pasado, en el seno del Yo-narcisista. Debe despegarse como de un objeto con el cual el tiempo de la fusión se ha acabado. Es muy evidente que ésta es la descripción de un movimiento que solamente afecta a una parte del Yo-realidad y del Yo-narcisista. El Yo-narcisista, continúa en su lugar. Lo que se jugaba entre el Yo-realidad y el Yo-narcisista, parece que se juega primero ahora entre el Yo-realidad y sus objetos internos idealizados.

Trazaremos algunos puntos de esta evolución a través del estudio del lugar del dibujo del monigote en relación con los objetos que le rodean.

　　　　Durante la sesión siguiente, tres dibujos recuperan el tema que acabo de evocar.
　　　　Se trata primero de un monigote —en azul— *(dibujo 49)*, que

se encuentra debajo de dos «embarcaciones», dice. El lado derecho no tiene pie.

Dibujo 49 (Azul)

A continuación, ese mismo monigote —en negro— se mantiene sobre las nubes. Una nube toca su pierna estropeada *(dibujo 50)*.

Finalmente rehace un círculo sin fin en forma de raíles *(dibujo 51)*.

El último dibujo nos resitúa evidentemente en el centro de una concha y de un movimiento perpetuo. Podemos considerar que esta estructura es más compleja que las que servían para representar al Yo-narcisista hace algún tiempo, pero si lo oponemos a los dos dibujos del principio de la sesión, podemos comprender que éstos pertenecen a la representación de un mundo totalmente diferente. Quizás yendo del tercer al primer dibujo seguimos un camino inverso al de la regresión. En el dibujo 50, Didier conserva todavía los elementos de su lado derecho en adhesividad con el objeto que se mantiene por encima de él, en la misma posición que los objetos grandes del dibujo 48 de la sesión anterior: la oreja se pega a una nube y, si el pie derecho está estropeado —por lo que debe apoyarse en el suelo— conserva también

Dibujo 50 (Negro)

un contacto con una nube. En cuanto al lado izquierdo, permanece a nivel del brazo, hipertrofiado como para intentar reunirse
con las nubes que ha perdido. Esas nubes representan también
las partes del Yo que se despegan de la línea de arriba, la de los
objetos que ahora son inaccesibles.

Cuando se pasa al dibujo 49, nos encontramos delante de un
Yo mucho más estructurado, situado precisamente por debajo del
vínculo que une dos objetos para formar una pareja combinada.
Vemos que los cabellos intentan formar los vínculos que atan

Dibujo 51 (Verde)

concretamente al Yo-realidad con su objeto, por el lado donde, en el dibujo 50, el Yo se adhiere al objeto por la oreja, y la cabeza ya no es esa bola nubosa y sin consistencia. El lado derecho —a la izquierda del dibujo— aún no tiene pie, no está pues en el suelo, la mano no tiene aún la palma y sus dedos no son una prolongación del brazo de forma multiplicada, como las antenas de los cabellos. Por el contrario, a la izquierda el Yo-realidad está mejor terminado y en relación con un objeto, que lo es también más ya que posee igualmente una formación mamelonaria sobre una curva que, de otra forma, sería perfectamente lisa. Ese mamelón está ahí como un vínculo construido en el objeto para atarle al Yo de una forma que permite a este último asumir la distancia que le separa de él. La otra mitad participa todavía del Yo-narcisista en la medida en que su superficie es lisa e inalcanzable, por parte del objeto, ya que su cuerpo es incapaz de desplazarse, del lado del Yo.

Estamos en presencia de la capacidad del Yo-realidad para representarse no solamente al Yo-narcisista, sino al Yo-narcisista en cuanto parte de la psiquis que el Yo-realidad intenta vincularla con él a través de la discontinuidad fundamental que les separa. Pienso que asistimos a una pérdida de esta capacidad de vinculación en la sucesión de los tres dibujos, ya que nos encontramos con el dibujo (51) en la esquematización de un círculo sin fin, formando parte del Yo que jamas posará sus pies en el suelo.

El *dibujo 52* en la *sesión ciento doce* retoma los elementos nuevos que pertenecen a los dibujos precedentes. El dibujo es gris y las articulaciones están marcadas por puntos. Reconocemos el techo y la serie de bolas, que yo había asimilado al Yo que se despega del objeto, durante la sesión anterior. Aparece más claramente ahora que representan también su vivencia de ligereza, asociada al Yo-narcisista o más bien, frente a lo que me acosa en la sesión, su evanescencia maníaca. Por una parte, yo debo ser también ese monigote recargado con el peso que grava mis pies. Se trata de un hombre sobre un WC, dice, después de una «estatua». En la teoría que he desarrollado más arriba, ese peso que paraliza los pies corresponde al de un Yo-narcisista que solamente hace pesado al Yo-realidad y a las capacidades de deambulación que posee, para sentirse él mismo ligero como una pompa de jabón. El ideal de trivialidad o de no sumisión a la gravitación terrestre se ha perdido en provecho de una pesadez vivida como paralizante. Lo que inmoviliza los pies del monigote, representación del Yo-realidad de Didier, es de hecho una base de apoyo, paralela al techo, correspondiendo esas dos horizontales a dos límites que estructuran su espacio y limitan la expansión. Estamos entonces en la perspectiva del Yo-realidad en un mundo en el que el objeto existe: el Yo cae de una relación ideal con él para apoyarse sobre la base material que él proporciona.

La perspectiva que tiene en cuenta la dinámica que existe entre el Yo-realidad y el Yo-narcisista nos permite considerar cómo el paso del mundo narcisista que excluye la integración de la gravitación al mundo de la realidad que la asimila, entraña en el Yo-narcisista una vivencia de parálisis y de pesadez. El Yo-narcisista hace que el contacto con el Yo-realidad sea la causa de esta pesadez, mientras que el Yo-realidad, arrastra unos hierros en el pie. Doble perspectiva donde, para terminar, el Yo-realidad sabe soportar la parte del Yo-narcisista que ha tocado la realidad y que no es capaz todavía de movilizarse por ella.

Es en este punto en el que se sitúa la defensa maníaca de la que tenemos una representación aquí: el que se encuentra inmovilizado como una estatua, es el analista, mientras que el que flota como una pompa ligera, en el contacto con lo real, es el niño. Cuanto más ligero se hace más ligero se siente del peso de su realidad «bajo los pies» del analista, cuya contratransferencia traduce la parálisis que esto acarrea: el analista quiere alcanzar la «pompa» de su paciente pero, cuanto más se moviliza, más se somete pesado e impedido para atrapar lo que se disuelve en evanescencia.

Dibujo 52 (Gris)

Se siente más ardiente de excitación en ese movimiento, con menor capacidad para dar una expresión motriz o verbal a este último por lo que la excitación aumenta. Esas pequeñas «pompas» flotantes juegan el papel de señuelo del que yo hablaba, que rozan con pequeños toques al Yo-realidad del analista. El paciente triunfa entonces, porque tiene la confirmación de que puede permanecer en el «cielo», muy cerca del estadio que es el suyo en el Yo-narcisista, o en una identificación con un objeto idealizado, mientras que el analista sufre solo el peso de su realidad.

La *sesión ciento trece*, nos ofrece, por primera vez, la representación clara de dos partes del Yo, intentando mantenerse una por encima de otra.

Dice que hoy «las cosas se transforman». Dibuja *(dibujo 53)* a un «rey» en marrón, con una nariz pequeña. Se la reemplaza por «una grande». Sus pies están por encima y no sobre un zócalo que él asocia con el ogro. Tiene huellas de rojo en su vientre. Debajo de ese zócalo se encuentra un pequeño Mickey rojo que ha hecho falta llamar «lobo». Pero muy rápidamente habla de «estatua» como si todo tuviera que inmovilizarse nuevamente.

A continuación nos encontramos con esta especie de batiscafo con ruedas. Evoca los faros, como si fueran los «ojos» y las «orejas». Alrededor todo habría «explotado».

Dibujo 53 (Marrón-Rojo)

Al mismo tiempo, tiene el sentimiento de que aunque su dibujo esté terminado «¡no hemos terminado de trabajar!»

El Yo-realidad empieza a representar el conjunto de la psiquis y de la relación que mantiene él mismo con este conjunto. Si consideramos la atadura umbilical, ese vínculo vital que ata al feto a su madre de forma tan vital como el conducto respiratorio lo es por los seres aéreos que somos, captamos la transformación que se ha operado, de la figura de arriba a la de abajo. Arriba el cordón no ha sido cortado, y no obstante lo ha sido, ya que, en lugar de partir del ombligo, parte de la nariz, dejando a nivel del ombligo esa huella roja de la que Mickey, la figura de abajo, conserva el color. Podemos decir que Mickey ha nacido mientras que la figura de arriba vive todavía en condiciones de dependencia extremas en relación con el objeto externo. Es por lo que el batiscafo con la antena respiratoria que domina en su cumbre me parece que es una representación del Yo-narcisista, lugar de vida de la figura de arriba que parece que ha sido artificialmente situada.

La importancia es que puede existir ahora una línea de separación entre un arriba y un abajo del dibujo. Se trata de una línea de escisión en la vida psíquica entre la potencia de un arriba y la de un abajo. Podrá situarse un conflicto que hará que pase abajo lo que se mantiene hasta ahora arriba, y la línea de escisión se convertirá en una línea de represión, es decir, una barrera más permeable, que permite una comunicación entre los dos mundos. Ahora vemos cómo esta línea puede anularse a veces y dar lugar al Yo-narcisista *(dibujo 54),* que ocupa toda la hoja y ve-

Dibujo 54 (Rojo)

Dibujo 55 (Amarillo)

mos cómo drena momentáneamente todo el investimiento psíquico. Si la construcción de esta línea es frágil, no obstante es persistente porque va a encontrarse en la evolución de los dibujos siguientes. Reproduzco además los de la *sesión ciento catorce*.

En el primer dibujo *(dibujo 55)*, se trata de una pareja de tiburones, en el que cada uno recibe un rayo laser para matarlo. Pero por debajo de ellos, la forma rectangular representa un puerto en el centro del cual se ha colgado una concha «que flota», dice. Debajo de esta misma concha, una serpiente pequeña se ha cruzado con otra serpiente.

Dibujo 56 (Negro)

En el segundo dibujo *(dibujo 56),* encontramos esta misma estructura: por encima de una base que ahora es un «autobús», un monigote está sobre el autobús a la derecha y una concha a la izquierda. Esta última quiere atacar con su «rayo láser», al monigote de la derecha.

Entre los diferentes niveles de lectura que la comparación de esos dos dibujos permiten efectuar, elegiría el que intenta destacar la razón de la presencia de la concha sobre uno y otro dibujos. El dibujo 55 es amarillo, como si, así como es habitual, la excitación que se apodera de Didier corriese el peligro de que «arda» el mismo soporte de la representación. Tal es la prueba a la cual, el paciente que se deja llevar por una defensa maníaca, somete al objeto. Aquí, Didier concibe la existencia de una pareja unida por un verdadero vínculo, ya que al mismo tiempo está sometido a la prueba de la separación: los dientes aparecen en el espacio bucal. La concha, el Yo-narcisista, está bajo la protección del puerto, protegido de la agitación de la pareja que vive sus pulsiones por encima de él.

En el dibujo 56, la dinámica de pareja que lleva el Yo-realidad se ha transformado en una dinámica que ocupa un lugar entre el Yo-narcisista y el Yo-realidad. El dibujo es negro, como enteramente bajo el dominio de un control anal que permite dominar la excitación del dibujo anterior. El «puerto» se ha cerrado para convertirse en un «autobús», capaz de moverse, habitado por un «número» de objetos internos. Ponemos de relieve aún un resto de concha atado a su techo, y una colección de puntos que Didier hace en «espiral» —perpendicularmente a la hora— que van de esta formación interna, a la concha externa. El Yo-realidad parece colgado de una oreja que se prolonga en largos rayos, sobre una pareja de objetos, mientras que la concha recuerda a una mano cortada prolongada por un bastón. La connotación masturbatoria de esta representación, a la cual responde la escucha de la pareja por el monigote de la derecha, se borra, pienso, ante la dinámica que se instaura entre los dos Yo. El Yo-realidad, representado por el monigote, no llega a posar sus pies sobre la base que representa el autobús en el suelo, aunque no esté lejos. De la misma forma que los rayos láser atacaban a la pareja del primer dibujo (55), igualmente aquí el rayo láser que sale de la formación narcisista en concha ataca al Yo-realidad. Haré la hipótesis de que la finalidad de este ataque —o de lo que se representa como tal— es prohibir al Yo-realidad el contacto con la superficie del autobús, que representa al mundo interno o el objeto interno. El Yo-realidad conserva no obstante el contacto con dos objetos que se podía decir que son «externos», y que se encuentran a la derecha, por un tipo de vínculo cuya representación evoca la de un láser. El Yo-realidad engancha su desarrollo a la existencia de una pareja parental. Ya no se conecta por medio de un cordón umbilical en la superficie interna del cuerpo materno.

Podemos pues proceder a una doble lectura de la representación del «láser». El rayo láser representado en contacto con la concha de la izquierda evoca lo que ha acarreado el corte del cordón umbilical del que aún se percibe la huella, exactamente en el dibujo del monigote, pero en el interior del autobús. Esta huella es la Persistencia, pienso, del Yo-narcisista en el interior de la psiquis. El rayo láser que lleva la concha es pues una transformación de este vínculo primitivo con la madre. Evoca este vínculo, por una parte por la atadura que tiene con la concha, pero también por su dirección: va hacia los pies del monigote, juntos como las piernas, como para formar de nuevo ese vínculo primero del cual no está demasiado alejado. Solamente está separado de su primer estadio por la pared del autobús. El vínculo que servía para unir sirve igualmente ahora para separar el Yo-realidad del Yo-narcisista. El rayo láser recupera la función de esta pared. Pero el conjunto de los puntos situados perpendicularmente a la hoja parten de la formación umbilical interna, para desembocar en la concha. Pasan pues de una parte a otra de la pared del autobús. La finalidad de Didier al trazar estos puntos era la de intentar agujerear la hoja, sin querer realmente hacerlo. El «láser» es pues una formación que lleva un significado ambiguo. Envía primero a un mundo en el interior del cual la separación no existe, ya que el «láser», por definición, penetra por todas partes. Pero también lo envía —ya que el láser está conectado a la concha y la toca— al final de semejante mundo: la pared del autobús pasa a través de los puntos, los pies del monigote están separados del cordón umbilical y, finalmente, la conexión sobre una pareja de objetos, consecuentemente sobre el vínculo que se estableció a través de la misma separación.

La presencia encima del autobús —envoltura de un mundo interno en el cual ha penetrado el nombre, la secuencia y el tiempo— del monigote y de la concha envía pues al conflicto entre el Yo-realidad y el Yo-narcisista. Solamente el Yo-realidad está en contacto con la dualidad objetal, mientras que el Yo-narcisista, protegido bajo su concha, sólo lo toca indirectamente por esta realidad, porque el Yo-realidad se sitúa entre los dos. No obstante, de la misma forma que el Yo-realidad ya no se pega al cordón bajo sus pies, igualmente, a la concha narcisista la toca el «láser» de la separación. Esto no le rompe, en tanto que su concha le reenvíe lo que le ha tocado. No es ella la que es agujereada, es el Yo-realidad que se vive separado de su base. Esto es lo que yo escuchaba cuando decía que todo lo que toca el Yo-narcisista es desviado sobre el Yo-realidad que es el único en vivirlo y que transforma la impresión que ha recibido: lo que se vive como una amenaza de perforación fulgurante se transforma en una corriente de ondas que «perfora» el tímpano o que lo conecta con una pareja de objetos.

Esta gran mano-concha es pues la heredera, con el mismo derecho del monigote, de esta pequeña formación umbilical, centro narcisista del adentro de la psiquis, que no se mueve de su atadura con el objeto. La concha que viene hacia la superficie es susceptible de que el vínculo con la realidad la alcance, con una impresión de perforación como con un «láser». La dinámica que le vincula con el Yo-realidad corre el peligro de suprimir el espacio que los separa. Lo que siente el analista cuando se encuentra en presencia de un paciente maníaco es análogo a lo que podría sentir el monigote cuando se le aproxima la punta del «láser»: está convencido de que le va a perforar, y no cesa de intentar conectarse con las capacidades de comprensión del paciente, sin tomar conciencia, como lo he subrayado, de que este último juega con el señuelo. En este dibujo podemos pensar que la concha, como el niño maníaco, no cesa de estimular al analista que, como el monigote, no deja de hablar tranquilamente, como esos dos objetos de la concha, que se encuentran cortados y opuestos a ella. Jamás se le escucha y corre el peligro de que su excitación aumente, hasta formar un círculo vicioso: cuanto más desea que se le escuche, los rayos láser le irritan más. Cuanto más mensajes envía, menos llegan a su destinatario. Dejar de entrar en ese círculo permite al niño recuperar, con el Yo-realidad que proyectaba en su objeto, el temor de una depresión de la que se protegía por la instauración de ese desmantelamiento maníaco: el niño excita a distancia, en el objeto que le lleva, su Yo-realidad, que de esta forma es no solamente llevado, sino animado artificialmente desde fuera. Si el objeto no responde a esta estimulación, el sistema maníaco pierde su eficacia. El objeto permite entonces que el Yo-realidad del niño se haga más pesado, y que se distinga de él. El discernimiento que debe realizar el objeto entre el señuelo y la realidad, entre el contagio primitivo de la irritación y su detención por la separación Yo-objeto permite al niño distinguir en él mismo lo que tolera esta separación, su Yo-realidad, de lo que no la tolera, su Yo-narcisista. Su depresión toma entonces un carácter secundario: se trata de tristeza y no de una herida que acarrea un derrame identitario.

Durante la *sesión ciento quince,* Didier efectúa nuevamente una síntesis del movimiento que acarrea la transformación de una porción del Yo-narcisista en Yo-realidad.

Se explica muy poco cuando, deteniendo la huida de sus ideas y de su motricidad en proceso primario —juega sin parar haciendo la moto— dibuja en tres tiempos. Primero se trata *(dibujo 57)* de un lobo entre dos castillos de agua. Se ha aplastado la oreja al caer sobre una piedra. Todo es de un rojo sangrante.

La explosión pulsional se inmoviliza en el segundo dibujo *(dibujo 58),* completamente verde. Hace una «estatua» en el centro de los raíles que giran sobre ellos mismos.

Finalmente, aparece en negro *(dibujo 59),* un período de síntesis, en el que la linealidad del tiempo está integrada. Los raíles están cortados. El vehículo que se encuentra encima está asociado

Dibujo 57 (Rojo)

Dibujo 58 (Verde)

con un pescador que, para pescar, va a romper el cristal (cfr. los pequeños puntos cerca de la ventana). Las ruedas son como los faros y, finalmente encima, esta banda en la cual están suspendidos los ganchos, es el «sueño del pescador», dice: sus ruedas están rotas. A menudo piensa que todo puede «salir del libro», como el dibujo del dibujo mismo, y convertirse en un objeto en sí mismo.

Dibujo 59 (Negro)

Me parece que asistimos aquí al intento de la salida del Yo-narcisista fuera de su concha (la estatua del dibujo), cuando se deja ganar por un movimiento pulsional: la estatua se convierte en un lobo dispuesto a devorar los dos «depósitos de agua», de los que se puede pensar que representan a una pareja, a nivel oral: los dos pechos, pero la intensidad del calor pulsional no vinculado por el Yo-realidad es tal, que existe el gran peligro de arder o de fusionarse como un metal calentado al rojo. Es por lo que asistimos a una retracción dentro de la concha y a la involución de los raíles sobre ellos mismos en el dibujo 58. Cuando la abertura hacia el objeto corre el peligro de acarrear un brote pulsional demasiado intenso, el cierre del movimiento —el bloqueo del círculo de los raíles— calma el todo, pero inmoviliza también el todo en la «estatua». Los frenos, se podría decir, funcionan entonces sin matices. Para evitar el choque «con la piedra», el golpe contra la realidad del objeto que no está a disposición y que no forma parte del propio cuerpo (cfr. el dibujo de la concha en forma de mano en las sesiones anteriores), el Yo mismo se convierte en piedra. Es el refugio narcisista.

Solamente con el dibujo 59 es como se recupera el movimiento con una representación de la complejidad naciente de la estructura psíquica: el Yo-realidad, en el centro de las tres capas psíquicas, es capaz de concebir un «sueño», el «sueño del pescador». Este elemento central se encuentra él mismo asociado a una especie de cabeza y combina pues la articulación de dos elementos. Posee un mundo interior —representado aquí por esas ventanas cuadradas, redondas o deformadas. A la vez son los objetos internos nacientes, que permiten soñar el mundo, los vidrios o los espejos, pero también los lugares de paso de la capa inferior a la superior. A nivel de una ventana de esta clase es como se encuentran los pequeños puntos (que ya se han visto en el dibujo 56), como los testigos de una sutura mal hecha entre un mundo que distingue el sueño de la realidad, y un mundo que no los separa. El «sueño del pescador» es el de un mundo perdido, aquél en el que los raíles se invaginarán sobre sí mismos y en el que el Yo-narcisista, Yo-Ideal, reinaba en el centro de un espacio que no ofrece ninguna resistencia a la realización de deseos. El «freno» de la realidad sólo funciona en la superficie. La constricción anal que aparece, en el último dibujo, que ha integrado corporalmente la retracción propia del Yo-narcisista —y que por ello toma el relevo de la integración de una parte de este último en el Yo-realidad, corporal— abre el círculo de los raíles, o de la concha. La parte del Yo-narcisista que puede efectuar ese trabajo empieza a vivirse separado de su ideal, de su «pompa» (cfr. dibujo 59): son los ganchos que ellos mismos se abren en la parte de arriba del dibujo. Los raíles de la parte de abajo jamás se encontrarán con los de arriba. El sueño del pescador es la integración en el Yo-realidad de esta implacable herida, que prohíbe al Yo-narcisista para siempre el poder encontrarse a sí mismo tal como era. El cristal se ha roto. Y Didier piensa que, en el «sueño del pescador», las calles se han roto. Ya no es posible «salir del libro» y actuar de forma que la realidad y la ficción se peguen una contra otra. El movimiento del Yo-realidad, semejante al del vehículo, está suficientemente integrado en la realidad del espacio y del tiempo para que no brote *(dibujo 57)* en intolerable pulsión que destruya al Yo, y para que tampoco se congele en una estatua narcisista. La «marcha del tiempo» puede empezar a llegar de forma viable, pero el «sueño» de una inmediatez tiempo-espacio se ha roto.

Pienso que ahí todavía la resistencia del analista a la llamarada maníaca *(cfr. dibujo 57)* permite no entrar en el círculo vicioso *(cfr. dibujo 58)* en el que esta llamarada hace el juego a una retracción narcisista que abandona el proyecto de toda integración pulsional. Incluso yo he evocado en mi hipótesis la idea de que después de una posición de fragilidad narcisista que le hace agitar los señuelos en la superficie, es cuando el maníaco acarrea en el analista esa vivencia explosiva del lobo que choca con una piedra. Esta perspectiva en la que la pulsión que lleva el analista choca contra el cristal o la piedra narcisista, responde a la perspectiva que ya he subrayado, donde el Yo-narcisista se hiere contra la dura realidad de un objeto o de un Yo que se distingue de él.

En la *sesión ciento diecisiete,* Didier puede, por primera vez, dibujar *(dibujo 61)* un monigote con los pies bien apoyados en el suelo, un cuerpo normalmente proporcionado —aunque la cabeza sea un poco grande y el brazo derecho más grueso que el izquierdo. Es interesante considerar que este monigote está hecho después de un primer dibujo que representa, según Didier, un castillo *(dibujo 60)* completamente azul en la izquierda, una representación de «rayos láser». Como yo evoco el dibujo de la concha asociado con el «láser», él me pregunta: «¿Cuándo se mete uno en una concha?» Después evoca el embarazo de su madre comentando: «Sabes, no me acuerdo de nada; no tenía memoria.» Finalmente piensa que ese castillo es un «castillo de calabozos», refiriéndose al lugar prenatal del que no se acuerda. Sin embargo nos permite realizar un vínculo entre lo que pasa a través de la piel, sin resistencia, y ese mundo del adentro de la concha a través del cual todo sucede con igual facilidad. Didier sueña que cuando se está en el vientre de la madre se come la sangre, y que si «mamá come azúcar, el bebé también come azúcar». Encima del castillo hay una «habitación para poner las camas». Todo esto hay que ponerlo en perspectiva con los comentarios que se asocian al segundo dibujo. El monigote se habría roto el brazo derecho con una portezuela. Pero, cuando todo es de color naranja, Didier dice que es un monigote de nieve y que su cabeza —que tendría miedo de pensar— es como una bola de nieve. «Se hace de hielo y después se rompe», dice. Como yo he hecho la observación de que el hielo es un poco como una concha dura en la cual él podría meter sus pensamientos demasiado calientes para tener menos calor, en lugar de hablar para tener menos calor, él dice: «¡Pensar eso sirve para producir el calor, pero que ayuda también a tener menos calor!»

Lo que está caliente fluidifica y hace que pese sobre el Yo un peligro de derrame que solamente se previene por una congelación generalizada de todas las actividades. En lugar de tener, para los estímulos, una pared viva y permeable selectivamente, solamente tenemos la rigidez de una concha, de la que vemos los restos en la formación de los muros del castillo. Pero este último

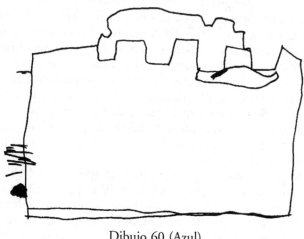

Dibujo 60 (Azul)

Dibujo 61 (Naranja)

puede concebirse como dotado de un botón y como coronado por una habitación: se puede pensar que los huecos asociados con los elementos dentados en la cúspide del castillo para la defensa, sirven ahora de recogimiento para el reposo. La habitación encima del castillo es testimonio de la existencia de una estructura en la que dos elementos se articulan en la psiquis: la habitación del Yo-realidad en la que el reposo se efectúa en un continente, vinculado con un contenido, y la base del Yo-narcisista, masa vacía que corre el peligro de que los rayos láser la penetren. Ese castillo de los «calabozos» envía al tiempo primitivo de la permeabilidad absoluta entre el *Self* y el objeto: el niño come azúcar si la madre la come. Este universo narcisista que yo denomino Yo-narcisista está, pienso, «pasando los calabozos» en el sentido constructivo del término: en lugar de imponer su presencia al Yo-realidad y paralizar sus movimientos, ese Yo-narcisista pasa por debajo de él de tal forma que le sirve de base de apoyo. Pero una base de apoyo por definición es lo que hace que se olvide. Es pues todo el bosquejo de una pared que permite la existencia de una represión que evoco aquí.

Se me podrá objetar que toda base de apoyo es del objeto sobre la cual se apoya el cuerpo del bebé. Pero quiero subrayar aquí la transformación de esta experiencia en la psiquis y la doble manera que tiene el bebé de ser sostenido: ya sea que el Yo-narcisista le encierra en una formación rígida, ya sea su Yo-realidad que le pone en contacto con el objeto que le sostiene. La defensa maníaca que estudio aquí, nace en el momento de la transformación de una parte del Yo-narcisista en Yo-realidad y por ello en el momento de un cambio en el mecanismo que garantiza la seguridad de base del Yo. El castillo representa pues menos el apoyo del Yo-realidad sobre el Yo-narcisista, que la posibilidad de cierto modo de apoyo o de vínculo con el objeto (el que ofrece la cama en la habitación) domina o se apoya en otro modo de apoyo (la formación de una concha protectora que asegura la ausencia total de discontinuidad entre el Yo y el objeto y por ello la ausencia total de consciencia de la existencia de un objeto separado de sí mismo). Esta estructura jerárquica que sitúa al Yo-realidad por encima del Yo-narcisista, instituye a este último en cuanto objeto de represión. Es la «base de los calabozos».

La instauración de semejante estructura supone que el Yo-narcisista se haya sentido suficientemente respetado y no herido por los movimientos del Yo-realidad: puede moverse por encima de él, puede «calentar en la cabeza», sin que esto amenace con romper su superficie. En el dibujo 61, la masa del castillo está recuperada en el trazo que forma la base de apoyo de las dos piernas del monigote. Éstas están ahora separadas, como el Yo-narcisista lo está del Yo-realidad, y el *Self* del objeto. Pero nosotros podemos también pensar que esta problemática se duplica a nivel de la representación de la cabeza: la superficie craneana, y la protección que asegura a la masa cervical frágil, ya no está amenazada por la agitación de los pensamientos, lo que figura el dibujo de los cabellos arremolinados sobre el trazo liso de esta superficie. La mitad del cuerpo del monigote lleva todavía la marca de la ruptura que conserva siempre un color traumático instaurado en el Yo-narcisista: la mano se ha quedado en la portezuela. De la misma forma, en la cara observamos un resto de la adhesividad primitiva en la continuidad entre la nariz y la boca. Esto lo racionaliza Didier, que pretende que el monigote tiene un bigote. Pero el orificio de la nariz y el de la boca se reúnen no solamente en una ausencia de distinción entre el gusto y el olfato, a nivel del Yo-realidad, sino también, a nivel del Yo-narcisista que se encuentra en el corazón de esta estructura, en una pretensión a la continuidad absoluta entre una boca y un mamelón, que pertenecen de tal manera al Yo del bebé que forma parte de él mismo, como su nariz, como un cordón umbilical que no estaría aún separado de él y que aseguraría la permanencia de su subsistencia en todo momento: «succiona la sangre de su mamá», como dice Didier, el «azúcar» se convierte en «azúcar» y, como el aire que se respira, un mismo elemento penetra un orificio único de forma tan perfecta que su cualidad de apertura está marcada tanto por los puntos como por los círculos abier tos.

Durante la *sesión ciento dieciocho (dibujo 62)*, en el momento en el que la nariz se separa de la boca, una vivencia de derrame —heredero del Yo-narcisista herido— aparece desplazada hacia la parte de abajo: el monigote hace pis. La adhesividad primitiva se encuentra a nivel de la oreja derecha que se pega contra el hombro derecho. Captamos pues siempre una especie de balance entre las zonas que se despegan, con las consecuencias que eso acarrea a nivel de la seguridad del yo, y de las cosas que toman un relevo momentáneo del «collage».

Dibujo 62 (Rosa)

El derrame que ocupa un lugar ahora, anuncia la capacidad de soportar una depresión de tipo secundario: un líquido puede salir del cuerpo sin que todo el adentro del cuerpo se licúe, como tampoco se escape hacia afuera.

Durante la *sesión ciento diecinueve*, Didier dibuja una casa *(dibujo 63)*, después de haber jugado a reglamentar la abertura con su orificio ocular, con sus manos, formando unos gemelos que

Dibujo 63 (Verde)

permiten ver más o menos lejos. La lluvia, los rayos caen encima.
La puerta tiene un tirador. Pero Didier subraya que el pequeño
anzuelo de la izquierda «es como la casa del caracol». Cuando
comparo las ventanas de la casa con dos ojos de los que corre el
agua, se pregunta qué es el agua de los ojos... se retuerce molesto,
en su silla, y cuando yo sugiero que quizás son como los lloros,
él pretende que jamás ha llorado sino que su madre, ella llora
cuando él se va.

Después de ese dibujo azul, dibuja en rojo nuevamente, los raíles cerrados *(dibujo 64)*, y hace que se sitúe encima, por primera
vez, un monigote. Uno de los dedos del pie toca los raíles.

Dibujo 64 (Rojo)

Reproduzco aún esos dibujos para captar mejor la evolución de la relación entre el Yo-narcisista y el Yo-realidad. La estructura de la cara del dibujo 62 se recupera aquí con dos ventanas, que representan dos ojos empañados de lágrimas. A nivel de los cabellos, de la lluvia y de la tormenta, de la tristeza y de la cólera. Ya no estamos en presencia de un castillo narcisista, sino de un Yo-realidad que soporta una depresión que se traduce en una vivencia emocional y ya no en una angustia catastrófica de pérdida de identidad. Sin embargo, algo de la falla narcisista permanece en la medida en la que el agua atraviesa la base de mi casa, y, como consecuencia, algo del caparazón narcisista permanece también: el pequeño anzuelo a la izquierda —que evoca los ganchos del dibujo 59— recuerda que el Yo-narcisista no está todavía completamente integrado en la base de la casa. Permanece visible *a minima*, haciendo juego con la representación del corte de una especie de cordón que está representado en lo alto a la izquierda de la casa. El cordón está cortado pero solamente el caracol saca la cabeza y entra en su concha constantemente.

Ahora bien, el refugio narcisista por excelencia que constituye la posición del monigote dentro de los raíles en el dibujo 58, volvemos a encontrar un elemento de realidad: el monigote apoya su pie en los raíles; no puede vivir sin su base de apoyo. En el mundo narcisista mismo se ha introducido el sentimiento parcial de una pesadez del ser.

La evolución del Yo-realidad acarrea siempre una vivencia de choque y el fulgor de una excitación brutal en el Yo-narcisista. Todo corre el peligro de sangrar o de prender fuego si se le toca con la punta del dedo (del pie). Reconozco ahí mi contratransferencia que permanece siempre susceptible de hacerme «flamear» interiormente. Es un resto de «concha» narcisista que permanece agarrada al Yo-realidad: tan pronto como se la toca y se perfora su concha él arde. Pero si el Yo-narcisista arde en su contacto con la realidad, se convierte en Yo-realidad (dibujo 63) que soporta llorar cuando toma conciencia de lo que le separa de su objeto.

Se puede pues suponer que la diferenciación que se establece entre los dos Yo ahora se apuntala sobre la vivencia transfero-contratransferencial en el juego maníaco. Hace falta que yo soporte ser roja (dibujo 57) sin estallar, para que Didier empiece a sentirse separado de mí y de su objeto. ¿Cómo consigue hacerme flamear cada vez menos? Es quizá porque va a entrar en un juego de identificación proyectiva, llamada normal, en el que es su mamá y no él la que llora. La defensa maníaca, que se ha descrito como la que recibe la vía de la renegación por la utilización de la proyección de la depresión, solamente aparece aquí secundariamente como tal. Por otra parte, una cuestión queda pendiente para mí: he podido sentirme impotente, sin valor, por la perforación de mi funcionamiento yoico provocado por los mecanismos que he descrito; he podido sentirme excitada, colérica, incandescente incluso como sus dibujos, pero jamás me he sentido triste. Es como si la tristeza, cuyas condiciones de aparición se estudian aquí, no se evocó, y después se llevó más por intermitencias que por el sujeto mismo, en el momento en que pudo pasar de una defensa maníaca, que yo llamo de tipo primario, a una defensa maníaca que se puede llamar secundaria en relación con la primera.

Quiero comparar los dos dibujos que produce en la *sesión ciento veintiuna.*

El primer dibujo (65) es el de una «vieja enana», nombre que él me da a menudo, y que hace alusión a uno de los personajes de un cuadro colgado en la pared. Esta «vieja enana» tiene por tanto, en su dibujo, un aspecto bastante simpático.

Tiene una pinza que le sujeta los «rizos» de su cabello del lado izquierdo, y en el derecho, está atravesada por una cuchillada en la mejilla. Con la punta roja de su lápiz Didier hace una gran cu-

Dibujo 65 (Rojo)

chillada en mi mueble, al mismo tiempo que ríe sarcástica y te-
rriblemente. Me siento humillada, excitada, despreciada. Hablo,
aún dando a mis palabras, en esas condiciones, el valor de una
actuación más que de una elaboración del material que me propone. Evoco a su hermanita que también tiene pinzas en los
cabellos. Reacciona, bien sea tapándose los oídos, o haciendo que
penetre su lápiz en la caja de rotuladores, por el costado, y hablando de un «cuchillo» que, al mismo tiempo, habría crecido
por ahí.

Después *(dibujo 66)*, dibuja un «monigote que no tiene párpados». Inmediatamente habla de su curiosidad hacia la habitación de sus padres cuando llama a su puerta; me da la impresión
de estar invadido por un proceso primario que prohíbe toda penetración y toda vinculación secundarizada. Por otra parte, habla
de «Tortuga ninja», lo que me hace pensar que la excitación que
me invade todavía solamente se tropieza con el caparazón de una
tortuga.

Durante la sesión siguiente, la *ciento veintidós,* se dibuja como
conductor de locomotora *(dibujo 67),* después de haber hablado
de temperatura y de haber al mismo tiempo, como un termó-
metro, hundido sus lápices en la caja de rotuladores. Concluye:
«Eso es todo.» Pasa el resto de la sesión cortando las esquinas de
las hojas de papel.

Dibujo 66 (Rojo)

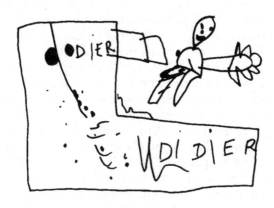

Dibujo 67 (Rojo)

He relatado esas sesiones para poner en evidencia cierto número de puntos; el primero es el de la penetración proyectiva: Didier hace que penetren varias veces sus lápices en la caja de rotuladores y dibuja, por una recuperación a nivel de una representación yoica de ese proceso psíquico, en el dibujo 67, la mano, e incluso el brazo del monigote aprisionado en la locomotora. El lápiz representa, en este sentido, que Didier quiere penetrar al objeto de esta manera para recrear, por ese medio, una soldadura primitiva con él. Esta proyección existe desde hace mucho tiempo y tuvo como objetivo la misma formación yoica, de tal forma que una escisión se instaure en la psiquis entre una parte del Yo-realidad proyectado en el objeto, el analista, y un Yo-narcisista que conserva su autonomía. El mecanismo de la proyección está siempre actuando, pero parece que gana ahora al Yo-realidad en su relación con el objeto. El Yo-realidad es el que proyecta una parte de él mismo en el objeto cuando Didier me dice, en la *sesión 119,* que es su madre la que llora, pero ¡no él! La capacidad de representarse la proyección —a nivel preconsciente que es el de las representaciones gráficas y verbales de Didier— suscribe la disminución de su actuación a nivel primario: aquel en el que por un desmantelamiento particular de la defensa maníaca, una parte del Yo-realidad que está transformándose, se proyecta en el objeto que así se controla desde el exterior por medio de un señuelo. El dibujo 67 representa la penetración de una mano, como un doble anzuelo, en la parte del objeto que se endereza verticalmente. El mismo niño, sin pies, no se posa sobre semejante objeto. Pero, por el contrario, asume el peligro de caer porque su brazo permanece aún en el objeto, y la identificación proyectiva fracasa al recrear una fusión primitiva.

Pienso que cuando Didier emplea el negativo para subrayar que el monigote «no tiene párpados», envía al positivo: sabe que ese monigote puede tener párpados, como la vieja «enana» del dibujo 65. Una curiosidad intempestiva, asociada a la escena primitiva, y así representada. Pero, sobre todo se trata de un enganche penetrante de una mirada que conserva su cualidad de «gancho». Todo parpadeo cortaría este enganche. El monigote está entero, sobre sus pies, sin la cuchillada que atraviesa la mejilla de la «vieja enana». Pero una fusión nariz-boca e incluso una «collage» entre la cara y el cuello retoman el problema de la cicatrización del corte del Yo y del objeto. Es esta la dificultad de soportar semejante cicatrización que da a la mirada y a la curiosidad un aspecto muy penetrante. Ninguna zona de sombra, ningún elemento escondido, debe interponerse entre esa mirada y su objeto. Por medio de este monigote es como Didier ha puesto de relieve que no tenía manos, sino solamente dedos al final de sus brazos. Ahora bien, es precisamente la mano que falta en el dibujo 67, del brazo que permanece en la locomotora, mientras que el brazo que queda pegado al cuerpo posee una mano. El juego entre los dedos y la mano retoma a nivel de esta unidad una organización que reproduce en pequeño lo que sucedería de forma más masiva entre el brazo y el cuerpo entero. El brazo —y, antes que el brazo, los dedos enganchados al cuerpo— está destinado a incorporar el cuerpo con el objeto, a llevar el objeto hacia el cuerpo o a alejarlo. Toda esta organización del vínculo con el objeto se reproduce a nivel de la mano, en la que el «cuerpo», la palma, recupera por su cuenta a distancia de los ojos, la función del cuerpo entero. La mirada, de este lado del cuerpo (dibujo 67), se instala para atravesar el espacio. Del otro lado del cuerpo, por el contrario, en el que la mano tampoco existe, la zona de integración del vínculo con el objeto, a distancia del objeto, tampoco existe. El enganche directo en este último está representado, así como la ruptura de ese enganchamiento. Didier representa así el lado del cuerpo que contiene el Yo-narcisista en el momento de su herida. La capacidad de representarse este aspecto de él mismo testimonia precisamente que el Yo-realidad vuelve a darse cuenta de lo que permanece irrepresentable de otra forma. Y es a nivel de esta representación como el Yo-realidad, sólo él, puede comprender que el narcisista primario solamente se mantiene en su ilusión de autonomía absoluta, de independencia total en relación con el objeto, en la medida que se confunde con ese mismo objeto. Una ruptura se instaura entre él y el objeto, y todo «arde», todo se «vacía», el Yo-narcisista se cree muerto. Es solamente ahora que una capacidad de evocar el «párpado» —esta pared que separa el adentro del afuera y, en el interior de la psiquis, el consciente y el inconsciente—, solamente en el momento en el que la pared de una represión se instaura, cuando Didier puede, al mismo tiempo, representarse los dos aspectos de él mismo, en él mismo. Comparten su propio cuerpo, como su propio espacio psíquico.

Del dibujo 65 al dibujo 67, asistimos a un desarrollo de las capacidades de locomoción, ya que en el dibujo 65, la «vieja enana» no tiene piernas —aunque tenga «rizos» y ojos capaces de cerrarse. En el dibujo 66 el monigote permanece aún congelado en el espacio y fijado sobre su objeto, mientras que en el dibujo 67 el monigote debe separarse de él, acarreando la afirmación de una distinción entre los dos lados del Yo. Si el objeto, esta locomotora —que tiene una forma angular, integrando una articulación y recordando a la que opera en el Yo—, cesa de ser la sede y el vehículo de un Yo pasivo, se libera entonces claramente la actividad del Yo-realidad a la derecha del dibujo del monigote. Didier debe entonces «tenderme la mano». Quiero decir que su Yo-realidad —que corresponde en espejo a su mano derecha, cuando se trata de la mano izquierda del monigote— debe estar tendido hacia mí, e integrado por él. Ya no estoy sola para llevarle, como en el ejercicio, de su única defensa maníaca.

Cuando empiezo a hablar a Didier de su dibujo (sesión 121), recurro a su Yo-realidad y supongo que efectivamente lo lleva, ya que ha sido capaz de producir *a mínima* un material interpretable. Inmediatamente vemos a Didier hundir su lápiz en la caja, lo que suscita en mí una contratransferencia violenta, típicamente maníaca. Nosotros tendríamos —y todos los analistas de niños tendrían también— muchos otros ejemplos de ese movimiento contratransferencial irreprensible: en cuanto se solicita un vínculo con el Yo-realidad del niño, éste empieza a «deshacerlo» por medio de las actuaciones. Cuando el analista solicita la comprensión del niño, este último explora el espacio con movimientos oculares de «limpiaparabrisas», destruyendo toda visión binocular, o bien se mueve, o cae, o grita, o se tapa los oídos. En cuanto el analista habla, es cuando el niño escupe, pee, imita los ruidos de expulsión. Aquí, en cuanto he abierto la boca, Didier hunde sus lápices en la caja. Lo que he descrito como que participa de la proyección, participa al mismo tiempo de ese movimiento que consiste en deshacer por una parte lo que el otro por la otra está haciendo. Deshacer con la mano izquierda lo que la mano derecha está anudando, o intenta anudar *(dibujo 67)*. No se trata pues aquí de una identificación proyectiva típica, sino de un desmantelamiento de tipo maníaco: en cuanto el objeto anuda un vínculo con la psiquis del niño, éste se libera totalmente de su Yo-realidad y se hunde en su objeto, recreando con él su concha narcisista, de tal forma que el analista —como lo he descrito poco a poco en el desarrollo de este libro— no habla a nadie delante de él. Ya no encuentra delante de él al que ha suscitado sus pensamientos. Por el contrario, solamente encuentra un Yo-narcisista expulsando la parte de él que se transformará en Yo-realidad, y ello para que se forme una cicatriz lo más rápidamente posible. En cuanto el analista quiere poner en evidencia que el niño tiene una mano derecha capaz de trabajar con él y de soportar el espacio que les separa, es cuando el niño maníaco abandona ese brazo, lo rechaza, para pretender que solamente existe su parte izquierda, la parte del narcisismo primario. Semejante afirmación restablece la soldadura narcisista primaria en cuanto elemento irrepresentable de la psiquis. Porque, lo repito, solamente la existencia del lado derecho del Yo-realidad, es la que permite representar o hacer potencialmente consciente la naturaleza del lado izquierdo, del Yo-narcisista.

La identificación proyectiva de la que he hablado más arriba, es la que permite al niño hacer que el objeto lleve los aspectos indeseables de él mismo —y a Didier decir, por ejemplo, que es su madre la que llora y no él—, concierne en este caso no al Yo-realidad del niño sino a ciertos aspectos de él mismo rechazados por ese Yo-realidad. Se instaura un «juego» entre el objeto y el Yo-realidad, que ya no es del mismo orden que lo que se «jugaba» en la escenificación maníaca. Es un momento en el que el niño se representa con al menos una mano, que empieza a aflojarse y a dejar correr su «agua», pretendiendo que solamente el objeto está sometido a semejante proceso.

Intento esquematizar aquí la teoría según la cual la colocación de una identificación proyectiva —tal y como está descrita como proyección de partes del *Self* en el objeto— supone la retención *a minima* en la psiquis —de un Yo-realidad capaz de suscitarla y de soportarla. La imagen de un objeto portador de lo que el Yo-realidad no tolera en él es en cara a cara, en espejo, con un Yo-realidad portador, él mismo, de su propio Yo-narcisista.

En esta distinción es donde reside toda la dificultad de mi desarrollo y del trabajo de reflexión que deseo entablar aquí para el porvenir. La defensa maníaca, como la he comprendido, se sitúa como punto de unión de este movimiento. Después de haber soportado la excitación (los tres dibujos que he descrito aquí son completamente rojos) asociada al Yo-narcisista herido, es cuando he permitido a Didier escenificar una identificación proyectiva referida al «diálogo» Yo-objeto. Ese «diálogo», no obstante, permanece distante de mí, porque, es éste el punto obscuro, la proyección de la depresión permanece desviada sobre un plano representativo —lenguaje, dibujos— y no actúa sobre lo vivo, en mi interior, como lo es la excitación. Todo sucedería pues como si hiciera falta que permanezca presente la problemática de la concha herida, en incesante apuntalamiento sobre el analista, para que se elabore la continuación de la evolución del Yo-realidad del niño. Me pregunto si existe un analista de niños capaz de evocar la transformación, durante una cura, de una contratransferencia típicamente maníaca, en esa vivencia depresiva que se ha descrito en la teoría. La cura parece que se utiliza para mantener al niño en la confirmación de que la realidad del objeto, presente en su concreción, permite el mantenimiento en superficie de esta zona de adhesividad primitiva que mantiene la ilusión de una autonomía narcisista. A este precio, asistimos a una bella evolución del Yo-realidad del niño.

El tamaño de un libro no es suficiente para dar cuenta de la amplitud del desarrollo de semejante material clínico. Me encuentro pues en la obligación de concluir este capítulo con la descripción de una evolución dada en detalle y voy a dedicar el último capítulo al trazado de las grandes líneas de desarrollo del material en los años que siguen. La llamarada maníaca, por su presencia en todos los puntos de unión del desarrollo, me parece que subraya la presencia igualmente continua del núcleo narcisista primario y de su transformación con los riesgos que acarrea.

CAPÍTULO V

La supremacía del Yo-realidad

Sesiones 124 a 155

Así como acabo de anunciarlo, solamente puedo en este capítulo trazar las grandes líneas de la evolución del tratamiento de Didier. Ello nos conducirá hasta la mitad de su recorrido. Mi propósito en este libro ha sido el de describir la presencia de dos líneas de existencia paralelas en la psiquis, la defensa maníaca se sitúa como articulación, es decir, en el punto de su encuentro momentáneo. Me encuentro pues en la necesidad de dar una idea de la evolución de una de esas líneas —la del Yo-realidad— subrayando la permanencia del fondo constituido por la otra línea, la del Yo-narcisista. Ahora bien, lo hemos puesto de relieve y vamos a subrayarlo todavía, que lo que describo aquí es la evolución de la relación entre esas dos partes de la psiquis.

Desde el principio de la *sesión ciento veinticuatro* me anuncia: «¡Voy a dibujar algo nuevo y tu vas a decir cosas que jamás has dicho todavía!» Se trata de una excavadora, completamente amarilla *(dibujo 68).* El extremo hace un zigzag porque «eso se mueve», dice. Al mismo tiempo que habla intenta recubrir la parte de arriba con un capuchón de rotulador en amarillo. Recubre otras cosas en rojo, en verde, lo que da una impresión de desbordamiento. Un hombre está encima de la excavadora en-

Dibujo 68 (Amarillo)

cima de un monigote situado precisamente donde se encuentra el motor, lo que le da un aspecto de máquina.

Después de todo esto intenta hacerme correr detrás de él: se esconde debajo de la mesa para que yo vaya a buscarle ahí. Al ver que eso no tiene resultados, rompe con sus dientes las patas del caballo y después hace un gesto hacia mis zapatos, como para atraparlos, paradójicamente permanezco muy tranquila, sin ser cazada por mi contratransferencia maníaca. Vinculo mi zapato que él quiere atrapar con la pata del caballo que él ha mordido; como si él quisiera suprimir lo que le impide controlarme como la excavadora en cuyo interior quiere reencontrarse. Entonces busca mis ojos y pinta un papel de rojo. Me lo da, dice que es para mí y que así yo soy un chico.

Pienso que es importante anotar que en el momento en el que Didier recupera la idea de un recubrimiento, desarrollando el concepto de «excavadora» que ya hemos visto aparecer, la actuación maníaca transferocontratransferencial ha disminuido y yo me encuentro lúcida. Recubrir los elementos subyacentes con elementos superiores, cavar para reprimir, es esto lo que representa el dibujo de un *Self,* o el de un objeto combinado, el primero de este género. Vemos cómo la base está constituida por dos elementos, uno forma el soporte del otro cuya cola «se mueve». Pero la cabeza también está constituida por dos partes, una habitada por una representación humana —lo que yo atribuyo al Yo-realidad— la otra por una representación mecánica, inhumana y sin redondeces. Observo, no obstante, sobre el lado derecho, ese tren que desciende del ojo y que representa —si no una lágrima porque las máquinas no lloran— por lo menos la herida en el mismo lado que el retrato de la figura con rizos.

Pienso pues que esta excavadora representa la capacidad que posee Didier de recubrir lo que se forma cavando y de establecer en su Yo una jerarquía entre lo que se encuentra debajo y lo que da órdenes arriba. En la perspectiva en la que se considera la dinámica entre el *Self* y el objeto, se puede ver que el Yo-realidad intenta controlar un objeto con el cual se vive en principio en discontinuidad. Por ello, la vertical del dibujo sitúa bajo los pies del monigote esa cara de robot. La distinción masculino-femenino (a la que Didier hace referencia dándome el papel rojo), se pergeña aquí, como su nivel de base, el elemento superior, el único que tiene esta cola que hace los «zigzags». Pero en la perspectiva en la que se considera la dinámica en la organización del mismo Yo, asistimos aquí a la «toma de poder» del Yo-realidad sobre el Yo-narcisista, del que respeta su existencia sirviéndose de él como de una base para su evolución. El Yo-realidad no ha salido de esta base, en la medida en la que se ha constituido a partir de una transformación del Yo-narcisista para adaptarse a la realidad primera: ¿la de la discontinuidad entre el yo y el objeto? La misma base del todo, constituida por las dos formas horizontales, esta base que se consideraría para representar el cuerpo del elemento superior que sería la cabeza, recupera esta división en dos partes distintas, una dotada de un atributo de movilidad en lo alto y la otra, abajo, hundiéndose pasivamente en los agujeros. Volvemos a encontrar aquí esta gran ley psíquica según la cual nada en la vida psíquica está absolutamente resuelto, sin participación alguna del lado que se le opone. Aquí la base participa de la organización arriba-abajo, y la cabeza nos envía de la misma forma a semejante organización. La pared de una escisión, suficientemente sólida para poderse apoyar encima, no es extraña al trabajo de la «excavadora», y así de la existencia de un recubrimiento, de una represión. Lo que se encuentra debajo puede estar excavado por la investigación de lo que se encuentra encima.

Quiero comparar esta sesión y la contratransferencia que la acompaña en la sesión siguiente.

Durante esta sesión, la *ciento veinticinco,* me doy cuenta de que en mi contratransferencia estoy invadida por un sentimiento de impotencia atroz que me da casi ganas de llorar. Una primera hoja de dibujo está dedicada a las proyecciones amarillo vivo, a las ondulaciones, a los puntos, y Didier habla de quemadura, de sol, de adivinanzas, pretendiendo llenarme de curiosidad mientras que él juega al profesor que sabe todo. Posee el instrumento de un saber por intrusión: hunde su bastón en el agujero de un pequeño lego y lo hace girar como una marioneta. Pero como es él el que dibuja, podemos observar que primero hace una mujer —verde suave— con los cabellos largos, sujetos por «pasadores» *(dibujo 69),* y en seguida la figura —amarillo incandescente— de «Drácula» *(dibujo 70).*

Dibujo 69 (Verde)

Dibujo 70 (Amarillo)

Aquí, a diferencia de lo que ha pasado en la sesión anterior, existe una falla entre las dos representaciones de su Yo; en esta falla es en la que ha entrado mi contratransferencia: todo sucedería como si la psiquis de Didier hubiera perdido los vínculos que unen al Yo-narcisista con el Yo-realidad y que permiten, a este último, situarse por debajo del primero. Esta ausencia de vinculación es la que siento en mi contratransferencia, en la medida en que tengo el sentimiento de dirigirme solamente a un ser sin pensamiento (Drácula no tiene fondo), que se engancharía a mí de tal forma que yo no podría deshacerme de la preocupación de buscar, pero en vano, su pensamiento porque ella ha sido completamente desviada en mí. Entramos en el círculo maníaco.

No recordaré aquí el valor indispensable y positivo de la regresión, fenómeno permanente de la vida psíquica que acompaña a todas las progresiones, con el mismo título que las organizaciones defensivas fluctuantes. Pero plantearé el problema de la aparición de la imagen del vampiro como elemento no primitivo en la vida psíquica ya que —así como lo observamos aquí— solamente toma forma en el momento en el que la vinculación del Yo-narcisista con el Yo-realidad se afirma más.

Encontré la imagen del vampiro en el material de Didier alrededor de este período. Quizás podríamos hacer la hipótesis de una asociación pertinente entre la aparición de los dientes y de los ganchos en un sector narcisista en transformación. Por otra parte observamos que en el dibujo 69 la dama con los «rizos» tiene una boca dentada. Es como si la integración de los dientes —y la separación de los orificios de la nariz y de la boca— en el Yo-realidad, se repitiera en una transformación de una parte del Yo-narcisista que empieza a poseer también dientes. Pero esos dientes están rodeados de dos colmillos o ganchos, herederos de la utilización de todos los elementos vividos como prominentes de la personalidad, al servicio de un fin único: el agarre. En el momento en el que se acepta el corte en el mismo Yo es cuanto esta integración se repite en una formación que se la podría llamar «de compromiso» utilizando los medios que han sido puestos nuevamente a su disposición para intentar encontrar su antigua posición: la de la fusión de los líquidos y de la indiferenciación *Self*-objeto, tal como existía precisamente antes de la separación de las identidades. Yo situaría pues la aparición de la imagen del vampiro como un momento defensivo normal que repite la integración de los dientes y del borde en el Yo: los dientes que rubrican el aspecto divisible del espacio —y por ello de una discontinuidad aceptada en la concreción del vínculo con el objeto— se repiten en la existencia de ganchos que anuncian el intento de recrear un espacio no divisible —y por ello una discontinuidad en la concreción del vínculo con el objeto. Solamente pensamos en la discontinuidad, y el vampiro aquí no ha reservado un espacio en él mismo para pensar.

Durante las sesiones siguientes, los vínculos se reforman con una complejificación de la representación de las zonas de la psiquis. Así en la *sesión ciento veintiséis,* realiza el dibujo siguiente *(dibujo 71).*

Dibujo 71 (Amarillo)

Se trata de un «puente» sobre el que pasa una excavadora. Didier precisa que hace falta que los «hilos» que mantienen el puente sean sólidos, a cuya falta, el vehículo que pasa por encima haría que se rompan. Pero observamos que bajo el puente, constituido también por el ancho de los raíles, están la «concha-Didier», como él la nombra. El mismo Didier aparece en el extremo de la derecha, la forma de su cuerpo en uno de los largueros del puente, mientras que en el extremo de la izquierda una forma rudimentaria está frente a él.

La supremacía del Yo-realidad   249

Volvemos a encontrar aquí la existencia de tres niveles: el del Yo-realidad, mundo de los vínculos cuyo «puente» es por excelencia el representante, mundo también del movimiento y de la asociación de lo móvil a lo inmóvil, de lo fluctuante y de lo permanente en provecho de la constitución de un espacio en tres dimensiones. Subyacente a este mundo, el de la concha, de la que se percibe la masa adherida ligeramente al pie del monigote y de la que se considera también algunos elementos explotados a la izquierda quizás transformándose hacia el Yo-realidad —como lo evoqué a propósito del dibujo 56. Finalmente, bajo un enclave constituido por el espacio adjudicado al Yo-narcisista y a la concha, el mundo de los objetos internos: los que no están al aire libre pero que no por ello adoptan menos representaciones susceptibles de que el Yo-realidad las conciba, a la luz de sus percepciones internas y externas.

Después de esta construcción del puente en cuanto lugar de movimiento y de paso, Didier se encamina hacia la recuperación de una construcción de castillos cuyos muros forman un cuadro sobre la hoja y cuyo interior al principio se llena de piedras cuadradas *(dibujo 72)*, como si el espacio que delimitan preparara la aparición de una escena movediza, pero que ahora el Yo-narcisista la vive como un vacío que se esforzaba en llenarlo a su manera. Pero poco a poco el vacío está sostenido *(dibujo 73)*. Se establecen líneas de fuerza y de comunicación entre los diferentes rincones del castillo *(dibujo 74)* y *(dibujo 75)*. Finalmente el es-

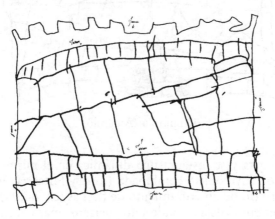

Dibujo 72 (Marrón -Amarillo)

Dibujo 73 (Amarillo)

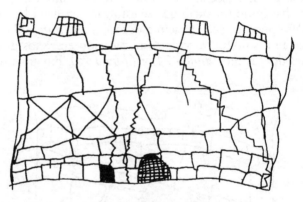

Dibujo 74 (Amarillo)

pacio se libera y se instaura una dinámica en el mismo castillo *(dibujo 76),* cuyo objeto combinado (torre y fortaleza, en amarillo) es el teatro de un cruzamiento de flechas (en violeta), y en el que el guerrero violeta esconde a un guerrero amarillo, en ese desdoblamiento continuo entre los dos Yo.

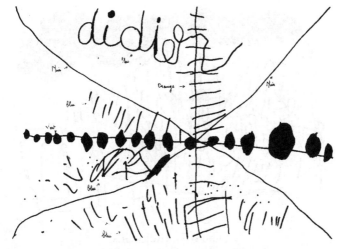

Dibujo 75 (Azul-Negro-Naranja-Verde)

Dibujo 76 (Amarillo -Violeta)

La depresión (ya encontrada a través de los comentarios realizados al dibujo 63) aparece ahora en todo su esplendor *(dibujo 77)*. Es el continente cuyo descubrimiento es tan temido: Didier dice que ese dibujo representa a Cristóbal Colón descubriendo América. Se defiende, como habitualmente, de cualquier intrusión in-

Dibujo 77 (Rojo-Gris)

terpretativa cantando dulcemente primero, después de forma
cada vez más firme para hacer una barrera, una concha para no
perforarla.

Pero la misma canción lleva la huella del contenido subyacente
a la defensa: es la canción del burrito gris, gris como la lluvia que
cae cada vez más sobre el barco. Observemos todavía las dos fi-
guras sobre este último: la una se engancha al mástil haciendo un
cuerpo con él. Es el Yo-narcisista al que no le toca ninguna gota
de lluvia, y que utiliza el conocimiento como un refuerzo de su
concha. La otra, el Yo-realidad, en la parte delantera del barco,
tiene la casa inundada de lluvia. Aprende lo que semejante descubrimiento implica. El Yo-realidad sabe que todo conocimiento
se paga primero al precio de una mirada dirigida a la separación
entre el Yo y el objeto.

Cuando pasamos a la *sesión ciento cuarenta y siete (dibujo 78),*
nos encontramos en un medio en el que —igualmente, por un
juego de colores— lo húmedo de la depresión lo lleva el personaje de la izquierda, en azul claro. El barco rosa —este objeto integrado por el Yo para formar el marco de la psiquis— permite
aún aislar al mundo húmedo de la parte de abajo, ahí donde el
mundo interno está habitado por objetos que repiten los que
pueblan el mundo externo. Aquí un pez naranja, bajo el mástil,
soporta la verticalidad de este último. Pero la depresión se ha acu-
mulado en el barco mismo llena de azules viriles del color del

Dibujo 78 (Azul-Rosa-Naranja-Verde)

agua. Es una depresión soportable que ya no acarrea el ahogo de la exigencia de una regresión al estadio de pez para no sufrir su invasión.

Dicho esto, la defensa maníaca es siempre igualmente masiva en las sesiones, lo que se percibe sobre este dibujo en el que el monigote de la derecha, verde pálido, quizás ha identificado su mano con el sol, amarillo y rojo, cuyos rayos le atraviesan la cabeza. Su mano derecha (lado izquierdo del dibujo), está formada pero hundida en la vela, después se encuentra el timón —verde suave— del barco que toma también una forma solar rodeada de rayos. La impresión de conjunto del dibujo es la de una coherencia y de una capacidad de reunir en torno a una columna vertebral central —ese mástil del barco—, las diferentes partes de la psiquis, en un espacio estructurado por las verticales y las horizontales. Se trata todavía de «Cristóbal Colón», a la izquierda y de su «amigo» a la derecha. Pero el descubrimiento de América no provoca aquí el desbordamiento depresivo. El calor y la luz vuelven por el lado derecho. El «amigo» de Cristóbal Colón, el doble narcisista del Yo-realidad siempre descubriendo el mundo, está parcialmente separado de sus primeras envolturas. Todo, al lado derecho del barco, engancha e interpenetra esta parte del Yo-narcisista en transformación: el timón, la vela repetida en la bandera, finalmente el gran sol. No se confronta con el espacio del descubrimiento como el monigote de la izquierda que solamente se sostiene al único mástil del navío. A la izquierda, un simple pequeño reborde azul protege de la caída, mientras que para el monigote de la derecha, la masa solar invade el espacio potencial entre su cuerpo y el borde del barco. Llenando el espacio y anulando de esta forma el juego de la gravitación, es como la parte narcisista del *Self* se siente segura. No obstante es importante observar aquí que la figura verde de la derecha es una figura de transición entre la representación del Yo-narcisista —ese sol de la derecha, que solamente puede adoptar una forma radial, concha que únicamente se pone en contacto con el mundo por sus puntas—, y la representación del Yo-realidad a la izquierda. El sol está herido, el amarillo está cubierto de rojo. Ahora bien, de esta herida del Yo-narcisista es de donde ha salido la organización de esta figura narcisista de transición hacia el Yo-realidad. Con su mano derecha mantiene el timón del navío: en el momento en el que deja su origen de izquierda, se engancha a su doble a la derecha, pretendiendo gobernar el conjunto de la psiquis. Pero pienso que el que verdaderamente gobierna el barco se sitúa a la izquierda, a nivel del Yo-realidad, porque América se encuentra a la izquierda, más allá de la proa del barco. Así, en una trayectoria que hace que pase el *Self* del adentro del objeto al afuera, y el Yo de un estadio de narcisismo primario a un estadio de amor objetal, nos pasamos de derecha a izquierda de una fusión primitiva con el objeto, intentando franquear la distancia que nos separa de América, ese nuevo mundo, ese mundo terrestre que aleja al Yo del mundo interplanetario, del mundo solar.

Por ello, durante la *sesión ciento cuarenta y ocho* la defensa maníaca es menos violenta y el *Self* parece que se ha posado en la tierra en una atmósfera verde. El mástil del barco se ha transformado en esta «casa de América» *(dibujo 79)*, que según Didier está hecha de paja. Después cambia de opinión: en África es donde las casas son de paja mientras que en América, hay rascacielos. Es un país rico por oposición con África, país pobre donde los niños mueren de hambre. Y Didier precisa que no hay que dejarse invadir por los animales a los que les corta las patas y la cola. «Sin piedad» porque si no van a cogerle el sitio. Dicho esto, recubre de yedra el rascacielos americano.

Didier tiene la idea de un paracaídas que permite no caer brutalmente. Ahora que el mástil se engancha a la tierra, impone a

Dibujo 79 (Verde-Negro)

la organización psíquica una sumisión a las leyes de la gravitación terrestre. Estructura pues no solamente el espacio ocupado por el objeto, sino también el de la organización psíquica entera. Me planteo pues la hipótesis de que aquí tenemos una representación del conjunto de lo que rige al Yo-realidad. No obstante, nos quedan las huellas del Yo-narcisista con la presencia de la yedra que invade las paredes del rascacielos e incluso, parece, el cuerpo de los pájaros, como si las fuerzas contrarias estuvieran aún oponiéndose aquí. La yedra recupera la problemática del enganchamiento, y corre el peligro de que el fortalecimiento del vínculo con el objeto desemboque en una fijación parasitaria. Los pájaros —que han adoptado la horizontalidad terrestre en lugar de irse de las esferas gravitacionales como el cohete típicamente maníaco— a pesar de todo recobradas por esta fuerza agarradora que no tolera ningún espacio entre el *Self* y el objeto. Con ello el Yo-realidad se hace pesado, siempre se trata de distinguir bien lo que participa del peso gravitacional aplicado al Yo-realidad, de esta misma pesadez aplicada a una parte del Yo-narcisista en curso de transformación. En este último caso, tenemos una lucha contra el impacto de esta fuerza sobre el Yo, y esta lucha grava a este último con una traba suplementaria. Es el proyectil del pie del que ya he hablado.

Es también importante poner de relieve que a nivel del discurso manifiesto de Didier, son los niños pobres de África los que se quejan porque tienen hambre, mientras que los americanos son ricos. Esos niños pobres —como los animales mutilados por Didier— son abandonados sin piedad, por cuya falta invadirían la abundancia de los países ricos y los reducirían a su vez a la escasez tan temida. Ese género de razonamiento, que no está alejado de lo que se dice a veces en la opinión pública, participa de una permutación en la perspectiva cuya representación vemos aquí: en este dibujo es evidente que la fuerza invasora no está constituida por el Yo-realidad representado por todas las imágenes que están instaladas en el sueño o incluso en el aire, en la medida en que ellas trabajan para integrar la gravitación terrestre. Es la yedra —ese futuro parásito— la que es la fuerza invasora. Ahora bien, el nacimiento del hambre, si no del apetito, es el «nuevo continente» situado en América. Didier procede pues a una presentación contradictoria porque concibe, por una parte la emergencia del hambre que da el sentimiento de ser pobre, y por otra el descubrimiento de América asociado a un sentimiento de riqueza. He demostrado cómo América representa un nuevo mundo, semejante al de la depresión soportable del Yo-realidad. Esta depresión está vinculada con el carácter soportable de la necesidad del objeto, lo que traduce el concepto de hambre. América se ha transformado rápidamente por un proceso maníaco —ya presente en el dibujo 78— en un país rico; África, al otro lado del mundo, soportando la «pobreza» que América ignora. Pero ¿por qué llamar pobreza al «hambre» y a la necesidad objeto? En la perspectiva del Yo-narcisista —como en la de un Yo-ideal que esa necesidad «mancharía»— el hambre constituye una herida, una perforación en la vivencia de omnipotencia absoluta que es la suya. Y es a este nivel en el que se sitúa el deslizamiento que transforma el sentimiento de hambre en el temor de la escasez, o la emergencia de un elemento en el temor de su invasión: si se acepta calmar el hambre, éste no estaría jamás satisfecho e invadirá el Yo como la yedra los muros del rascacielos. Es olvidar que el parásito no tiene hambre. Aspira al objeto utilizando el principio de la integración de los dientes en provecho de un enganche vampírico, como se empezó a ver en la sesión 125. Lo que hace que se tema le emergencia del hambre en la vida psíquica participa pues de una invasión parasitaria (como la de la yedra en el rascacielos) del Yo-realidad por una parte, que surge del Yo-narcisista. Como lo subrayé desde el principio de mis comentarios, en lo que se refiere al sentimiento catastrófico del Yo-realidad de la depresión que afecta en realidad al Yo-narcisista, es al Yo-realidad al que se confiere un atributo que solamente alcanza a una formación narcisista.

La «casa de paja» que ha sido necesario encontrar en América y que se envió a África, es un elemento de recuerdo de la permanencia de la defensa maníaca. Nosotros recordamos la historia de los «tres cerditos» y del viento que sopla sobre «la casa de paja». La conciencia de la fragilidad de la habitación maníaca que, semejante a la paja, vuela fuera de cualquier anclaje terrestre —el cual, según mi tesis, se le confía al analista— se encuentra aquí cuando Didier quiere pensar que América es rica. Ese género de riqueza es solamente paja si ignora lo que sucede en «África».

> Habla muy poco del dibujo *(dibujo 80)* que hace durante la *sesión ciento cuarenta y nueve.* Menciona simplemente que el aceite hirviendo cae sobre el puente levadizo del castillo, y que a la izquierda se encuentra la máscara de un caballo mientras que a la derecha se encuentra el caballo. El resto de la sesión está dedicada a mezclar toda comunicación entre nosotros conservando un murmullo en su boca o gritando canciones.

Reproduzco ese dibujo, porque lo encuentro interesante desde el punto de vista de la síntesis de los elementos en curso de evo-

Dibujo 80 (Rojo)

lución en Didier. El marco del castillo o de la psiquis se encuentra aquí. Las almenas representan, con más precisión que en el dibujo 74, el descenso de una parte del Yo-narcisista hacia la realidad. En el extremo derecho vemos cómo la pequeña nube informa que se engancha a un ángulo de la almena; después se dirige hacia la izquierda, hacia la segunda almena, para formar esa doble nube, doble envoltura en el interior de la cual aparece claramente el dibujo de un monigote, de un Yo que va a descender pronto de su nube para convertirse en realidad. Es en esta tercera almena donde este descenso empieza a efectuarse. Ahora bien, observamos la existencia de una especie de segundo castillo, en pequeño, a caballo sobre las dos últimas almenas coronadas con dos pequeñas banderas. Esta formación recuerda al dormitorio del dibujo 60 que corona ya el dibujo rudimentario de un castillo. Las envolturas nubosas han empezado a transformarse, si no en dormitorio, por lo menos en pared no inmediatamente en contacto con el contorno corporal. La nube que formaba un tapón entre la piel del niño y la inmensidad del espacio, creando alrededor de él una zona espacial reducida a proporciones que él puede aprehender —el espacio de la pequeña nube, después de la almena, de la gran nube y finalmente del pequeño castillo—, va en la tercera etapa de este desplazamiento a pasar debajo de los pies del niño y tenerle incluso atado de pies. La continuidad es absoluta aquí entre el cuerpo del niño, y el sueño del castillo ya que esta última nube envuelve la cumbre de la reja del «puente levadizo». Esta reja se parece a un conjunto de escaleras —esos raíles verticales que Didier ha dibujado de esta manera en el momento en el que hemos visto que empezaba a salir de un mundo de continuidad absoluta. Se pondrá de relieve también que es, con la imagen de la figura de la izquierda, la de la «máscara del caballo», con la que se establece la continuidad con el mundo narcisista de la parte alta del castillo, mientras que la figura de la derecha, que yo tendería a considerarla como una representación del Yo-realidad, está separada de este mundo: eso no es una máscara es un verdadero caballo, atado a una carreta sobre la que se reconoce la representación de los elementos cruzados recientemente aparecidos con la afirmación del marco.

El Yo-realidad de la derecha se engancha en el objeto, el carro —el conjunto toma doblemente el sentido de la representación de un objeto combinado—, mientras que la «máscara del caballo», a la izquierda, corresponde a este señuelo del que he hablado en mi hipótesis sobre el mecanismo de defensa maníaca. Cuando el «caballo», el analista, portador del Yo-realidad del paciente, quiere dirigirse a él, solamente se tropieza con un «puente levadizo», una reja maníaca que he comparado a un resto de un caparazón autístico. Sobre esta reja cae «aceite hirviendo» que corresponde a la contratransferencia de un analista en estado de excitación ardiente, bajo el impacto de las «flechas» (cfr. la flecha en el extremo izquierdo). Este dibujo nos permitiría quizás completar nuestra hipótesis que se refiere a la emergencia de la defensa maníaca. El envite defensivo es claramente, para mí, la salida de un estado «nuboso» asociado a la existencia de una transformación de una parte del Yo-narcisista. Durante el «descenso a la tierra», una parte del Yo-narcisista continúa protegiéndose detrás de una «yedra», una máscara, heredera de la nube primitiva, mientras que otra parte se junta verdaderamente con el Yo-realidad trabajando ya —el caballo que tira del carro. Esta defensa activa —y ya no pasiva en el centro de una «nube»— intenta disminuir la actividad paralela del Yo-realidad desviándola en su propio provecho: la flecha se dirige hacia el exterior. Eso evoca las incansables picaduras, las estimulaciones perpetuas que toman como blanco al analista, el cual se vuelve rojo de excitación, como el conjunto de ese castillo dibujado enteramente en rojo. En esta perspectiva es interesante anotar que la nube que supera la reja se verbaliza como que es una masa de aceite hirviendo que cae sobre el puente levadizo. Pienso, como ya lo he mencionado, que la falla en el funcionamiento narcisista deja al yo corporal en carne viva: la excitación incontrolable que se apodera de él —comparable a la quemadura que invade la piel cuando no está ya protegida por la cobertura materna y se encuentra sometida al impacto directo de la intemperie— se mezcla con la crecida pulsional, el caballo es, después de todo, un animal fogoso. La figura de la máscara permite una imitación fría de la realidad ardiente, de tal forma que el Yo-realidad a la derecha no se aproxima demasiado cerca de ese resto narcisista de la izquierda. Recibiría el aceite hirviendo, mientras que se ve al personaje de la izquierda mantener sin peligro esta reja en forma de cohete que le llevará de nuevo fácilmente al cielo. El problema técnico que esta situación plantea —ya lo he señalado— es el de resistir a los avances de la yedra. Se trata ya no de penetrar en el castillo, sino más bien de dejarlo a disposición del Yo-narcisista. Podríamos decir también —en la perspectiva que asocia una relación de objeto primario con el cierre del núcleo narcisista primario—, que el castillo representa al objeto, se trata de dejar al Yo-narcisista la ilusión de que él mismo es el objeto. El Yo-realidad a la derecha debe arrastrar su propio continente con él, lo que nos remite a los procesos introyectivos y al peso que constituyen en relación con la ligereza del Yo-narcisista que no absorbe nada o no retiene nada. En este carro, en efecto, pueden encontrarse diversos elementos enriquecedores del Yo. No obstante, es probable que contenga, bien atado detrás de las diagonales que atraviesan su cuerpo, el peso de toda depresión.

Reproduzco rápidamente los elementos de la *sesión ciento cincuenta,* que nos permite seguir la continuidad de ese movimiento de descenso de un mundo situado fuera de la gravitación terrestre. La obediencia a las leyes de la gravitación está unida a la obediencia a las leyes de la incorporación y de la introyección. Por ello, observamos en los dibujos siguientes dos dinámicas: una tira del Yo hacia arriba y la otra le permite vivir en el suelo.

En el *dibujo 81,* observamos dos grupos. A la derecha, mientras que un monigote se agarra a un enorme cohete, otro desciende por una escalera a lo largo de la pared de este cohete, al mismo tiempo que su pie toca la antena situada encima de un vehículo cuya parte delantera él mismo la pega a la parte baja de la escalera. Los movimientos estelares ocupan, sin llenarlo, el espacio que separa a ese grupo del grupo de la izquierda. El cohete —más pequeño— vuela por encima del monigote que sujeta también un camión, pero cuyos pies se posan generosamente sobre el suelo. El pie de la derecha se encuentra mezclado, o aplastado, por la rueda trasera del camión. A poca distancia del pequeño cohete, Didier ha dibujado una gran piedra, que mantiene una grúa por encima del camión.

En el *dibujo 82,* observamos una transformación de esta estructura. Los elementos verticales se han transformado en un rascacielos en el lado izquierdo. El monigote, Didier, ya no puede tocar lo que le lleva al cielo, su mano derecha se extiende hacia un botón, especie de cicatriz umbilical que aún se observa a la altura de esta mano en la pared del edificio. Pero la mano izquierda sujeta un vehículo que se parece a un coche, el pie izquierdo está aún mezclado con la rueda delantera. Ya no es la piedra cuyo peso amenaza con caer encima de él, tampoco es un cohete que vuela desde su cabeza, es un sombrero que cubre al jefe.

Dibujo 81 (Azul claro)

Dibujo 82 (Azul claro)

Aquí también, un estudio detallado de los dibujos nos permitiría darnos cuenta de la recuperación de un número importante de elementos primitivos para reintegrarlos en la complejidad de la estructura de un Yo en transformación.

Así, en el dibujo 81, reconocemos con la escalera y su función, los «raíles» que Didier dibujó hace tiempo para frenar el fulgor de un movimiento pulsional que pretendía anular la abertura del espacio. Nosotros concebimos cómo las barras de la escalera que recuperan las barras de los raíles, son igualmente un freno en relación con la caída «de las alturas del castillo» recuperando la imagen de la sesión ciento cuarenta y nueve. Didier representa aquí con detalle los movimientos opuestos, la angustia y la defensa: en el descenso correspondiente a la elevación del cohete —recuperando quizás el movimiento de la flecha del dibujo 80. A la caída posible de la piedra, corresponde el vuelo del pequeño cohete. Observamos en el espacio, fuera de la influencia del Yo-realidad, los elementos estrellas, o incluso un pequeño núcleo nuboso a la derecha que nos recuerda a los del dibujo 80. Se trata de los elementos de un Yo-narcisista que no está siempre atrapado por las leyes de la realidad terrestre. Sin embargo, los dos aspectos del Yo empiezan a mezclarse más, uno con otro. Es como si la retención contratransferencial de la que yo hablaba más arriba —y que consistía en no pasar el «puente levadizo», estimulado por la yedra que era la máscara del caballo de la izquierda»—, hubiese arrastrado al Yo-narcisista en curso de transformación a anclarse sobre la tierra. Al paciente le pesa su Yo-realidad, en lugar de aprovecharse de la situación analítica para descargarse de él completamente sobre el analista, y jugar, él mismo, a volar fuera del peso que éste representa. En el dibujo 81 azul claro, todo se tranquiliza. El grupo «narcisista», a la derecha, integra no solamente un descenso terrestre, sino sobre todo los medios que permiten soportarlo: los bastones de la escalera, junto con los pequeños vínculos que frenan el fulgor de la caída como la de la satisfacción pulsional. Son los vínculos de pensamiento, los vínculos entre el Yo y el objeto, que se mantienen en forma paralela, como los peldaños de la escalera. Esos vínculos llevan al vehículo a una capacidad de deambular él solo sobre la tierra. A la izquierda, allí donde el Yo-realidad se apoya en el camión, como el caballo en su carro en el dibujo 80, el dominio narcisista se deja percibir en lo que sucede encima de la cabeza del monigote; el vínculo con el objeto, la mano tendida hacia el camión y ya no hacia el cohete, corresponde al verdadero vínculo terrestre, al verdadero descenso. Permanece aún entonces —a pesar de la sonrisa enarbolada por Didier en la que las comisuras de los labios tiran hacia arriba, como por dos hilos en la base del cohete— la necesidad de luchar contra la angustia de un aplastamiento bajo la piedra. La influencia del Yo-narcisista lleva consigo la creencia en el carácter mortal de toda depresión, y por ello la necesidad de escapar a ella por un vuelo que solamente alcanza ese fin suprimiendo el vínculo con el objeto. El dibujo de la piedra retoma al de la carreta y las cuerdas que retienen el peso de una depresión primaria en curso de secundarizarse.

En el dibujo 82, observamos cómo el trabajo del Yo-realidad ha permitido que el conjunto de esta problemática se haya contenido en el «sombrero» de Didier. Sobre su cabeza. La sonrisa está tachada con un trazo que le hace perder su fijeza. Todo se transforma y el rascacielos, del que se subraya las dos antenas en su cumbre, está distante del monigoe. El cohete y la escalera del dibujo anterior se han fusionado para formar un rascacielos: la omnipotencia que da la ilusión de que dejamos nuestras ataduras terrestres, se ha perdido. Podemos preguntarnos si la antena de la cumbre no es un resto de la escalera. Pero esta se devolvió, hay que vivir aquí abajo. La sonrisa se aminora. La línea mediana de puntos del cohete —que introduce una comparación con la trayectoria de una ruta— se ha transformado en otra línea mediana, la de las ventanas que abren el bloque narcisista al exterior. En las antenas de la cumbre yo veía, en esa especie de bola que se escapa de la primera ventana llevando el discurso cantado que fluye permanentemente fuera de los labios de Didier, un resto de la continuidad narcisista, mientras que el pequeño botón que está frente a la mano derecha del monigote —semejante a un botón umbilical— ratifica que se ha perdido esta continuidad.

Es pues importante considerar que es este descenso hacia el principio de realidad de algunos elementos del Yo-narcisista, el que transforma la omnipotencia de carácter fálico en una potencia que resiste a la actuación de esta omnipotencia. Ya he mencionado que en el dibujo 80 la representación del castillo podía volver a enviarnos a la vez a la del *Self* cuya organización se hace más compleja, y a la del objeto en el que el Yo-realidad percibe la función que juega en las diferentes captaciones que el Yo tiene de sí mismo. Pienso que en el dibujo 82, podemos también considerar el rascacielos como una representación a la vez de un resto narcisista del Yo cuyo investimiento tiene un carácter fálico, y de un elemento objetal paterno que pone un límite a la expansión de la omnipotencia. Doble punto de vista sobre una misma representación: la que pone el acento sobre el final de un estadio y la que subraya el principio de otro. Si el niño pierde la capacidad de «rascar el cielo», gana después de todo la de poseer un vehículo terrestre, y la parte delantera de su coche —si no se compara con el esplendor del edificio erigido— no por ello está menos investida. Por medio de esa mano derecha —en espejo en relación con el dibujo—, de su pie derecho —en continuidad con la forma fálica de la parte delantera del coche— es como Didier podrá empezar a captar los objetos de la tierra. Instaura en el *Self* una escisión derecha-izquierda que vuelve a enviar a la integración de una diferenciación entre, por una parte, un lado izquierdo —como generalmente sucede— que participa, ya que está unido con la psiquis al lado derecho, a la abertura de este último hacia los objetos, pero que envía al resto del Yo-narcisista primario, y por otra parte, un lado derecho que corresponde a la actualización del Yo-realidad, ese motor de la psiquis, que vive del vínculo que crea con los objetos. El grupo «monigote-coche» envía ahora a la constitución de un objeto combinado, o a la articulación entre el *Self* y el objeto. Entre los dos, el elemento fálico de la parte delantera del coche, del que acabo de analizar lo que representa de investimiento fálico, envía, al mismo tiempo, al vínculo y al espacio cerrado entre el Yo y el objeto. Ya no es fácil —y ya no lo será jamás— volverse a encontrar en el interior de este último, como si el descenso del rascacielos no se hubiera efectuado. Por ello, observaremos siempre en el material de Didier al lado del desarrollo del Yo-realidad, no solamente una parte reservada en su vida psíquica a la transformación del Yo-narcisista en dirección del Yo-realidad —y las consecuencias maníacas que se estudian aquí—, sino también una parte —o un continente, semejante al del Ello o al del Inconsciente del que hablaba Freud— que mantiene inalterado el sentimiento de una seguridad absoluta obtenida gracias al refugio que constituye la existencia del Yo-narcisista. El objetivo de otro estudio no sería otro que el de considerar la dinámica de las relaciones —tales como el peso y el contrapeso— entre el Yo-realidad y el Yo-narcisista. Me dedicaré a ello muy pronto.

Ahora me gustaría dirigirme hacia el final de la presentación clínica comentando aún dos sesiones. Una se sitúa al principio del mes de diciembre, y la otra en la última sesión del año.

En la *sesión ciento cincuenta y tres* hace su primer dibujo *(dibujo 83)* completamente violeta. Arriba en el cielo, se encuentran un helicóptero a la izquierda y un avión a la derecha. Un cohete está en el extremo de la derecha. El humo que sale de la casa corta un poco el ala del avión. El sol que se pega al avión corre el peligro de quemarlo. Didier puede empezar la actividad de la pareja formada por el helicóptero y el avión: unen sus esfuerzos para encontrarse con el cohete que roba las joyas. En el suelo encontramos al helicóptero y el avión. Están posados en una carretera que conduce hacia una piedra. Didier pretende que el helicóptero entre en la casa por la puerta. Hay agua dentro. Lo que le conduce a la idea de una «trampa» como lo representan sus dedos que se cruzan, lo que asocia con el cruce posible del helicóptero y el avión. Si las alas del helicóptero entran en la casa, la cortaría. De la misma forma, si el cruzamiento aprieta su pierna, también la cortaría.

A menudo me pregunta hasta cuándo vendrá a verme... ¿Hasta los diecisiete años? Al mismo tiempo hace el gesto de afeitarse. En esta ocasión recuerdo que nos separaremos muy pronto, para Navidad.

A veces cierra los ojos comentando que es para protegerse, ya sea contra la quemadura del sol, el que golpea el ala de los aviones, ya sea contra el movimiento turbulento de las alas del helicóptero.

El avión que se encuentra al sol va a dirigirse hacia el túnel y, para iluminarse, posee en la parte de delante un punto luminoso. Pero el miedo es que esta lámpara delantera se golpee contra la piedra. Didier evoca entonces la estrella fugaz que vemos debajo de la lámpara del avión.

A diferencia del primer dibujo, el segundo *(dibujo 84)* es azul pálido y proporciona un sentimiento de frescor. «El azul es más fresco», dice. Se trata de Papá Noel. Ha atado sus renos a una nube, que corresponde a la escena situada en el cielo; otra escena se sitúa en el suelo. Se trata de un tren que va a entrar, ya no en una piedra esta vez, sino en un túnel.

El dibujo 83 nos permite poner de relieve los diferentes niveles o los diferentes ambientes gobernados por el Yo: la línea que parte de la chimenea de la casa comparte el espacio en dos zonas, la zona aérea y la zona terrestre. Tres tipos de ingenios ocupan la zona aérea, el cohete, el avión y el helicóptero. El cohete, encima de la piedra, habría robado las «joyas». Recupera la problemática maníaca del vuelo fuera de la esfera de influencia de la gravita-

Dibujo 83 (Violeta)

Dibujo 84 (Azul claro)

ción terrestre, es decir del Yo-realidad. Sin embargo, este último está infiltrando esta zona en la medida en la que ese mundo de los objetos internos habita el «cielo» psíquico encima del Yo. Reconocemos mucho más fácilmente una problemática en la que una pareja parental —formada por el avión y el helicóptero— corre detrás del «ladrón» de joyas o de bebés, para recuperar el hurto. Podemos pues pensar que los mecanismos maníacos que ha desarrollado hasta ahora son susceptibles de conferir a las relaciones que ocupan un lugar entre las partes del *Self* y de los objetos internos, una violencia que participa no solamente de los envites pulsionales presentes, sino también de los envites narcisistas subyacentes. Eso acrecienta el poder de las tres fuerzas que constituyen las bases de la escena primitiva y del conflicto edípico. El niño maníaco que vuela con su cargamento de bebés. El avión materno que solamente toca el suelo oblicuamente y que solamente vuela en una zona que retiene la esfera de influencia de la gravitación terrestre. El helicóptero paterno finalmente cuya función es la de volver a la tierra, y que solamente puntúa este aterrizaje por los vuelos cuyo eje vertical recupera la dirección de las erecciones anteriores. Este eje se encuentra en la línea que desciende del helicóptero hasta el suelo pasando por la casa. Observemos aún que este descenso a la parte de abajo de las esferas que escapan al control de Yo-realidad, no se efectúa sin violencia. El aspecto turbulento de toda caída se recupera —y es controlada bajo la influencia del Yo-realidad— en el movimiento de las hélices del helicóptero. Seguimos así la transformación de la fuerza que intenta acarrear la parte del Yo-narcisista susceptible de caer bajo el control del Yo-realidad, fuera de los confines de este último. En la comparación que ya he efectuado con la desaceleración de un avión que va a aterrizar, podemos considerar que la fuerza de propulsión se transforma en violencia cinética y en calor con el contacto del suelo. Así el cohete antes de aterrizar aquí se convierte en un avión, después en un helicóptero. Esta capacidad de concebir las etapas en el descenso, o en la pérdida de la defensa maníaca, es una función del Yo-realidad. Pero volvemos a encontrar esta «ley del descenso» en la transformación de la energía cinética que de vertical se convierte en horizontal, después nuevamente en vertical pero al servicio del descenso controlado hacia el suelo. La potencia recuperada por esta entrada en la esfera terrestre, próxima al hilo de humo que constituiría la frontera, aparece a nivel cinético en la velocidad del avión y en la del movimiento turbulento de las hélices. A nivel calorífico, reconocemos el modo ardiente, que es el del maníaco, en el suelo que toca el ala del avión. Pero reconocemos también en la forma de este sol el girar de las hélices del helicóptero. Semejante a una parcela de cualquier materia, un elemento del *Self* que pasa en un torbellino incesante, calienta, arde y se evapora cambiando de estado. Así en un proceso inverso, un «vapor maníaco» —este estado flotante sin consistencia terrestre— se transforma poco a poco en una forma que corre, calienta, se arremolina y finalmente se posa.

Las relaciones parciales de objeto que ya se han tratado aquí en la representación de los aviones en cuanto pareja primitiva interna, participan de la problemática que acabo de describir. Así, el avión, que he nombrado materno, lleva una pareja de hélices diferenciadas que igualmente harían de él un objeto combinado. Pero se «recupera» por el sol a nivel de una interpenetración, de tal forma que ya no se sabe dónde situar lo masculino y lo femenino. El movimiento arremolinante de las hélices del helicóptero, cuando se encuentra a nivel de la forma radial del sol que quema el ala del avión, se convierte en el prototipo de una forma femenina capaz de triturar el pene paterno. Del mismo modo es posible considerar esta configuración solar como la emergencia de la forma siguiente, la del helicóptero, salida de una transformación del avión. Captamos pues la riqueza de los armónicos subyacentes en la lectura de semejante producción gráfica. El segundo dibujo nos permitirá seguir más precisamente una línea, pero aquí estamos en presencia de un cruzamiento entre diversos ejes de tiempo y espacio. Van del pasado al futuro del desarrollo de la organización psíquica. Recorren al mismo tiempo esta última de «arriba a abajo» e inversamente, de las relaciones de los objetos internos a las relaciones establecidas por el Yo-realidad con los objetos reales. Las líneas horizontales son las herederas de las líneas de escisión trabajadas hasta ahora y que se transforman en líneas de represión. Lo que confiere a éstas este último carácter, es la capacidad de efectuar las idas y venidas, por los demás, del límite que ellas trazan. Podemos así pasar del mundo aéreo al mundo terrestre e inversamente. Pienso que es este mismo carácter «aéreo», es decir, impalpable de los objetos internos, el que corre el peligro de atraerlos hacia las esferas maníacas, como si no se resistieran a las manipulaciones que estas últimas hacen sufrir a cualquier cosa, asimilada con una humareda, prototipo de señuelo por excelencia. Pero todo ha cambiado ahora: esos objetos internos están puestos en correspondencia, de una parte a otra de la línea de la represión —ese trazo de humareda—, con los objetos externos representados sobre la tierra por debajo de ellos.

Siempre en una perspectiva que estudia los pasos de un nivel al otro de la psiquis —pasos que ratifican la especificidad de los terrenos separados—, podemos considerar que la casa —ese punto nodal del Yo-realidad—, es el lugar en el que se sitúa también la rabia narcisista que pierde toda su omnipotencia «aérea» antes de llegar al suelo y de transformarse en una simple potencia terrestre: el helicóptero después de su paso por la casa, dice Didier, se encuentra en el suelo y en la ruta que lleva a la «piedra». La casa debe ser bastante resistente para soportar el torbellino de las alas del helicóptero. El Yo-realidad debe ser capaz de anudar vínculos bastante potentes con sus objetos, para mantenerse anclado en el suelo de su realidad externa e interna, o más bien para que su similitud y su diferencia estén ancladas con suficiente profundidad en él. Es el garante del proceso que funda el mundo de toda simbolización.

Es importante poner de relieve cómo el helicóptero, después el avión, dirigen la movilidad terrestre hacia la derecha, en dirección a lo que Didier llama una «piedra» y que se transformará rápidamente en un túnel. Podemos decir que es desde el punto de vista del Yo-narcisista desde donde toda interpretación propia a las relaciones que anuda el Yo-realidad, salen de la dureza de la piedra. Desde el punto de vista del Yo-narcisista, es como si toda cooperación con la realidad chocara como una caída sobre una piedra. Está todavía presente la tentación del vuelo que transforma la pequeña lámpara de delante del avión en el suelo y que está destinada a alumbrar el camino en la noche (el del túnel o de la ausencia del objeto), en una estrella fugaz cuyo carácter fulgurante y deslumbrante recuerda al «fuego de paja» de las defensas maníacas. Esta pequeña estrella fugaz se dirige por otra parte hacia el cohete, intentando cerrar en un círculo vicioso lo que se abre de forma irreversible en una línea espacio-temporal que integra el fin de cualquier cosa.

Cuando se pasa al segundo dibujo (dibujo 84), azul pálido, todo se ha vuelto más suave. Una doble escena arriba y abajo de la hoja pone en paralelo el mundo de los sueños y el de la realidad, y, ya no tan duramente, el mundo de los objetos internos infiltrado por el aspecto cortante o cortado del mundo narcisista primario. Lo que

era angular se ha convertido en curvo. No obstante, encontramos
la nube narcisista presente ya en numerosos dibujos. Podemos pensar que Didier se identifica con Papá Noel que «tira de los renos»,
es decir, que controla a los dos renos, que representen la pareja de
los dos padres, con su trineo aéreo. Versión «ideal» de una escena
primitiva en la que todas las joyas robadas del primer dibujo, las
ponen, por los padres «maravillosos» graciosamente, a disposición
del niño todopoderoso. En el suelo aparece una segunda versión de
la escena primitiva. Ya no es tan maravillosa, pero permite al niño,
a pesar de todo, ocupar un lugar a su elección: el del conductor de
la locomotora que va a atravesar el túnel. No se trata ya de una piedra susceptible ahora de tropezar con el narcisismo del niño, sino
de un agujero, que pone en escena una diferenciación sexual, en la
que el niño identifica al padre que poseyendo su pene, se prepara
para penetrar gozosamente. Vemos pues que la dureza de la versión
maníaca se recupera aquí de una forma más suave. El vuelo más allá
de la esfera terrestre, se limita al sentimiento de estar «en las nubes»
y nutrir el sentimiento de lo maravilloso. Todo el mundo está feliz
y la defensa maníaca está siempre presente, porque el conflicto se
evita todavía. Pero los elementos que permiten plantear sus bases
están situados, y la triangulación que corre el peligro de estructu-
rarla sobre la tierra, se encuentra en el cielo, preparada para socorrer al niño si su angustia es demasiado grande.

Hemos llegado casi al término de este estudio clínico que querría concluir comentando brevemente su último dibujo (dibujo 85), que ha hecho antes de marcharse de vacaciones de Navidad, en la sesión 155. Está hecho con una variedad de colores;
esta multiplicidad empieza a dar vida a sus dibujos.

Se trata de un arco de triunfo, formado de dos potentes postes
naranja en lo alto de los cuales ondea la bandera. Pero bajo esa
«bandera de la libertad», como él la llama, se mantiene, como suspendido por un «pequeño hilo» a las nubes amarillas, un frágil
puntito amarillo; el conjunto estaba recubierto de verde. Didier
entonces se ríe de forma maníaca, como emparejándose con ese
puntito amarillo y verde, el dibujo de un pequeño trineo, amarillo, encima del cual se ha posado un «Papá Noel» verde. Debajo
vemos una rotura que Didier no se explica. Pienso que esta representación se parece mucho a la rotura de la concha presente ya
en diferentes dibujos. Esta rotura ocupa un lugar entre la parte de
arriba y la de abajo, entre el monigote pegado a su trineo en la
parte de arriba y el desdoblamiento del trineo abajo, sobre el suelo.

Dibujo 85 (Naranja-Amarillo-Verde-Rojo-Azul)

Mientras que por un lado se afirma el triunfo maníaco, sin embargo el Yo-realidad no participa de ello, coaccionado a vivir sobre la tierra. El Yo-narcisista continúa siendo ese pequeño cascabel suspendido entre los brazos potentes, resto de la fortaleza maníaca que pretende que triunfe la bandera de la libertad. De hecho solamente se trata de una libertad ilusoria, porque solamente reposa en el inmovilismo. De la misma forma, la ligereza del pequeño cascabel depende de la enorme masa de los dos postes del arco. Podríamos decir que es una libertad «en la luna». Porque la verdadera libertad supone el paso previo por la prueba de la ruptura de la concha autística, o de una parte del Yo-narcisista. Pasando por esta escisión, esta desunión entre su trineo y él mismo, es como el monigote va a encontrarse sobre la tierra. Después de lo cual, el trineo podrá pasar bajo el arco, como antaño los guerreros que volvían vencedores del combate, pero también, como ellos el tren que debía introducirse en el interior del túnel.

¿Cuál hubiera sido el envite de semejante combate?

La capacidad para pasar bajo el arco de triunfo, en lugar de mantenerse suspendido en lo alto de su bóveda, supone la ganancia de una batalla contra el deseo de mantenerse en este lugar, como un Yo-narcisista inconsciente de las fuerzas que deben conducirlo para permitirle conservar sus ilusiones. El triunfo maníaco es un intento de permanecer ahí, mientras que el descolgamiento está ya actuando: los ganchos del trineo se han desenganchado, y el Papá Noel debe volar por los aires hasta que una ruptura se introduzca en la defensa maníaca misma, que corresponde a una toma de conciencia de la separación del *Self* y del objeto. El trineo que permanece en el suelo corresponde a una interiorización, en el Yo-realidad, de la conciencia de esta separación. Las dos partes del trineo, paralelas en el plano vertical, están unidas entre ellas por medio de un vínculo que conserva esta dirección vertical.

Ese dibujo vuelve a trazar en forma sintética una línea evolutiva de la defensa maníaca. El arco de triunfo tal y como está representado aquí, nos da una idea de la diferencia que existe entre un sentimiento de omnipotencia masiva representada por los dos grandes bloques que forman los postes del arco. Semejante era la situación del Yo-narcisista incluso antes de que una parte de él se escindiera de su medio: el Yo-narcisista se vive, por definición, como un bloque en cuyo interior cualquier fisura acarrea una vivencia de desintegración total. Lo que describo aquí, y lo que preciso desde el principio de este trabajo, es la transformación de una parte del Yo-narcisista y las reacciones de tipo gigantesco que esta transformación provoca en esta parte y en el resto del bloque, el cual intenta reconstituir su integridad tan rápidamente como sea posible. Las bases del arco de triunfo representan pues, cada una, en el estadio del bloque narcisista y, consideradas conjuntamente, el estadio nuevo de esta parte del Yo-narcisista que va a convertirse, después de todo un ciclo de transformaciones, en Yo-realidad. La débil bovedilla que forma una unión entre los dos bloques, es el primer puente que el Yo-realidad constituye entre el *Self* y el objeto, la primera reparación de la herida narcisista provocada por esta misma realidad. Debajo de este puente es donde se encuentra suspendido por un hilo el pequeño cascabel verde y amarillo, aún entre las «nubes»: la bóveda dura del Yo-realidad resguarda a las tres nubes vaporosas, que corresponden a la vivencia narcisista de aquel que aún no ha abandonado su bloque. Creándose así un espacio resguardado, protector de las ilusiones de triunfo sobre el mundo real y externo. En estas nubes es donde se cuelga el pequeño cascabel: su cubierta es verde y su interior amarillo, como esas nubes a las que se engancha. En este sentido tiene un estadio intermedio entre el que acompaña la protección absoluta que constituye el pegamiento al coche, o mejor, la existencia en el bloque mismo, y el estadio de aquel que ha abandonado el mundo del arco para encontrarse —como el monigote sobre el trineo—, en un espacio aún no estructurado. El color amarillo traduce el estadio no solamente de calor, sino también de fluidez del Yo-narcisista cuando está protegido por su concha. Por ello, el pequeño cascabel presenta un corazón amarillo rodeado completamente de verde, y el monigote es verde sobre su trineo amarillo.

Pienso que antes de constituirse una envoltura verde, la parte del Yo-narcisista en transformación pasa a un estadio de «luna». La representación de la luna retoma efectivamente la del arco. Pero se trata de un arco que se separa de sus dos bases y que se cierra en un trazo. En este nivel es en el que se efectúa otra transformación: en lugar de que exista un solo arco con doble apoyo, ahora hay dos ganchos en busca de una barra de suspensión. La representación de la luna envía en ese momento intermedio en el que se pasa de un Yo-narcisista que se vive en continuidad con el objeto —como el arco que puede verse bajo este ángulo como la simple continuidad de un poste—, a un Yo-realidad en el que el vínculo toma pleno valor de puente por encima del vacío. La bandera indica la dirección en la que hay que ir para encontrar la verdadera libertad. No es la que se cree poseer mientras no se haya salido del arco. Más bien es la que se obtiene después de haber transformado la servidumbre inconsciente que mantiene al Yo-narcisista en el interior de un bloque inamovible, en una servidumbre consciente: la que hace que pase por la necesidad de la caída y de la construcción de un aparato apto para permitir una dependencia en la tierra. Esta autonomía de movimiento, ganada a partir de una pérdida de la elación en un espacio sin límites, constituye la verdadera libertad.

La defensa maníaca se sitúa en el cielo, ahí donde Papá Noel aún no se ha separado de su trineo, ahí donde cree que todavía mantiene el poder de volver al estado de pequeño cascabel. Sabe que ya no puede entrar en el bloque, pero intenta hacer creer en el análisis que eso es todavía posible. Es por lo que, para proseguir el vínculo que efectuó entre la elaboración de mis hipótesis y sus representaciones sobre semejante dibujo, compararía al analista con este trineo que se lleva delante o más bien debajo del niño para evitarle que la angustia de la caída lo invada. Haciéndolo así, el analista se engancha a él, en lugar de dejarlo y per-

mitirle hacer la experiencia príncipe de la vida: la que le enseña
que caer no es morir y que desfusionarse acarrea una transformación del vínculo y no una desintegración del Yo. El trineo en
el suelo es el testimonio: la ruptura de la continuidad pudo transformarse en discontinuidad en provecho del desarrollo de la complejidad de una organización psíquica.

Si el trineo toma la dirección del arco de triunfo, planteé-
monos la cuestión del triunfo. El triunfo maníaco, que se ha
presentado siempre como formando parte de la panoplia de las
defensas maníacas, me parece subtendido por una problemática
compleja, como testimonia la aparición —por primera vez—
de ese dibujo de la víspera de la separación. Por otra parte, una
puesta de sol. El triunfo maníaco no es simplemente el triunfo
del Yo-narcisista, que atrae hacia él las fuerzas que están en
juego en el Yo-realidad, sobre ese mismo Yo-realidad. Por la
misma naturaleza de la defensa maníaca, ese triunfo está mezclado con el sentimiento de que otra fuerza se introduce en el
juego triunfal, y que le da sombra a éste. El que se encuentra
encima, triunfa aparentemente sobre el que se mantiene debajo.
El Yo-ideal sobre el Yo-realidad que sostiene los esfuerzos del
niño cuando intenta fiarse del vínculo que introyecta para penetrar en el túnel, para pasar bajo el arco y retener en él mismo
sus deseos de satisfacción inmediata, sin conflicto, después de
sus objetos edípicos.

Me referiré a las reflexiones de J. Frazer (1930) en relación con
la constitución de los arcos de triunfo en la Antigüedad. Los guerreros vencedores que pasaban bajo el arco del triunfo, represen-
taban una especie de paso bajo un yugo, aquel sobre el que pasaban los vencidos. Haciéndolo así, se liberaban de los espíritus
furiosos de los hombres que habían matado. «El arco de triunfo
no pudo ser para los vencedores lo que era el yugo para los vencidos: ¿una barrera levantada delante de los espíritus de los muer-
tos?» Se trata de una precaución obligatoria y de un rito de pu-
rificación para evitar la deshonra de la ciudad en la que penetran
los vencedores después de la batalla.

Prosiguiendo la comparación, y pensando en los vínculos pro-
fundos que unen las costumbres pasadas en la cultura y las elaboraciones inconscientes de la psiquis, yo diría que el Yo-realidad, cuando se prepara para triunfar sobre el Yo-narcisista,
cuando se prepara precisamente para situarse por encima de él en
la jerarquía psíquica —como se le ha visto representado en nu-

merosos dibujos— debe plegarse «bajo el yugo de los espíritus vencidos». Debe hacer juramento de fidelidad al Yo-narcisista y, a falta de hacerle creer que aún triunfa, debe asegurar por lo menos que, pudiendo inclinar la cabeza ante él, jamás le aplastará cuando se encuentre por encima de él.

Conclusión

Esta corta conclusión me permite subrayar algunos puntos a los que nos hemos referido en la presentación de este estudio.

Se trata primero de la hipótesis teórica que he lanzado y de la que todo el estudio clínico ha intentado demostrar su pertinencia. He debido limitarme a la exposición de la mitad del material clínico a causa del marco limitado de este libro. Los dos últimos años de tratamiento de Didier van en el sentido de la afirmación del desarrollo del Yo-realidad, tal y como lo he definido, estabilizando cada vez más las fronteras de una represión entre él y el Yo-narcisista, tal y como también lo he definido.

En el caso de Didier, no obstante, la presencia de una defensa maniaca en las sesiones se ha planteado hasta el final del tratamiento, mientras que en otros niños podemos observar a veces el paso de una defensa maniaca de tipo primario a una defensa de tipo secundario, tal y como a menudo se ha descrito en la literatura analítica, así como la he mencionado en la primera parte de esta obra. Podemos pues plantearnos la cuestión siguiente: ¿qué es lo que sucede para que, en primer lugar, cuando el desarrollo del niño se efectúa armoniosamente en las relaciones que él establece con el exterior del tratamiento, y que, en segundo lugar, el progreso de su evolución es manifiesto —así como yo lo he analizado— a nivel de su producción gráfica, se actúa en él en la dinámica de las sesiones y en el juego transfero-contratransferencial, el núcleo violento de una defensa maniaca primaria?

He tenido el sentimiento de que la prosecución del tratamiento mantenía este núcleo, y he pensado que cuando se le coge suficientemente pronto, es beneficioso fijar un límite al tratamiento. Aquí vuelvo a encontrar la puntualización que hice a propósito del movimiento que Didier rápidamente situó al principio del tratamiento: muy rápidamente escindió sobre el mundo exterior el funcionamiento de una parte de su Yo-realidad, mientras que identificó el lugar de las sesiones con la contención de sus ataques narcisistas. Todo sucede como si hubiera querido proteger una gran parte de sus relaciones de objeto de los ataques de su núcleo narcisista, estableciendo el tipo de escisión de la que he hablado. En el exterior se desarrolla lo mejor de él mismo, mientras que en el interior del tratamiento se desarrolla una transformación de su Yo-narcisista herido. El punto que habría que estudiar más profundamente, se refiere a esta imposibilidad de poner fin a la inflación maniaca de otra forma que por la última prueba de realidad.

Me pregunto pues si, en esta perspectiva, no podríamos encontrar un punto entre la utilización de las defensas maniacas y la problemática aditiva. Hemos visto que la misma técnica permite enfrentarnos con la explosión maniaca que pretende invadir la contratransferencia del analista, consistiría en separarse —en cierta medida— del funcionamiento del paciente, para transmitirle que nuestro propio Yo-realidad, y como consecuencia el suyo, no era captado por el señuelo que pretende manipularlo. Tenemos el sentimiento de que en casos extremos como éste, el niño vive nuestro consentimiento como un permiso para utilizar su «droga», su autoexcitación. El fraccionamiento del tratamiento por «etapas» puede ser eventualmente eficaz en casos semejantes, como, por otra parte, en otros. Cuando el núcleo narcisista primario suscita tales defensas que solamente la prueba de realidad de una ausencia sin retorno, durante un tiempo suficientemente largo, puede permitir primero contrariarla, después trabajarla, en una segunda etapa. Esta es una hipótesis que desemboca en una técnica que hay que poner a prueba en los tratamientos de niños o de pacientes maniacos.

¿Se puede evitar que tanto el tratamiento como el análisis de su contratransferencia, sea asimilado por la voluptuosidad maniaca? Hemos visto que es posible —a pesar del análisis y del intento de controlar nuestras reacciones contratransferenciales— que el paciente mantenga una escisión patológica entre el adentro y el afuera del tratamiento, asimilando este último a la toma de una droga. En semejantes casos, para que el mismo analista sea reconocido como que posee un carácter externo, las pruebas de realidad, en el interior del tratamiento, no parece que sean suficientes. Hay que introducir en la duración misma del tratamiento, la pérdida y la ausencia. Solamente a este precio es como el niño puede realizar la experiencia de un objeto que tolera la existencia de su Yo-narcisista, sin estar, no obstante, en continuidad con este último. Solamente a este precio es como el niño puede no repetir en el interior de las mismas sesiones la escisión que ha instaurado entre el adentro y el afuera del tratamiento y que puede utilizar el vínculo con el analista para transformar esta escisión masiva en barrera de represión.

¿Se puede alcanzar de otra forma este resto del núcleo narcisista primario que somete el Principio de realidad que le toca, al Principio del placer del que no ha desistido jamás? Otros estudios nos permitirán quizás aportar soluciones más económicas a este vasto problema. No he pretendido aquí otra cosa que pensar en la vía que puede conducirnos hacia ese fin.

BIBLIOGRAFÍA

ABRAHAM, K. (1912), «Préliminaire à l'investigation et au traitement psychanalytique de la folie maniaco-dépressive et a des états voisins», *Oeuvres complètes,* t. 1., 1965, Payot, págs. 99-113.
— (1916), «Examen de l'étape prégénitale la plus précoce du développement de la libido», *Oeuvres complètes,* t. 2., trad. Ilse Barande, 1966, Payot, págs. 231-254.
— (1924), «Esquisse d'une histoire du développement de la libido basée sur la psychanalyse des troubles mentaux», t. 2, Payot, páginas 255-295.
ATHANASSIOU, C. (1987), «La verticalité psychique», en *L'espace psychique,* 1996, Cesura Éditions Lyon.
— (1989), «La somnolence», en *Journal de la psychanalyse de l'enfant,* núm. 6, *Le contre-transfert,* 1989, Centurion.
— (1990), *Les transformations dans l'hallucinose,* 1990, Cesura Éditions Lyon.
— (1995), *Introduction à l'Étude du Surmoi,* 1995, Cesura Éditions Lyon.
BASTOS, O. y SUERINCK, E. (1963), «Les rêves des maniaques», en *L'Évolution psyquiatrique,* 1963, t. 28, fasc. 1, págs. 127-138.
BICK, E. (1964), «Notes on infant observation in psychoanalytic training», en *International Journal of Psycho-Analysis,* 45, págs. 558-561.
— (1968), «The experiencie of the skin in early object relations», in *International Journal of Psycho-Analysis,* 49, págs. 484-486.
BICUDO, V. L. (1974), «A discussion of the papel by H. S.: Klein on «transference and defence immanic states», en *Int. J. Psycho-Anal.,* 1974, 55, págs. 269-271.
BINSWANGER, L. (1960), *Mélancolie et manie,* Verlarg Günther Neske, PUF, 1987.
BION, W. R. (1965), *Transformations,* Londres, Heinemann, 1965, trad. franç. por Fr. Robert, *Transformations,* PUF, 1982.

CHASSEGUET-SMIRGEL, J. (1973), «Essai sur l'Idéal du Moi», Contribution à l'étude psychanalytique de la "maladie d'idéalité"», *Revue française de psychanalyse,* núm. 37, 1973, 5-6, XXXIII Congrès des langues romanes et des pays romans.

ETCHEGOYEN, R. H. (1991), «Negative therapeutic reaction (2)», in *The fundamentals of psychoanalytic technique,* Londres, Karnac Books, 1991.

FENICHEL, O. (1946), *The psychoanalytic theory of Neurosis,* Londres, Routledge y Kegan Paul.

FRAZER, J. G. (1930), *Le Rameau d'or,* Cambridge, The Council of Trinity College, Édition française, R. Laffont, coll. «Bouquins», trad. P. Sayn, 1984.

FREUD, S. (1898), «L'étiologie sexuelle des névroses», *SE,* 3, pág. 283, trad., esp. «La sexualidad en la etiología de las neurosis», *OC, I,* Biblioteca Nueva, págs. 317-329.

— (1908), «Les théories sexuelles des enfants», *SE,* 9, p. 200, trad. esp. «Teorías sexuales infantiles», *OC, I,* Biblioteca Nueva, 1262-1271.

— (1914), «Pour introduire le narcissisme», *SE,* 14, trad., esp. «Introducción al narcisismo», *OC, II,* Biblioteca Nueva, págs. 2017-2033.

— (1916-1917), «Introduction à la psychanalyse», *SE,* 16, pág. 428, trad., esp. «Lecciones introductorias al psicoanálisis», *OC, II,* Biblioteca Nueva, 2123-2412.

— (1917), «Deuil et málancolie», *SE,* 14, págs. 253-258 (retomada del texto de Gallimard, 1968, traduc. Laplanche et Pontalis), traduc. esp. «Duelo y melancolía», *OC, II,* Biblioteca Nueva, págs. 2091-2100.

— (1921), «Psychologie de groupe et analyse du moi», *SE,* 18, páginas 132-133; Édition française Payot, 1971, trad. S. Jankélévitch. Trad, esp. «Psicología de las masas y análisis del Yo», *OC, III,* Biblioteca Nueva, págs. 2563-2610.

GAMMILL, J. (1989), «Réflexions sur les mécanismes contraphobiques et la position dépressive», en *Revue française de psychanalyse,* núm. 3, 1989.

— (1993) «Séduction et dépression», en *Journal de la psychanalyse de l'enfant,* vol. 13, págs. 52-99.

GARMA, A. (1968), «The deceiving Superego and the masochistic Ego en Mania», en *The Psychoanalytic Quaterly,* vol. 37, 1968, págs. 63-77.

GILLIBERT, J. (1970), «De la Manie: une étude psychanalytique», en *L'Évolution psychiatrique,* 1970, t. 35, fasc. 3, Privat, págs. 563-593.

— (1978), «De la manie en général», en *L' Oedipe maniaque,* París, Payot, 1978, págs. 18-43.

GREEN, A. y SCHMITZ, B. (1958), Le deuil maniaque, en *L'Évolution psychiatrique,* 1958, fasc. 1, págs. 104-121.

HAAG, G. (1990), «Les phases maniaques au cours du traitement des enfants autistes», en *Psychose et création, l'école anglaise,* París, GRPP, págs. 31-37 (Colloque Pitié-Salpêtrière, junio, 1989).

HARRISSON, I. B. (1960), «A clinical note on a dream followed by elation», en *Journal of the American Psychoanalytic Association,* 1960,
vol. 8, núm. 2, págs. 279-280.
— (1967), «Follow up note on patient who experienced Hypomania
following dream», en *Journal of the American Psychoanalitic Association,* vol. págs. 366-369.
HENNE, M. (1954), «L'euphorie», en *L'Évolution psychiatrique,* 1958,
fasc. 1, págs. 19-67.
KLEIN, M. (1934), «Contributions à la psychogenèse des états maniaco-
dépressifs», en *Essais de psychanalyse,* París, Payot, 1968.
— (1940), «Le deuil et ses repports avec les états, maniaco-dépressifs»,
en *Essais de Psychanalyse,* París, Payot, 1968.
— (1974), «Transference and defence in manic states», en *Int. J. Psycho-Anal,* 55, págs. 261-267.
KOHUT, H. (1981), «Remarks on the panel on "the Bipolar Self"», en
Select writings 1978-1981, International University Press, 1990, páginas 447-470.
— (1981), «Four basic concepts un self-psychology», en *Selected
writings 1978-1891,* International University Press, 1990, páginas 475-481.
LAPLANCHE, J. y PONTALIS, J.-B. (1968), «Article Régression», en *Voca-
bulaire de la psychanalyse,* PUF.
LEVITAN, H. L. (1968), «The turn to mania», en *The Psychoanaly Quarterly,* vol., 37, 1968, págs. 56-61.
LEWIN, B. D. (1932), «Analysis and structure of a transient hypomania», en *Slected writings of B. D. Lewin,* edited by J. A. Arlow, Nueva
Kork, The Psychoanalytic Quarterly, Inc., 1973.
— (1937), «A type of neurotic hypomanic reaction», en *Selected writings of B. D. Lewin,* edited by J. A. Arlow, Nueva York, The Psychoanalytic Quarterly, Inc. 1973.
— (1941), «Comments on hypomanic and related states», en *Selected
writings of B. D. Lewin,* edited by J. A. Arlow, Nueva York, The Psychoanalytic Quarterly, Inc. 1973.
– (1949), «Mania and sleep», en *Selected writings of B. D. Lewin,* edited by J. A. Arlow, Nueva York, The Psychoanalytic Quarterly, Inc.
1973, págs. 115-127.
MAHLER, M. S.; PINE, F. y BERGMAN, A. (1975), *The psychological birth
of the human infant,* Hutchinson of London.
MANZANO, J. (1987), «La séparation et la perte d'objet chez l'enfant,
Rapport du Congrès des langues romanes, Genève, 1987», en *Revue
française de psychanalyse,* 1989, t. LIII, París, PUF, págs. 241-272.
PAO, P. N. (1971), «Elation, Hypomania and mania», en *Journal of the
American Psychoanalytic Assotiation,* 1971, 19, 4, págs. 787-798.
RACAMIER, P. Cl. (1979), «De l'angoisse à la manie», en *De psychanalyse
en psychiatrie,* Payot, 1979, págs. 165-190.

RADO, S. (1928), «The problem of melancholia», en *Int. J. Psycho-Anal.,* vol. 9, part. 4, 1928, págs. 420-437.

RIVIERE, J. (1936), «A contribution to the analysis of the negative therapeutique reaction», en *International Journal of Psycho-Analysis,* vol., 17, págs. 304-320.

ROSENFELD, H. (1960), «La toxicomanie», en *Les états psychotiques,* Francia, Hogart Press, 1965, PUF, 1976.

— (1964), «Recherche sur le besoin des patients névrosés et psychotiques de produire des acting out durant leur analyse» en *Les états psychotiques,* Francia, Hogarth Press, 1965, PUF, 1976.

— (1964), «La psychopathologie de la toxicomanie et de l'alcoolisme», en *Les états psychotiques,* Francia, Hogarth Press, 1965, PUF, 1976.

TUSTIN, F. (1984), «Autistic shapes», en *International Review of Psycho-Analys,* Karnac Books, 1990.

— (1990), *The protective shell in children and adults,* Karnac Books, 1990.

Winnicott, D. W. (1935), «La défense maniaque», en *De la pédiatrie à la psychanalyse,* París, Payot, 1969, págs. 15-32.